W0233498

Wolfgang Weiß

Im Sterben nicht allein

Hospiz
Ein Handbuch für Angehörige und Gemeinden

Wichern-Verlag

Die Deutsche Bibliothek – CIP-Einheitsaufnahme

Weiß, Wolfgang:
Im Sterben nicht allein : Hospiz ; ein Handbuch für Angehörige und
Gemeinden / Wolfgang Weiß. – Berlin : Wichern-Verl., 1999
ISBN 3-88981-112-4

© Wichern-Verlag GmbH, Berlin 1999
Satz: Steinhardt GmbH, Berlin
Druck: Color-Druck Dorfi GmbH, Berlin
Buchbinderei: H. Stein, Berlin
ISBN 3-88981-112-4

Inhalt

Das kostbare Betriebskapital Mensch. Vorwort 9

Inseln der Humanität. Zur Geschichte des Hospizes
und der Hospizbewegung 12

*Gastfreundschaft: Vom 4. Jahrhundert bis Ende
des 19. Jahrhunderts* 13
*Die alte neue Aufgabe: Im 20. Jahrhundert wiederentdeckt
in England* 14
    Warum kommt es zur Besinnung auf die alte Aufgabe? 14
    Ein Umdenken in England 16
*Leben lernen für den Tod:
Die Hospizidee setzt sich weltweit durch* 18
Mißverständnis mit Folgen: Die Entwicklung in Deutschland .. 20
    Die Hospizbewegung in Deutschland 22
    Der falsche Begriff „Sterbeklinik" und die Folgen
    für die Hospizbewegung in Deutschland 29

Lehre uns, unsere Tage zu zählen wie kostbare Perlen.
Ethik und Theologie in der Hospizarbeit 40

Raststätte: Der sterbende Mensch und das Hospiz 40
    Die Situation sterbender Menschen 40
    Die Wahrheit am Sterbebett 41
*Bereit zum Abschied: Die Phasen des Sterbens
nach Elisabeth Kübler-Ross* 46
    Vorüberlegungen 46
    Die erste Phase: Nichtwahrhabenwollen
    und Isolierung, Schock 48

Die zweite Phase: Zorn 49
Die dritte Phase: Verhandeln 51
Die vierte Phase: Depression 52
Die fünfte Phase: Zustimmung 52
Parallelen zur Passionsgeschichte Jesu 55

Gegen den totalen Schmerz: Grundannahmen und Haltungen,
die sich in der Hospizarbeit ausdrücken 55
Vorüberlegungen 55
Der physische/körperliche Schmerz 58
Der psychische Schmerz 59
Der soziale Schmerz 59
Der spirituelle Schmerz 60
Der Mitarbeiterschmerz 61
Hospiz als Konzept/Organisationsformen Hospiz 66

Hoffnung im Angesicht des Todes:
Theologie in der Hospizarbeit 70
Psalm 90 78
Matthäus 25,31–46 79
Johannes 13,1–20 80
5. Mose 10,18–20 81

Von guten Mächten wunderbar geborgen.
Sterben und Tod in der Praxis pietatis 83

Anweisungen zur Vorbereitung auf ein heilsames Sterben:
Ars moriendi, die Kunst des Sterbens, in der Geschichte
der Kirche 83
Wider den unvorbereiteten Tod:
Die Ars moriendi im Mittelalter 87
Handreichungen zur Vorbereitung auf das Sterben 87
Die Praxis der Kranken- und Sterbeprovisur 93
Wir sind alle zum Tode gefordert: Protestantische Ars moriendi 103
Johannes von Staupitz, Das Büchlein von der Nachfolge
des willigen Sterbens Christi, 1515 104

Martin Luther, Ein Sermon von der Bereitung
zum Sterben, 1519 107
Martin Moller, Handbuch über die Vorbereitung zum
Tod, 1593 117

*Aus tiefer Not schrei ich zu dir: Tod und Sterben
im Kirchenlied* 120

*Engel, Schutzengel, Nothelfer, Heilige – von den „Helfern"
im Sterben* 125
    Engel 126
    Heilige 128

Ist jemand unter euch krank.
Die Hospizidee in der Gemeinde 135

*Gelebter Glaube: Begründung der Arbeit als Arbeit
der Gemeinde* 135
*Was leistet Gemeindearbeit bereits im Sinne der Hospizidee,
zuweilen ohne es zu wissen?* 138
    Dienst des Pfarrers 138
    Dienste der Laien, zum Beispiel Besuchsdienste 140
    Was können wir als Christen konkret tun? 144
*Memento mori: Von der Notwendigkeit einer eigenen Gruppe
für diesen Dienst* 156
    Was ist beim Aufbau einer eigenen Gruppe zu beachten? ... 158
    Empfehlungen für die Schulung und Vorbereitung
    auf den Dienst der Sterbebegleitung 162
Leben „danach"? 175

Anmerkungen 177
Wichtige Adressen 183
Literaturhinweise 185
Bildnachweis 187
Textregister 188

Das kostbare Betriebskapital Mensch

Vorwort

Schafft euch ein Nebenamt, ein unscheinbares, womöglich ein geheimes Nebenamt. Tut die Augen auf und sucht, wo ein Mensch ein bißchen Zeit, ein bißchen Teilnahme, ein bißchen Gesellschaft, ein bißchen Fürsorge braucht. Vielleicht ist es ein Einsamer, ein Verbitterter, ein Kranker, ein Ungeschickter, dem du etwas sein kannst.
Vielleicht ist's ein Greis, vielleicht ein Kind. Wer kann die Verwendungen alle aufzählen, die das kostbare Betriebskapital, Mensch genannt, haben kann! An ihm fehlt es an allen Ecken und Enden. Darum suche, ob sich nicht eine Anlage für dein Menschtum findet. Laß dich nicht abschrecken, wenn du warten oder experimentieren mußt. Auch auf Enttäuschungen sei gefaßt. Aber laß dir ein Nebenamt, in dem du dich als Mensch an Menschen ausgibst, nicht entgehen. Es ist dir eines bestimmt, wenn du nur richtig willst.[1]

Albert Schweizer ruft auf, sich ein Nebenamt – Ehrenamt – zu schaffen, in dem man sich seinem Mitmenschen zuwendet. Dies ist genuin christliche Praxis und Forderung, gehört doch die Sorge um den Nächsten zur Grundaussage des Evangeliums. Dieses Arbeiten wird nicht materiell oder mit Geld, allenfalls mit Dank und Beachtung „entlohnt". Doch das Engagement für den Nächsten schenkt eine ganz eigene Erfahrung, sie gibt dem Leben Tiefe und stiftet Gemeinschaft.

„Vielleicht ist es ein Einsamer, ein Verbitterter, ein Kranker, ein Ungeschickter, dem du etwas sein kannst. Vielleicht ist's ein Greis, vielleicht ein Kind", schreibt Albert Schweizer, vielleicht ist es auch ein Sterbender oder seine Angehörigen, möchte ich hinzufügen. Das Nebenamt in der Zuwendung zum sterbenden Menschen hat in dem Begriff „Hospiz" einen Namen bekommen.

In den letzten Jahren ist die Hospizbewegung immer bekannter geworden und hat mit ihrem Anliegen, schwerkranke und sterbende Menschen sowie deren Angehörige liebevoll zu begleiten, im Grunde

9

offene Türen eingerannt. Die in der Hospizbewegung engagierten Menschen erleben, daß der Umgang mit Sterbenden nicht nur belastend, sondern auch bereichernd sein kann. Mehr und mehr ist es in den Kirchen, in denen die Hospizbewegung ihre historischen und geistigen Wurzeln hat, bewußt geworden, daß die Begleitung Sterbender eine Aufgabe, ein seelsorgerischer Dienst der Gemeinde ist. Viele Gemeinden stellen sich inzwischen dieser Aufgabe. Dennoch ist bei allseits bekundeter Notwendigkeit dieser Arbeit eine gewisse Zurückhaltung in der Umsetzung zu beobachten. Das verwundert nicht, denn das Thema setzt ambivalente Gefühle frei. Einerseits wird zugestimmt, daß eine Begleitung im Sterben notwendig sei, andererseits können sich viele Menschen nicht vorstellen, einen solchen Dienst zu übernehmen. Unsicherheiten und Ängste stehen im Vordergrund. Aus Angst vor Fehlern oder schlicht aus Unwissenheit entzieht man sich mehr und mehr – innerlich und äußerlich – dem Sterbenden, der gerade jetzt die Nähe bräuchte. Das ist nachvollziehbar – schließlich ist das Erleben des Sterbens nicht mehr Gegenstand alltäglicher Erfahrung[2] –, aber schade und muß nicht sein. Statt im unsicheren Möglichen steckenzubleiben, will mit dieser Veröffentlichung Mut gemacht werden, das Nötige zu tun.

Dabei wird auffallen, daß Begleitung Sterbender möglich wird, wenn man den Perfektionismus des „Richtig-Machens" aufgibt und sich auf die schlichte, gerade Ebene des rein menschlichen Begegnens begibt. Daß dafür auch einige Kenntnisse nötig sind, sei nicht verschwiegen. Das will in knappen, aber hinreichenden Worten mit dieser Veröffentlichung angezeigt werden.[3] Dazu werden Texte aus der Kirchengeschichte zitiert, die zeigen, daß die Kirche zu allen Zeiten sich der Frage der Sterbebegleitung gestellt hat und wir einen Schatz an Möglichkeiten haben, den es zu heben gilt. Daneben sollen Geschichte, Entwicklung und Dynamik der Hospizbewegung auch in ihren Feinheiten wenigstens ansatzweise verdeutlicht werden.

Das Buch hat eine wichtige Voraussetzung: Es will Menschen ansprechen, die mit ihrem Glauben und der Tradition der Kirche im Gespräch sind. Es will weiterführende Impulse liefern, will zu einer Auseinandersetzung anregen, bei der der Leser seinen Ort finden möge, von dem aus er dem Sterbenden, ob glaubend oder nicht, begegnen kann. Daneben ist auch an die Gespräche gedacht, in denen nach dem Glauben beziehungsweise nach den Mitteln der Kirche gefragt wird.

Soviel vorweg: Alles, was Sie niedergeschrieben finden, kann nicht als immergültige Handlungsanweisung verstanden werden. In der

Begleitung Sterbender gibt es keine Rezepte. Von daher sind Sie gebeten, im Hören auf den sterbenden Menschen und im Einvernehmen mit ihm zu entscheiden, was zu tun oder zu lassen, was zu sagen oder nicht zu sagen ist. Das klingt nicht einfach, wird aber in dem Moment möglich, wo ich mich auf den anderen Menschen bedingungslos einlasse. „Was zu tun oder zu lassen ist, hängt von der Situation und der Persönlichkeit des Sterbenden ab. Vielleicht sitzt man nur still mit gesammelter Aufmerksamkeit am Bett, vielleicht hält man sich weiter entfernt im Zimmer auf. In kleinen Handreichungen, wie Schweiß abwischen, drückt sich die Zuwendung aus. Manche Menschen ergreifen schnell die dargebotene Hand und lassen sie nicht mehr los, andere warten auf ein Gebet oder einen Liedvers – all das herauszufinden ist eine Sache der Einfühlung, die mit der Erfahrung wächst."[4]

Es wird Ihnen auffallen, daß sehr viele, zum Teil auch lange Passagen zitiert werden. Dies möge eine Hommage an all jene sein, die auf dem langen, in unserem Jahrhundert auch sehr dornigen Weg der Entwicklung einer Kultur der Sterbebegleitung ihre wichtigen Beiträge geleistet haben. Diese „Vorkämpfer" namentlich und mit eigenen Worten vorzustellen ist mein Anliegen. Außerdem möchte ich bei Definitionen, Charakterisierungen oder Grundsatzaussagen zur Hospizarbeit gängige Formulierungen benutzen, damit Sie, wenn Sie über dieses Buch hinaus Literatur zur Hospizarbeit benutzen wollen, in den Standardäußerungen „Bekanntes" wiederentdecken, erinnern oder vertiefen können.

In kaum einem anderen Bereich der Kirchen ist die ökumenische Arbeit so weit gediehen wie in der Hospizarbeit. Hier kann es nur um das gemeinsame Handeln der Kirchen gehen. Evangelische Leser mögen deshalb nicht verwundert sein, wenn ich das erste Kapitel dieses Buches, „Zur Geschichte des Hospizes und der Hospizbewegung", mit einem Wort Papst Johannes Paul II. einleite, das er 1992 in einer Ansprache an die süddeutschen Bischöfe richtete.

Inseln der Humanität

Zur Geschichte des Hospizes und der Hospizbewegung

An dieser Stelle möchte ich noch von einer anderen Herausforderung sprechen, die auf uns Christen in Europa in den nächsten Jahren zukommen wird und die Würde des Menschen zutiefst berührt. Wir erleben, daß immer mehr Menschen mit dem Tod nichts anzufangen wissen, ja, ihr Leben so gestalten, daß die letzte Frage verdrängt wird. Unsere modernen säkularisierten Gesellschaften laufen Gefahr, Leiden, Sterben und Tod aus dem persönlichen Lebensbereich regelrecht auszublenden ... als Folge beobachten wir viel Hilflosigkeit und Verzweiflung angesichts des Todes. Das problematische Sprechen von Sterbehilfe gewinnt in diesem Zusammenhang vielfach eine ganz neue Bedeutung ... Selbstmord und Mord werden heute bereits wieder durch Bezeichnungen wie Freitod und Sterbehilfe verharmlost.

Einige wenige ... haben in eurem Land erkannt, daß hier eine wichtige und wertvolle Aufgabe auf die Christen zukommt, nämlich eine Sterbebegleitung, die dem Menschen auch in der letzten Lebensphase eine Würde gewährleistet.

Mein Dank und unser aller Ermutigung gilt jenen Christen, die den alten und zugleich hochaktuellen Gedanken der Hospizbewegung wiederbeleben ... Hier sind Christen als Hoffnungsträger gefragt. Dies wird für uns als Kirche eine weitere Bewährungsprobe sein. Mehr als in manchen Bereichen können wir hier zeigen, worauf es letztlich ankommt: Leben lernen für den Tod und Sterben lernen für das Leben.

Wenn es euch gelingt, in Deutschland rechtzeitig weitere Hospize als Inseln der Humanität einzurichten, werdet ihr verhindern, daß sich jene durchsetzen, die nur vorgeben, sterbenden Menschen zu helfen, in Wahrheit aber vor dieser Herausforderung kapitulieren, indem sie mit Todespillen Hilfe beim Sterben in Hilfe zum Sterben pervertieren. Der sterbende Mensch will keine Tablette, um dann alleingelassen zu werden, sondern echte Hoffnung, menschliche Nähe und eine haltende Hand. Ermuntert eure Gläubigen, diese wirklich christliche Aufgabe wahrzunehmen. Denn die Würde des Menschen ist unantastbar. [5]

Die Idee, die Haltung, die sich in einem Hospiz ausdrückt, geht in die Anfänge des Christentums zurück. Christlicher Tugend eigen war die Gastfreundschaft gegenüber Fremden und Hilfsbedürftigen, die als bewußte karitative Aufgabe in den meisten geistlichen Orden des Mittelalters ausgeübt wurde. Sie errichteten Hospize (lateinisch hospitium – Herberge, Gastfreundschaft) in entlegenen Gebieten und insbesondere entlang der Pilgerwege zum Heiligen Land. So entstanden Raststätten, die Pilgern auf ihren Reisen, aber auch bedürftigen Armen, Kranken und Sterbenden Unterkunft, Schutz, Fürsorge und Beistand gewährten.

Der Begriff des Hospizes korrespondiert mit einem Glaubensverständnis jener Zeit, nach dem das Leben als kurzzeitiger Aufenthalt in der Fremde und stete Pilgerfahrt betrachtet wurde. Leben war die Reise auf dem Weg zu Gott in die Ewigkeit. „Denn wir haben hier keine bleibende Stadt, sondern die zukünftige suchen wir", Hebräer 13, 14. Entsprechend galt es, auch auf dem letzten Abschnitt dieser Reise Herbergen im weiteren Sinne zu schaffen.

4. Jahrhundert n.Chr. Bereits im 4. Jahrhundert n.Chr. errichtete Fabiola, eine römische Christin, in Rom ein Hospiz. Sie gab Pilgern, die aus Afrika zurückkehrten, Unterkunft und Nahrung, pflegte Menschen, die erschöpft und krank waren, und gab Moribunden Beistand.

475 n.Chr. Das erste bekannte Hospiz entstand 475 n.Chr. in Tumarin in Syrien mit der schon für Fabiola geltenden Zielsetzung.

11. Jahrhundert Die Blütezeit der Hospize war das Mittelalter, nicht zuletzt wegen des in diese Zeit fallenden besonderen Interesses an Pilgerfahrten in das Heilige Land. In Jerusalem gründet sich der Johanniterorden anläßlich der Errichtung einer Herberge für kranke und schwache Pilger, die von Bruder Gerard geleitet wurde. Er und seine Mitbrüder gaben sich den Namen „Arme Brüder des Hospitals St. Johannes" (Johanniter), auch „Hospitaliter" genannt. 1113 wurde diese Ordensgründung in einer päpstlichen Bulle anerkannt. Ein Blick in die Regel des Ordens verdeutlicht die Sorge um den kranken Pilger:

Wie unsere Herren, die Kranken, empfangen und bedient werden sollen: Wenn ein Kranker kommt ... möge er zu Bett getragen werden und dort ... bevor die Brüder zum Essen gehen, täglich aus Wohltätigkeit mit Speise und Trank entsprechend den Möglichkeiten des

Hauses versorgt werden. Die Betten der Kranken sollen so lang und so breit bemessen sein, wie es eine angenehme Ruhe erfordert, und jedes Bett soll mit einer eigenen Zudecke versehen sein ... und jedes Bett soll eigene Bezüge besitzen ... Für die Säuglinge, welche von Pilgerinnen in dem Hause zur Welt gebracht werden, sollen kleine Wiegen gebaut werden ... Die Leiter des Hauses sollen den Kranken mit frohem Herzen dienen, und sie sollen ihre Pflicht ihnen gegenüber erfüllen und ihnen ohne Murren oder Klagen zu Diensten sein ... Damit sie Tag und Nacht geschützt und bewacht seien, sollen ihnen überdies neun Diener zur Verfügung gestellt werden, welche sanft ihre Füße waschen und ihr Bettzeug wechseln sollen ...[7]

1316 Hospitaliter erobern im Verlauf der Kreuzzüge Rhodos. Es entsteht das noch heute erhaltene „Krankenhaus von Rhodos", in dem Kranke mit unheilbaren Leiden betreut wurden. Die Räume für die Sterbenden lagen auf gleicher Ebene wie die Zimmer der Pilger und Reisenden, um sie am Leben teilhaben zu lassen.

Beginn des 16. Jahrhunderts Der französische Priester Vincenz von Paul gründet in Frankreich ein Hospiz für entlassene Galeerensklaven, ein Waisenhaus, einige Einrichtungen für Arme und Kranke sowie einen Orden für Krankenschwestern, der sich „Filles de la Charité" nannte.

Beginn des 19. Jahrhunderts Freiherr Karl von und zum Stein besucht französische Hospize, die dieser Orden inzwischen aufgebaut hatte, und berichtet tief beeindruckt davon.

1836 Pastor Theodor Fliedner gründet, angeregt und unterstützt von Freiherr von Stein, das erste evangelische Krankenhaus in Kaiserswerth, in dem Ordensschwestern (Diakonissen) Kranke pflegen.

1840 Die englische Krankenschwester Florence Nightingale arbeitet einige Zeit bei den „Filles de la Charité" in Paris und in Kaiserswerth. Sie reformiert den Krankenpflegedienst. Durch sie entwickelt er sich zu einem angesehenen Beruf.

Die alte neue Aufgabe: Im 20. Jahrhundert wiederentdeckt in England

Warum kommt es zur Besinnung auf die alte Aufgabe?

Im Mittelalter sind Sterben und Tod in eine regelrechte Sterbekultur eingebettet. Es entwickelt sich der Begriff der „Ars moriendi", der Kunst zu sterben.[8] Geradezu zwangsläufig beschäftigt man sich in dieser Zeit mit Sterben und Tod, denn durch Kriege, Hungersnöte und vor allem Seuchen als äußere Faktoren und durch die ohnehin niedrigere Lebenserwartung und hohe Kindersterblichkeit war der Tod in der Erfahrungswelt der Menschen alltäglich gegenwärtig. Nicht zuletzt durch eine entsprechende Verkündigung der Kirche entwickelte sich das Bedürfnis, sich auf die Todesstunde auch durch geistliche Unterstützung vorzubereiten.[9]

Über die Jahrhunderte verändert sich der Umgang mit dem Sterben, parallel laufend mit medizinischen und technischen Entwicklungen. So ließen die Fortschritte in der Medizin die Erwartungen an das eigene Lebensalter steigen. Gleichzeitig sank das Bedürfnis der spirituellen Vorbereitung auf das eigene Sterben mit den geistesgeschichtlichen Entwicklungen der letzten Jahrhunderte. Christlicher Glaube und das Institut der Kirchen verloren im Blick auf das eigene Leben mehr und mehr an Bedeutung. Die Suggestion, das Lebensende immer weiter nach hinten zu verlagern, trifft auf das Postulat der Selbstgestaltung des Lebens, als könne man es selbst gegen den Tod absichern.

Auch soziologische Entwicklungen spielen eine große Rolle, die grundlegende gesellschaftliche Veränderungen mit sich gebracht haben. Die wachsende Industrialisierung zieht mehr und mehr Menschen in die Städte, mit der Folge, daß großfamiliäre Strukturen verlassen werden. Konnte man in der (Groß)familie früherer Zeiten das Sterben eines Angehörigen noch unmittelbar miterleben und als natürlichen Vorgang wahrnehmen, so geht dies verloren, wenn die Generationen nicht mehr unter einem Dach wohnen. Ältere Menschen leben getrennt von ihren Kindern, und die Jugendlichen verlassen immer früher das Haus, um ihre eigenen Wege zu gehen. Damit schwindet das Sterben als Erfahrungsraum aus dem Bewußtsein der meisten Menschen.

Schließlich ist ein eigenartiges Verhältnis zu Tod und Sterben in unserer Gesellschaft eingezogen. Sterben und Tod bekommen in den Medien einen herausgehobenen Platz. Ob als Kriegsberichterstattung oder als Information über Unfälle oder Morde, die Nachricht scheint nicht mehr ohne das möglichst nahe Bild der verstümmelten oder toten Menschen auszukommen. Jeden Abend zu den Nachrichten ist der Tod hundertfach präsent. In der eigenen Lebens- und Erfahrenswelt scheint der Tod keine Rolle zu spielen. Der sonst nur konsumierte Tod wird erst dann Realität, wenn Angehörige, Freunde oder man selbst unmittelbar durch Krankheit davon betroffen wird. Verunsicherung, Angst und Entsetzen bemächtigen sich dann meist der eigenen Person. Ist die Situation überwunden, tritt der Alltag schnell wieder auf den Plan.

Ein nicht unwesentlicher Faktor in dem veränderten Bewußtsein vom Sterben ist der Ort. Das Krankenhaus ist der Platz geworden, an dem die meisten Menschen heute sterben. Das System Krankenhaus ist jedoch auf Leben, Rehabilitation und maximale Lebensverlängerung ausgerichtet. Fast könnte man sagen, daß die Todesverdrängung Inspiration und Motor für die Weiterentwicklung der Medizin ist. Dem Auftrag des Krankenhauses steht ein sterbender Mensch konträr gegenüber. So sind oftmals pflegerische, psychosoziale oder gar räumliche Bedingungen für eine als würdig empfundene Sterbesituation kaum gegeben.[10]

Dies hat in besonderer Weise auch Cicely Saunders erfahren müssen und sie inspiriert, neue Wege zu gehen.

Ein Umdenken in England

Den „Schwestern der Barmherzigkeit", ein von Mary Aikenhead gegründeter Nonnenorden, kommt für den Beginn der Hospizbewegung einige Bedeutung zu. Mitte des 19. Jahrhunderts eröffnete Mary Aikenhead das erste Hospiz in Dublin. Eine der Aufgaben des Ordens war die Pflege und Sorge für die sterbenden Menschen. Dabei hatte Aikenhead noch nicht jene Pflegephilosophie entwickelt, wie sie später Cicely Saunders als Grundlage der heutigen Hospiz- beziehungsweise Palliativmedizin schuf. Ihr wichtiger Neuansatz war, für die sterbenden Patienten ein besonderes Haus zu fordern, „das ruhiger und kleiner sein sollte als ein Krankenhaus für akute Kranke, das aber die gleichen Einrichtungen für eine Pflege am Krankenbett haben sollte"[11]. Mary Aikenhead stellte ihr eigenes Haus zur Verfügung und fand dafür den Namen „Hospiz".

1893 wird von Dr. Howart Barret das St. Luke's in London gegründet, ein „Heim für bedürftige Sterbende". Barret schreibt 1894:

Viele Leute, denen ich von St. Lukas erzähle, sagen: „Welch entsetzlich trauriger Ort! Fühlen Sie sich nicht schrecklich niedergeschlagen, wenn Sie dorthin gehen?" „Durchaus nicht", antworte ich vergnügt, „ich finde es wunderbar und herzerfrischend." Und das stimmt. Ich weiß, daß es weitere hundert und aberhundert Arme auf den eintönigen Straßen und Höfen Londons gibt, die in derselben schlechten Lage sind wie die, die wir hier haben ... Aber denen, die hier sind, können wir, solange sie leben, Ruhe und Frieden geben, wir können vielen ihre Schmerzen erleichtern, sie erhalten die beste Ernährung, die beste Medizin. Sanfte Hände betreuen sie, freundli-che Stimmen reden ihnen gut zu und erzählen ihnen die Froh-botschaft von der allumfassenden Liebe und dem ewigen Leben. Grund genug, um jedermann heiter zu stimmen.[12]

1905 wird das St. Joseph's-Hospice in London eröffnet. Es ist die zweite Gründung eines Hauses der „Schwestern der Barmherzig-keit". In gewisser Hinsicht ist es das Mutterhaus der modernen Hospizbewegung, denn hier hat Cicely Saunders als Ärztin ihre eigentliche Aufgabe gefunden. In ihrer Zeit als Krankenschwester hatte sie den eher nüchtern-sachlichen Umgang mit Sterbenden erlebt. Dies konnte sie mit ihrem Glauben nicht vereinbaren und bewegte sie tief. In St. Joseph's wurde der Zuwendung zu schwer-kranken und sterbenden Menschen besondere Bedeutung und Auf-merksamkeit beigemessen. Cicely Saunders gibt als Initialzündung immer wieder die vielen Gespräche an, die sie mit einem ihrer Pati-enten – David Tasma – führte. Daraus entwickelte sie erstmals ein umfassendes Konzept der Betreuung Sterbender, in dem medizini-sche, pflegerische, spirituelle, soziale und psychologische Betreuung einander ergänzen. Dabei wird konsequent vom Patienten her ge-dacht; das Aufspüren der Bedürfnisse des Sterbenden bedingt die Vorgehensweise und nicht die Disziplin mit einem bestimmten Fach-wissen. Es ist Saunders' Verdienst, wichtige Prinzipien der Schmerz-und Symptomkontrolle entwickelt zu haben. Die Schmerzbekämp-fung war für sie eine vordringliche Aufgabe, beobachtete sie doch, daß schmerzfrei zu sein ganz wesentlich zum Wohlergehen, aber mehr noch für das verbleibende Erleben des Sterbenden beitragen kann. Damit wurde sie die eigentliche Initiatorin der modernen Hospizbewegung. Ausgebildet im St. Luke's-Hospice, kam sie in den fünfziger Jahren nach St. Joseph's.

1967 Die Krankenschwester, Sozialarbeiterin und Ärztin Cicely Saunders eröffnet 1967 im Londoner Südosten das St. Christopher's Hospice, nachdem sie sechs Jahre lang ihre Ideen in der ambulanten Hospizarbeit[13] umsetzte. Es wurde zum Vorbild für viele ähnliche Einrichtungen in der Welt. Die in St. Joseph's entwickelten Ideen für die Pflege unheilbar Kranker flossen hier gleich von Anfang an in die Arbeit ein. Es geht konsequenterweise nicht mehr um die Heilung der Sterbenden, sondern darum, ihnen ein Leben bis zum Schluß zu ermöglichen. Dazu bedarf es Saunders' Meinung nach nur zweierlei: liebevolle Zuwendung mit umfassender Betreuung der Sterbenden und ihrer Familien und eine konsequente Schmerzlinderung und

-kontrolle und Linderung der Symptome der Erkrankung. Entscheidend ist, daß die Sterbenden nicht nur aus medizinischer Sicht betrachtet werden, sondern pflegerische, psychische, soziale und spirituelle Bedürfnisse einen genauso breiten Raum einnehmen wie medizinische.[14] Ist somit ein Ort geschaffen, in dem sich die Menschen trotz ihres Sterbens wohlfühlen können, dann verwirklicht sich für Cicely Saunders das, was sich in der Grundbedeutung des Begriffs „Hospiz" ausdrückt. Daher stand für sie von vornherein fest, daß ihr Haus „Hospiz" heißen solle. Der Name St. Christopher's entwickelte sich dann aus Gesprächen mit einer Patientin.

Leben lernen für den Tod: Die Hospizidee setzt sich weltweit durch[15]

1971 Die Ärztin Sylvia Lack gründet in New Haven, Conneticut, das erste Hospiz in den *Vereinigten Staaten von Amerika*. Es ist eine Gründung als gemeinnützige Körperschaft.

1973 fängt die Gruppe an, die ambulante Pflege von Patienten zu übernehmen. Daneben wird an den Voraussetzungen zur Eröffnung eines stationären Hospizes gearbeitet.

1977 wird nach langen Jahren der Vorbereitung der Grundstein für ein eigenes Hospizgebäude mit 44 Betten gelegt.

Ausgehend von England, entwickelt sich die Hospizarbeit sehr unterschiedlich weiter, was von Cicely Saunders ausdrücklich begrüßt wird. So haben sich in den Vereinigten Staaten neben Palliativstationen und Hospizen vor allem ambulante Hospizdienste durchgesetzt. In dieser Linie steht

1975 auch die Gründung eines ambulantes Hospizes im Landkreis Marin nördlich von San Francisco. Nicht ungewöhnlich ist die Art der Gründung. Einzelne Personen bieten Sterbenden und deren Angehörigen in der Gemeinde ihre Dienste ohne Bezahlung an. Initialzündung war wie bei vielen Hospizdiensten die persönliche Erfahrung oder eigene Betroffenheit im Umgang mit Sterbenden in der Bekanntschaft. Die Qualität des Dienstes führte schnell zur Anerkennung bei den medizinischen Institutionen der Region.

Im gleichen Jahr beginnt man damit, im St. Luke's Hospital Center, New York, Hospizarbeit innerhalb eines Krankenhauses zu etablieren. Anders als in Marin waren es hier einige Mitarbeiter des Krankenhauspersonals, die sich zu einem Team – dem „Hospiz-Pilot-Projekt" – zusammenschlossen. Sie boten spezielle Begleitung für sterbende Menschen und deren Angehörige an. Die Patienten werden nicht gesondert untergebracht, sondern verbleiben auf den Stationen, auf denen sie liegen. Neben dem Ziel, den Hospizgedanken praktisch zum Nutzen der Betroffenen umzusetzen, hatte das Team es sich von Anfang an auch zur Aufgabe gemacht, die Erkenntnisse der Hospizmedizin und Hospizpflege an die anderen Mitarbeiter des Krankenhauses weiterzugeben.

1978 wird die National-Hospice-Organisation (NHO) gegründet. Ihre Aufgabe ist es, bestehende Hospizprojekte zu fördern und zu unterstützen. Visionär schreibt Dennis Rezendes, Mitglied der NHO:

Im Laufe des nächsten Jahrzehnts wird das Hospiz-Programm nicht länger mehr eine Neuerung sein, sondern direkt in das bestehende System der Gesundheitsfürsorge eingegliedert werden. Jeder, der auf diesem Gebiet arbeitet, wird für die Pflege unheilbar kranker Patienten und ihrer Familien aufgeschlossen sein und über das nötige Wissen verfügen.[16]

1975 entsteht auf Betreiben des Onkologen Balfour Mount am Royal Victoria Hospital in Montreal die erste *kanadische* Hospizeinrichtung als eine Variante: nämlich eine Palliativstation mit 15 Betten und einem dazugehörigen Hausbetreuungsdienst. Diese weltweit erste Palliativstation variiert die Hospizarbeit insofern, als es dabei nicht um ein selbständiges Haus geht, sondern diese Einheit als eigenständige Station oder Abteilung einem Krankenhaus angeschlossen ist. Die kanadische Hospizbewegung beruft sich ebenfalls auf die englische Hospiztradition. Jedoch versuchen die Kanadier vor allem, Hospize in bestehende Krankenhäuser zu integrieren.

Im europäischen Ausland ist die Entwicklung der Hospizarbeit in *Finnland* bemerkenswert. Auffallend ist, daß das Engagement geschlossener und kompakter wirkt und es anscheinend schneller zu gesetzlichen, abgesicherten Grundlagen kommt. Anne Fried, eine in Finnland lebende Literaturkritikerin, schreibt dazu:

Die finnische Hospizbewegung ist wie die englische von christlicher Motivation getragen. Eine Gruppe von über siebzig Menschen, die dem Kirchlichen Zentrum für Krankenhausseelsorge verbunden waren, machte es sich zur Aufgabe, die von Cicely Saunders entwickelten Methoden der Fürsorge für Sterbende in Finnland einzuführen. Die Evangelisch-lutherische Kirche in Finnland ist eine Volkskirche; die Verbindung von Kirche und Staat trug zweifelsohne dazu bei, daß das Zentralamt für Gesundheitswesen schon zu Beginn der Bewegung gesetzliche Richtlinien schuf, die ethische Überzeugungen und psychologische Einsichten zur Grundlage der Arbeit machten. Sie beziehen sich sowohl auf Krankenhaus- und

Heimpflege von terminal Kranken als auch auf die Begleitung der Angehörigen. Das Bemerkenswerte an dem Dokument ist seine Betonung der persönlichen Anteilnahme und des Respektes für die Menschenwürde, die der Pflege zugrunde liegen müssen ... Wo immer die Pflege stattfindet, soll sie von Menschen übernommen werden, die es als ihre Aufgabe betrachten, die letzte Lebensphase Sterbender so gut und trostreich wie möglich zu gestalten. Respekt vor der Persönlichkeit des Kranken und der ihm eigenen Würde sowie innere Anteilnahme an dem, was in ihm und in seinen Angehörigen vorgeht, sollen ihre Haltung bestimmen. Linderung der Schmerzen durch geeignete Medikamente ist ebenso nötig wie die Linderung von Angst und sozialer Not. Medizinisches Wissen, psychologisches und seelsorgerliches Verstehen und praktische soziale Fürsorge sind die Komponenten hilfreicher Terminalpflege. Ihre Haupterfordernis ist das geeignete Personal: Menschen, die eine Schulung mitzumachen bereit sind, um Kranke auf ihrem letzten Weg begleiten zu können. Diese finnischen Richtlinien für Terminalpflege bauen unverkennbar auf den von Cicely Saunders entwickelten Grundprinzipien für physische, seelische und geistliche Fürsorge auf. Für die Umsetzung dieser Grundprinzipien in die Praxis sorgen in Finnland die Kirchliche Zentrale für Diakonie, die Kirchliche Zentrale für Krankenhausseelsorge, das Finnische Rote Kreuz und die in allen Landesteilen wirksamen Zweige des Krebspatienten e.V.[17]

1987 wird in Tampere, Finnland, das von der Krebsgesellschaft gegründete Pflegeheim „Pirkanmaa" eingeweiht. Es dient einerseits der Pflege von Terminalkranken, andererseits als Ort für Forschungsarbeiten auf diesem Gebiet.

1988 wird das obere Stockwerk des Eira-Krankenhauses in Helsinki für die Nutzung als Hospiz umgebaut und eröffnet.

Mißverständnis mit Folgen: Die Entwicklung in Deutschland[18]

In Deutschland stiftet der Begriff „Hospiz" bis heute einige Verwirrung, da er zunächst als eine Bezeichnung für christliche Hotels bekannt ist und weniger mit einem Ort für sterbende Menschen in Verbindung gebracht wird. Doch die Motive, die 1904 zur Gründung

Ars moriendi: Versuchung im Glauben

des „Verbandes Christlicher Hospize" (VCH) führten, sind denen nicht fern, die den Begriff Hospiz für die Begleitung Sterbender und ihrer Angehörigen geeignet erscheinen ließen.

Waren es im Mittelalter die Wallfahrten, die Pilger ins heilige Land aufbrechen ließen, so war es Mitte des 19. Jahrhunderts die fortschreitende Industrialisierung Deutschlands, die viele Menschen in Bewegung brachte. Bauten einst die Orden an den entsprechenden Straßen und Pilgerwegen ihre Hospize, so gründeten nun „meist gemeinnützige Träger ... ‚Herbergen zur Heimat', ‚Kolpinghäuser' und ähnliche Gästeunterkünfte für die in die Städte strömenden, Ausbildung und Arbeit suchenden Menschen"[19]. Im Zusammenhang dieser Entwicklung entstanden christliche Hospize, die für mehr als nur die bloße Unterbringung Sorge trugen. Bewußt wurde der Begriff des Hospizes gewählt, um sich damit von anderen Hotels und Gasthöfen zu unterscheiden. Es sollte zum Ausdruck kommen, daß das Hospiz auf christlicher Grundlage arbeitet und daß die Betreuung über das Nachtlager hinaus mit zur Aufgabe des Hauses gehört. Da, ausgehend von der Gründung des St. Christopher's 1967, die Hospizbewegung ab Mitte der achtziger Jahre auch in Deutschland immer bekannter wurde als eine Einrichtung, die sich der Begleitung Sterbender und ihrer Angehörigen widmet, entschloß sich 1987 der Verband Christlicher Hospize, seinen Namen in „Verband Christlicher Hotels" zu ändern.

Die Hospizbewegung in Deutschland

Erst Ende der achtziger Jahre kann man davon sprechen, daß die Hospizbewegung in Deutschland Fuß gefaßt hat. Das verwundert, denn bereits 1967 lernen Mitarbeiter des Tübinger Paul-Lechler-Krankenhauses Grundlagen der Hospizarbeit im St. Joseph's und St. Christopher's kennen. Was sie dort erlebten, die Art und Weise, wie man mit den Sterbenden umging und wie man die Aufgabe der Sterbebegleitung ganz neu als Teamarbeit verstand, bewog sie, ähnliches im eigenen Haus umzusetzen:

So begannen wir, wie in den Londoner Hospices, „Fallbesprechungen" von Patienten, die in unserem Haus gestorben sind, durchzuführen. Dabei lernten wir unsere Defizite kennen. Wichtiger als die Frage „Woran starb Herr Müller?" war es bei diesen Besprechungen, Antworten zu suchen auf die Fragen: „Unter welchen äußeren (pflegerischen, ärztlichen) Umständen starb er? Wieviel

Schmerzen hatte er? Wodurch wurden diese Schmerzen, organisch oder psychisch, verursacht? Was hätten wir tun können, um Schmerzen und Not der letzten Tage des Patienten zu lindern? Auf welche Weise waren die Verwandten mit einbezogen in unsere Bemühungen um den Sterbenden?" Allmählich gelang es uns, Merkmale des Hospizes auf unsere eigenen Verhältnisse zu übertragen. Als erste sichtbare Veränderung in unserem Umgang mit „unheilbaren" Kranken wurde die Schmerzbehandlung mit regelmäßigen Gaben von Morphin bei Patienten mit malignen Tumoren eingeführt. Damals rief dieser segensreiche Umgang mit Morphin noch entrüstete bis empörte Reaktionen bei pflegerischen und ärztlichen Mitarbeitern hervor. Ein aufgebrachter Kollege sprach von einem „systematischen Kunstfehler"! Mehr und mehr wurde uns deutlich, daß der richtige Umgang mit sterbenden Patienten keine „neue", sondern eine vergessene Aufgabe der Medizin war. Gleichzeitig lernten wir begreifen, daß „Schmerztherapie" nur ein Teil des Notwendigen war: eher Bedingung für die Begleitung als deren Inhalt. Die Wahrheit sagen; nicht allein lassen; schweigen können; aushalten lernen – das waren Aufgaben, denen wir uns zu stellen lernten. Immer deutlicher wurde uns, daß wir Dinge lernten, die zu den Aufgaben eines jeden Krankenhauses gehören.[20]

Ende der siebziger, Anfang der achtziger Jahre versuchen onkologische Arztpraxen, Schmerzambulanzen, Krankenhäuser, Pflegeheime und Hauskrankenpflegen in verschiedenen Städten Deutschlands, Grundgedanken der Hospizbewegung in den je eigenen Arbeitsbereichen umzusetzen. Doch die Hospizbewegung kommt zu diesem Zeitpunkt nur zögerlich in Gang. Die Zurückhaltung hängt mit der Debatte um „Sterbekliniken" zusammen, die 1971 ihren Ausgang nahm. Pater Reinhold Iblacker drehte im St. Christopher's Hospice einen Film mit dem Titel „Noch 16 Tage ... eine Sterbeklinik in London", der 1971 im ZDF gesendet wurde und zunächst nur Ablehnung hervorrief.[21]

Ungeachtet der kontrovers geführten Debatte um „Sterbekliniken", entwickelte sich in Deutschland auf unterschiedlichen Ebenen die Hospizarbeit. Pfarrer Dr. Paul Türks, einer der ersten, der sich in Deutschland für den Hospizgedanken einsetzte, beschreibt die Anfänge:

Dabei entwickelten sich bald zwei verschiedene Ansätze, wenn man eine gewisse Schematisierung erlaubt: Die einen suchten, ein Hospiz als Bettenstation oder Bettenhaus zu errichten, wie es vielfach in England und USA besteht. Da vor allem ein einzeln stehender

Neubau sehr teuer ist, versuchte man, eine kleine Station in einem Krankenhaus oder Altenheim als Hospiz abzutrennen. Die anderen bauten einen ambulanten Außendienst auf, der mit von ihnen geschulten Kräften die Terminalkranken zu Hause betreut und sich auch um ihre Familien kümmert.[22]

1983 wurde in der Kölner Universitätsklinik eine Station für palliative Therapie eingerichtet. Ausgehend von Erfahrungen, die Pfarrer Helmut R. Zielinski im St. Christopher's Hospice London gesammelt hatte, stand hier die psychische Betreuung und vor allem die Schmerzlinderung mit einer guten Pflege im Vordergrund.

1984 Die Initiative „Sitzwache in Pflegeheimen" gründet sich als eine Initiative im kirchlichen Bereich in Stuttgart. Es kommt bald zur Vereinigung mit mehreren anderen Sitzwachengruppen zur „Arbeitsgemeinschaft Sitzwachen in Stuttgart und Umgebung". Das Arbeiten dieser Gruppe zielt darauf, mit Hilfe von Ehrenamtlichen ein menschenwürdiges Sterben in Pflegeheimen zu ermöglichen.

Im gleichen Jahr gründet sich an der Evangelischen Fachhochschule in Hannover unter der Leitung von Professor Johann-Christoph Student die Arbeitsgruppe „Zu Hause sterben". Sie hat zum Ziel, die Situation sterbender Menschen und ihrer Angehörigen zu verbessern, indem sie unmittelbar betreut werden. Johann-Christoph Student beschreibt die Arbeitsgruppe:

Versucht man eine Einordnung der Arbeitsgruppe „Zu Hause sterben" in die Vielfalt der in den angelsächsischen Ländern vorkommenden Hospizformen, dann entspricht sie am ehesten dem „consulting team". Darunter versteht man ein Team von Fachleuten (und freiwilligen Helfern), das nach den Grundprinzipien der Hospizbewegung für Betroffene Unterstützung durch Beratung anbietet.[23]

1986 Wiederum dem Ansatz der Angliederung einer stationären Einheit an eine bestehende Einrichtung – hier an ein Altenheim – folgend, gründet Pfarrer Dr. Paul Türks mit Hilfe des „Oratoriums des hl. Philipp Neri", einer katholischen Priestergemeinschaft, 1986 in Aachen das Hospiz „Haus Hörn". Ein Jahr später,

1987 wird das „Hospiz zum heiligen Franziskus" in Recklinghausen eröffnet. Dieses Hospiz ist, obwohl in einem umgebauten Einfamilienhaus erstmalig ohne unmittelbare Verbindung zu einer medizinischen oder pflegerischen Einheit, an das nur wenige Meter entfernt liegende St.-Elisabeth-Krankenhaus angebunden.

1988 Dem Weg der Angliederung an eine bestehende Einrichtung folgten die Palliativstation der Robert-Janker-Klinik in Bonn und

24

1990 die Palliativstation im Malteserkrankenhaus in Bonn.

1991 Die Kölner Universitätsklinik wird um das „Dr. Mildred-Scheel-Haus" erweitert. Die Anwendung palliativer Therapie sowie ein Ausbildungszentrum und ein Hausbetreuungsdienst haben hier ihren Ort.

Neben den einzelnen Initiativen und Vereinen, die überall in Deutschland ihre Arbeit beginnen, gründen sich drei große überregionale Hospizinitiativen, die dann regionale Gruppen eröffnen:

1985 wird die Hospizinitiative *OMEGA Mit dem Sterben leben e.V.* unter anderen von der Ärztin Dr. Petra Muschaweck gegründet. OMEGA versteht sich als überkonfessionelle und weltanschaulich ungebundene Gemeinschaft von Menschen, die sich persönlich und unmittelbar für sterbende Menschen und deren Angehörige einsetzen. Als Ziele der Arbeit werden angegeben:

- *Es gilt, für die letzte Lebensphase eines Menschen Bedingungen zu schaffen, die ihm das Sterben in einer Umgebung und in einer Atmosphäre ermöglichen, die seiner Menschlichkeit angemessen ist durch die Entwicklung und Realisierung eines Konzeptes für die Begleitung Sterbender zu Hause. Unter der Voraussetzung, daß es die Lebenssituation eines Sterbenden (unter anderem familiär und räumlich) zuläßt, soll zu Hause, also im Rahmen eines ambulanten Hospizprogramms, alles geschehen können, was in dieser Lebensphase notwendig ist (einschließlich Schmerztherapie).*

- *Förderung von Einrichtungen für die stationäre Begleitung Sterbender im Hospiz, das heißt in einem Haus, das auf die besondere Situation Sterbenskranker und ihrer Bedürfnisse aus- und eingerichtet ist.*

- *Diese stationären Hospize (nach englischem Vorbild, Hospice = Herberge) sind für Menschen, die in einer Klinik als „austherapiert" gelten, zu Hause aber nicht gepflegt werden können.*

- *Unterstützung des Fach- und Pflegepersonals von Kliniken und Heimen bei der Betreuung Sterbender durch Fortbildung zu Fragen der Sterbebegleitung; psychologischen Beistand für diese Mitarbeiter-(innen), damit sie den Belastungen, die mit dieser Aufgabe verbunden sind, besser gewachsen sind; Entlastung von Aufgaben, die in diesem Zusammenhang keine spezielle Ausbildung erfordern.*

- *Beratung und Unterstützung von Angehörigen und Freunden bei der Begleitung Sterbender und auch – später – in ihrer Trauerphase.*

- *Veränderung des öffentlichen Bewußtseins – „Sterben wieder als Bestandteil des Lebens zu begreifen" –, mit dem es sich auseinanderzusetzen gilt; sei es nun als Begleiter oder aber, eines Tages, als Sterbender.*[24]

1986 wird in Limburg auf Initiative des Mediziners Dr. Paul Becker die *IGSL, Internationale Gesellschaft für Sterbebegleitung und Lebensbeistand e.V.,* gegründet. Ihre Ziele sind:
Die IGSL
- *ist eine Vereinigung von Menschen, die sich dem Leben verpflichtet fühlen, einem Leben bis zum Tod;*
- *bemüht sich, das Thema „Sterben und Tod" in unserer Bevölkerung zu enttabuisieren;*
- *führt in ganz Deutschland und im deutschsprachigen europäischen Ausland Informations- und Bildungsveranstaltungen zu den Themen „Sterben, Tod und Trauer" durch;*
- *unterstützt auf Wunsch alle Bemühungen zur Errichtung von Hospizen und Palliativstationen als „Raststätten" für Sterbende und deren Angehörige;*
- *informiert Laien, Ärzte und Apotheker über die Möglichkeiten der palliativen (lindernden) Therapie;*
- *setzt sich dafür ein, das Sterben zu Hause wieder in zunehmendem Maße zu ermöglichen sowie Angehörigen von Schwerkranken und Sterbenden eine verläßliche Begleitung anzubieten;*
- *macht den Ruf nach einer „Erlösungsspritze" und somit nach aktiver Euthanasie überflüssig;*
- *bietet Hilfen beim Sterben an, jedoch nicht zum Sterben.* [25]

1990 errichtete die IGSL ein Hospiz-Bildungswerk in Bingen. Es ist die erste Einrichtung dieser Art in Deutschland, die sich zur Aufgabe gemacht hat, theoretische und praktische Ausbildung von hauptamtlichen wie ehrenamtlichen Mitarbeitern im Bereich der Hospizarbeit zu leisten.

1988 Vier Medizinprofessoren, ein Bundesrichter, ein Pfarrer (Dr. Paul Türks, Gründer des ersten deutschen Hospizes in Aachen), ein Sozialarbeiter und eine Journalistin gründen Ende Januar 1988 die *Deutsche Hospizhilfe e.V.* Die Zielsetzung dieser Initiative:
- *Den Hospizgedanken in der Bundesrepublik bekanntzumachen und die sich vielerorts bildenden Initiativen wirkungsvoll durch Spendensammlungen zu unterstützen ist das Ziel der „Deutschen Hospizhilfe". Wir wollen es erreichen,*
- *indem wir eine Lobby bilden für schwerkranke und sterbende Menschen und ihre Angehörigen;*

Ars moriendi: Ermutigung im Glauben

- *indem wir die Öffentlichkeit über die Ziele der Hospiz-Bewegung in ihrer ambulanten und stationären Form informieren;*
- *indem wir die Bevölkerung zu motivieren versuchen, sich sterbenden, kranken und alten Menschen und ihren Familien wieder mehr zuzuwenden;*
- *indem wir Initiativen und Einrichtungen fördern, die die Ziele der Hospiz-Bewegung in der Bundesrepublik verwirklichen beziehungsweise verwirklichen wollen durch Aufklärungsarbeit, den Bau und die Unterhaltung von Hospizen, die Aus- beziehungsweise Fortbildung von ärztlichen, pflegerischen, sozialen, kirchlichen, wissenschaftlichen, politischen und freiwilligen Helfern in Sterbebegleitung und Lebenshilfe;*
- *indem wir ärztliche Ausbildung in Sterbebeistand und Schmerztherapie – hier vor allem in der Bekämpfung von Krebsschmerzen im Endstadium – mit dem Ziel fördern, diese beiden Disziplinen zur Pflichtausbildung eines jeden Mediziners werden zu lassen;*
- *indem wir zur Alters- und Sterbeforschung anregen.*[26]

1992 Verschiedene Einzelpersonen und Hospizinitiativen finden sich auf Einladung von Franco Volontieri von der „Arbeitsgemeinschaft für Medizinische Ethik und Gesellschaftsbildung (AMEG)" zusammen und gründen die *Bundesarbeitsgemeinschaft Hospiz* zur Förderung von ambulanten, teilstationären und stationären Hospizen und Palliativmedizin e.V. *(BAG Hospiz).*

Zu diesem Zeitpunkt werden die drei großen überregionalen Organisationen, OMEGA, IGSL und die Deutsche Hospizhilfe noch nicht Mitglied der BAG Hospiz. Dadurch wird die Bedeutung als Dachverband für alle Hospizinitiativen zunächst eingeschränkt.

Die Bundesarbeitsgemeinschaft Hospiz setzt sich ein für:
- *Beratung bei inhaltlichen und organisatorischen Fragen*
- *Sicherung der ambulanten und stationären Hospizarbeit*
- *Förderung der Aus-, Fort- und Weiterbildung von ehrenamtlichen und hauptamtlichen MitarbeiterInnen*
- *Qualitätssicherung*
- *Erarbeitung von Standards in der Hospizarbeit*
- *Erschließung von Finanzquellen*
- *Integration der Hospizidee in die bestehenden sozialen Systeme*
- *Öffentlichkeitsarbeit*
- *politische Vertretung auf Bundesebene*
- *Ansprechpartner für nationale und internationale Kontakte*
- *Weiterentwicklung und Implementierung von Palliativmedizin und Palliativpflege.*[27]

1996 Die im März 1996 ins Leben gerufene *Deutsche Hospiz Stiftung* ist eine Stiftung des Malteserordens. Aufgaben der Deutschen Hospizstiftung:
- *Sie will sterbenden und den ihnen nahestehenden Menschen durch die Unterstützung von Hospizdiensten helfen.*
- *Sie will Mut machen, Sterbende nicht allein zu lassen.*
- *Sie will bestehende Hospizeinrichtungen sichern helfen.*
- *Sie wirbt für eine Zusammenarbeit aller in der Sterbebegleitung Tätigen.*
- *Sie will Hospizgruppen und -einrichtungen durch bedarfsorientierte Informationen unterstützen.*
- *Spenden an die gemeinnützige und mildtätige Stiftung werden nicht für die Verwaltungskosten verwendet.*[28]

Der falsche Begriff „Sterbeklinik" und die Folgen für die Hospizbewegung in Deutschland

Die Hospizbewegung entwickelte sich in Deutschland, wie erwähnt, nur sehr zögerlich. Es ist erstaunlich, daß zwar bereits 1967, mit der Eröffnung des Londoner St. Christopher's Hospice, die Grundgedanken der Sterbebegleitung in Deutschland Eingang gefunden haben, aber erst Ende der achtziger Jahre weitestgehend akzeptiert wurden. Die Hindernisse, die der Hospizbewegung in den Weg gelegt wurden, nehmen 1971 ihren Ausgang mit dem Film „Noch 16 Tage ... Eine Sterbeklinik in London", der eine heftige Debatte über das Sterben und Hospize auslöste. Sowohl Behörden als auch die Kirchen standen den „Sterbekliniken", wie sie hier genannt wurden, eher skeptisch und ablehnend gegenüber.

Der Begriff ist es, der die Blockaden hervorruft. Dabei wird deutlich, daß in der anfänglichen Ablehnung keine wirkliche Auseinandersetzung mit den Inhalten der Hospizbewegung stattgefunden haben kann. Die problematische Übersetzung des Begriffes „Hospiz" in „Sterbeklinik" trifft den Kern des Hospizgedankens nicht! Richtig ist, daß in einem Hospiz gestorben wird. Doch die Art und Weise, wie man mit dem Sterbenden umgeht, die Art und Weise, wie es dem Sterbenden ermöglicht wird, sein Leben noch einmal in die Hand zu nehmen – egal ob es sich um drei Tage, drei Wochen oder drei Monate handelt – zeigen, daß es im Hospiz um Leben geht. Von daher übersetze ich Hospiz lieber mit „Lebensstätte für Sterbende".

Daneben war die Engführung des Begriffes Hospiz auf eine stationäre Einrichtung geeignet, Mißverständnisse zu provozieren. So argumentierten Gegner der Hospizbewegung immer wieder damit, daß nun eine besondere Institution geschaffen worden sei, in die der Mensch eigens zum Sterben abgeschoben werden könne. Man argumentierte weiter, daß eine unzumutbare Arbeitssituation für Pflegekräfte und Ärzte entstünde, wenn man sich ausschließlich mit Sterbenden befasse.

Doch Hospiz ist weniger ein Haus als vielmehr ein bestimmtes Konzept der medizinischen, pflegerischen und spirituellen Fürsorge, eine ganz bestimmte Einstellung dem Tod und der Pflege sterbender Menschen und ihren Angehörigen gegenüber. Spätere Erfahrungen aus der Hospizarbeit – Erfahrungen, die in den anglikanischen Ländern bereits viele Jahre vorher gemacht wurden – haben gezeigt, daß die Arbeitszufriedenheit in den Hospizen größer, die Fluktuation des Pflegepersonals geringer und die Überlastungserscheinungen bis hin zum Burn-Out-Syndrom seltener sind als in gewöhnlichen Krankenhäusern.

Daß ein Sterbender und seine Angehörigen durch die Einlieferung in ein Hospiz ihrer Hoffnung[29] beraubt werden oder dadurch gar Depressionen ausgelöst werden können, stimmt nicht mit den Erfahrungen der Hospize überein. Das erklärt sich dadurch, daß es nie eine Einweisung in ein Hospiz geben kann. Die Entscheidung, in ein Hospiz zu gehen, ist freiwillig. Jeder, der ins Hospiz kommt, weiß, wohin er geht und worauf er sich einläßt.

Die Chronologie zeichnet die Debatte in groben Zügen nach:[30]

1971   Am 10. Juni 1971 strahlt das ZDF einen Bericht der Redaktion „Kirche und Leben" aus, den Film „Noch 16 Tage ... eine Sterbeklinik in London". Pater Reinhold Iblacker hatte mit einem Fernsehteam das St. Christopher's Hospice London besucht und wollte den dort praktizierten anderen Umgang mit Sterbenden dokumentieren. Doch der Film löste heftige, zunächst ausschließlich negative Reaktionen aus. Anton Szekely schrieb: „Schade, daß es ihn gibt ... Er hat den Beigeschmack von Kommerzialisierung des Sterbens. Humanität beim Sterbenden als Job – eine unsympathische Vorstellung. Nun ist auch das Persönliche institutionalisiert, die Verantwortung abgenommen, wir sind von einer Pflicht losgekauft. Der Sohn kann ruhig zum Fußballspiel gehen, während der Vater stirbt."[31]

1978   Das Bundesministerium für Jugend, Familie und Gesundheit bittet die Kirchen, Wohlfahrtsverbände, Krankenhausgesellschaften und fachkundige Einzelpersönlichkeiten um Stellungnahme zu der Frage, „ob der Bau von Sterbekliniken in Deutschland nach englischem oder schwedischem Muster befürwortet wird". 92 Prozent der Befragten lehnten dies ab. Neben der Befürchtung, daß es zu einer Abschiebung und Ghettoisierung der Sterbenden kommen würde, spielte der Begriff „Sterbeklinik" selbst eine negative Rolle.

Das katholische Büro Bonn antwortet am 30. Juni 1978: „Ein solches menschenwürdiges Sterben kann *nicht* durch die Errichtung eigener Sterbekliniken oder Sterbeheime gewährleistet werden, in die der Schwerkranke abgeschoben wird ... Sterbekliniken oder Sterbeheime dienen – gewollt oder ungewollt – der Verdrängung der letzten menschlichen Aufgabe ... Mit der Einlieferung in eine Sterbeklinik oder in ein Sterbeheim wird dem Schwerkranken jede Hoffnung abgesprochen und genommen ... In der öffentlichen Diskussion wird die Einrichtung von Sterbekliniken jetzt schon als ein Schritt hin zur Euthanasie gedeutet ... Vorhandene und bereitzustellende Mittel des Bundes und der Länder sollten nach unserer Auffassung *nicht* dazu benutzt werden, solche Sterbekliniken einzurichten ... Zusammenfassend möchten wir die von Ihnen gestellte Frage dahin beantworten, daß wir die Einrichtung besonderer Sterbekliniken oder Sterbeheime *ablehnen*, weil solche Einrichtungen aus vielerlei Gründen das Sterben nicht menschenwürdiger, sondern unmenschlich machen."[32]

Exemplarisch läßt sich hier die ungenügende inhaltliche Auseinandersetzung verdeutlichen: „... in die der Schwerkranke abgeschoben wird ... mit der Einlieferung in eine Sterbeklinik ..." Diese Aussagen zeigen, daß der Grundsatz, nur auf eigenen Wunsch in ein Hospiz zu kommen, nicht gewußt oder bedacht wurde. Zu der Aussage, daß „Sterbekliniken" die letzte menschliche Aufgabe verdrängen würden, kann man nur dann kommen, wenn man sich nicht klargemacht hat, mit welchem Ansatz ein Hospiz arbeitet. Es wird dabei auch übersehen, daß die Öffentlichkeitsarbeit von Anfang an eine genuine Aufgabe der Initiativen war. Inhalt dieser Arbeit war es, ein Bewußtsein für einen anderen Umgang mit Sterbenden zu schaffen. Daß heißt, der Verdrängung wird gerade dadurch der Kampf angesagt.

„... wird die Einrichtung von Sterbekliniken jetzt schon als ein Schritt hin zur Euthanasie gedeutet." Hier wird übersehen, daß gerade Cicely Saunders ihr Engagement und die Einrichtung von Hospizen als eine Reaktion auf die drohende Liberalisierung der „Euthanasiefrage" verstanden hat. Statt Todesspritze Nähe und Begleitung; an der Hand von einem Menschen sterben statt durch die

Hand eines Menschen. Viele ihrer Publikationen sind ein leidenschaftliches Plädoyer gegen die Euthanasie.

1979 Auf einer Tagung der Katholischen Akademie Stuttgart zum Thema „Sterbekliniken – oder was brauchen Sterbende?" berichtete der Ministerialrat und Referent im Bundesministerium für Jugend, Familie und Gesundheit, Heinz Lothar Jelen, über das Ergebnis der Befragung bei Kirchen, Wohlfahrtsverbänden, Krankenhausgesellschaften und fachkundigen Persönlichkeiten: „Ihr deutliches Nein zur Sterbeklinik hatte die Konsequenz, daß von einer Förderung des beantragten Modellversuchs Abstand genommen wurde."[33]

1980 Helmut R. Zielinski nimmt öffentlich Stellung zur andauernden Kritik an dem Film „Noch 16 Tage ...":

Der Name „Sterbeklinik", den deutsche Filmproduzenten dieser Klinik gegeben haben, ist ungerechtfertigt, weil er etwas Falsches zum Ausdruck bringt. Genausogut könnte man eine Neurochirurgische Intensivstation als „Sterbeklinik" deklarieren, wollte man nur anhand der Sterbeziffer der Patienten die Klinik umschreiben. Das St. Christopher's Hospice ist eine Einrichtung, die sich bewußt den Namen Hospice, das heißt Hospiz, gegeben hat. Ein Hospiz wurde für Wanderer eingerichtet – durch die Bezeichnung Hospiz soll hier gekennzeichnet werden, daß es sich um eine Ruhestätte für Menschen handelt, die in ihrer Krankheit die Erfahrung der Hektik, der Rastlosigkeit gemacht haben. Hierdurch soll aber nicht ausgedrückt werden, daß es sich um ein Haus handelt, in das Alte und Sterbende abgeschoben werden, um den Angehörigen die notwendige Gewissensberuhigung zu geben.[34]

1981 Bernd Wagner legt eine Dissertation zum Thema „Terminal Care in Großbritannien. Ein Modell für die Versorgung unheilbar Kranker und Sterbender" vor. Er kommt zur Bewertung: „Terminal Care kann als sinnvoll erachtet werden, solange sie in Allgemeinmedizin und -krankenhaus integriert ist oder wenigstens darauf hinzielt." Warnend merkt er allerdings an: „Daß die Versorgung unheilbar Kranker und Sterbender zu einem neuen Spezialfach mit speziell dafür geschaffenen Institutionen wird und eine Selektion und Ausgliederung dieser Patienten aus Allgemeinmedizin und -krankenhaus stattfindet ... Das Hospice würde zur Inkarnation eines neuen Spezialfaches und könnte als vorübergehend sinnvolle Zufluchtsstätte bald zu einem Isolationsasyl werden. Außerdem wäre eine mögliche Folge, daß andere Sterbende nur noch schlechter versorgt werden, wenn Spezialeinrichtungen zum Teil helfen, Ärzte und Krankenhäuser von einer ihrer wesentlichen Aufgaben zu entlasten."[35]

1982 Wolfgang Helbig, Vorsitzender des Deutschen Evangelischen Krankenhausverbandes, versucht in einem Beitrag zum Thema „Sterbekliniken", sich in einem anderen, theologisch-diakonischen Blickwinkel der Frage zu nähern:

Letzten Endes darf es nicht bloß um die Frage „Sterbekliniken – ja oder nein?" gehen. Das wäre im Kontext der bei uns bestehenden ambulanten und stationären Einrichtungen eine Entstellung des eigentlichen Problems. Eine Verbesserung der Situation Sterbender könnte daraus kaum erwachsen. Christliche Krankensorge nimmt ihre Kraft ganz generell zuerst aus der für uns durchlittenen Passion Christi: In der Schwachheit kommt seine heilmachende Gnade und Liebe zur Vollendung. Die Sorge für Sterbende ist ein Testfall für die diakonische Arbeit am kranken Nächsten: im Heim und im Krankenhaus ebenso wie in der Haus- und Gemeindepflege. Wenn es mit rechten Dingen zugeht, kann das Sterben im Handeln der Diakonie gar nicht aus dem Blick geraten.[36]

1983 diskutiert Thomas Scheffel, Freiburg, in seiner Dissertation „Die Versorgung sterbender Patienten im Krankenhaus. Ansätze in Deutschland auf dem Hintergrund der britischen ‚Terminal Care'" die deutschen Vorwürfe gegen „Sterbekliniken", denen er die Erfahrungen in England gegenüberstellt. „Aus der Analyse der Veröffentlichungen zum Thema ‚Sterben und Tod' und ‚Sterben im Krankenhaus' aus dem deutschen und englischen Sprachraum geht übereinstimmend hervor, daß die Betreuung und Begleitung des sterbenden Patienten und seiner Familie im Krankenhaus als unbefriedigend bezeichnet werden muß ... Vor diesem Hintergrund wurde in den vergangenen Jahrzehnten in Großbritannien eine Konzeption für die Versorgung unheilbar Kranker und Sterbender entwickelt, die den Forderungen eines humanen ‚Sterbebeistandes' und einer humanen ‚Sterbehilfe' in allen Punkten weitgehend gerecht wird und an verschiedene Organisationsformen angepaßt werden konnte ... Aus dem vorliegenden Material über die Diskussion um ‚Sterbekliniken' in Deutschland kann gefolgert werden, das der Ansatz der britischen ‚Terminal Care' nicht zuletzt mangels ausreichender Sachinformationen nicht in angemessenem Maße gewürdigt worden ist ... Auch wenn sich diese Form der Versorgung nicht in toto auf deutsche Verhältnisse übertragen ließe, so können doch wesentliche Impulse von diesem Konzept gewonnen werden, die sich auf unsere Verhältnisse fruchtbar auswirken würden."[37]

1985 Johann-Christoph Student, Professor für Sozialmedizin an der Evangelischen Fachhochschule Hannover, entkräftet in seinem

Aufsatz „Hospiz versus ‚Sterbeklinik‘"[38] die wichtigsten kritischen Stimmen gegen die sogenannten Sterbekliniken. Nicht neue Institutionen stehen im Vorergrund der Hospizbewegung, sondern ein bestimmtes Konzept in der Begleitung Schwerkranker und Sterbender, ein anderer Umgang mit Sterben und Tod. Dessen wichtigste Kriterien sind:

– *Sterbender und seine Angehörigen sind gemeinsame Adressaten des Hospiz-Dienstes. Die Angehörigen benötigen nicht weniger Aufmerksamkeit und Fürsorge als der Sterbende selbst.*

– *Unterstützung durch ein interdisziplinär arbeitendes Team (Arzt, Krankenschwester, Sozialarbeiter, Geistlicher und andere). Nur ein Team von Fachleuten kann den vielfältigen Wünschen Betroffener gerecht werden. Die Team-Mitglieder unterstützen sich gegenseitig in ihrer Arbeit, vor allem in emotionaler Hinsicht. Die Team-Mitglieder werden sorgfältig ausgebildet und erhalten fortlaufende Supervision.*

– *Einbeziehung freiwilliger Helfer. Sie dienen der „Entprofessionalisierung“ der Sterbebegleitung. Sie tragen zur Integration des Sterbenden und seiner Angehörigen in das Gemeinwesen bei. Dem widerspricht nicht, daß sie sorgfältig ausgebildet werden und fortlaufende Supervision erhalten.*

– *Spezielle Kenntnisse in der Symptomkontrolle. Das Hospiz-Team verfügt über spezielle Kenntnisse und Erfahrungen in der medizinischen und pflegerischen Beeinflussung der das Sterben oftmals belastenden Symptome (insbesondere der Schmerzbekämpfung). Das Team weiß auch um die soziale, psychische und spirituelle Dimension dieser Symptome.*

–*Kontinuität in der Betreuung ist gewährleistet. Das Team steht „24 Stunden am Tage, 7 Tage in der Woche lang“ zur Verfügung. Die Hinterbliebenen werden in der Zeit ihrer Trauer weiter begleitet (was auch im Sinne der Gesundheitsförderung wirksam ist).*[39]

Ab Mitte der achtziger Jahre ist ein Wandel in der Beurteilung der Hospize zu verzeichnen. Dies ist einerseits unlöslich verbunden mit der Aufklärungsarbeit und der Vielzahl von Veröffentlichungen von Johann-Christoph Student, andererseits Frucht der sich bundesweit engagierenden Vereine OMEGA, IGSL und der Deutschen Hospizhilfe, die ja Aufklärung und Information zum Hauptanliegen ihrer

Ars moriendi: Versuchung durch Verzweiflung

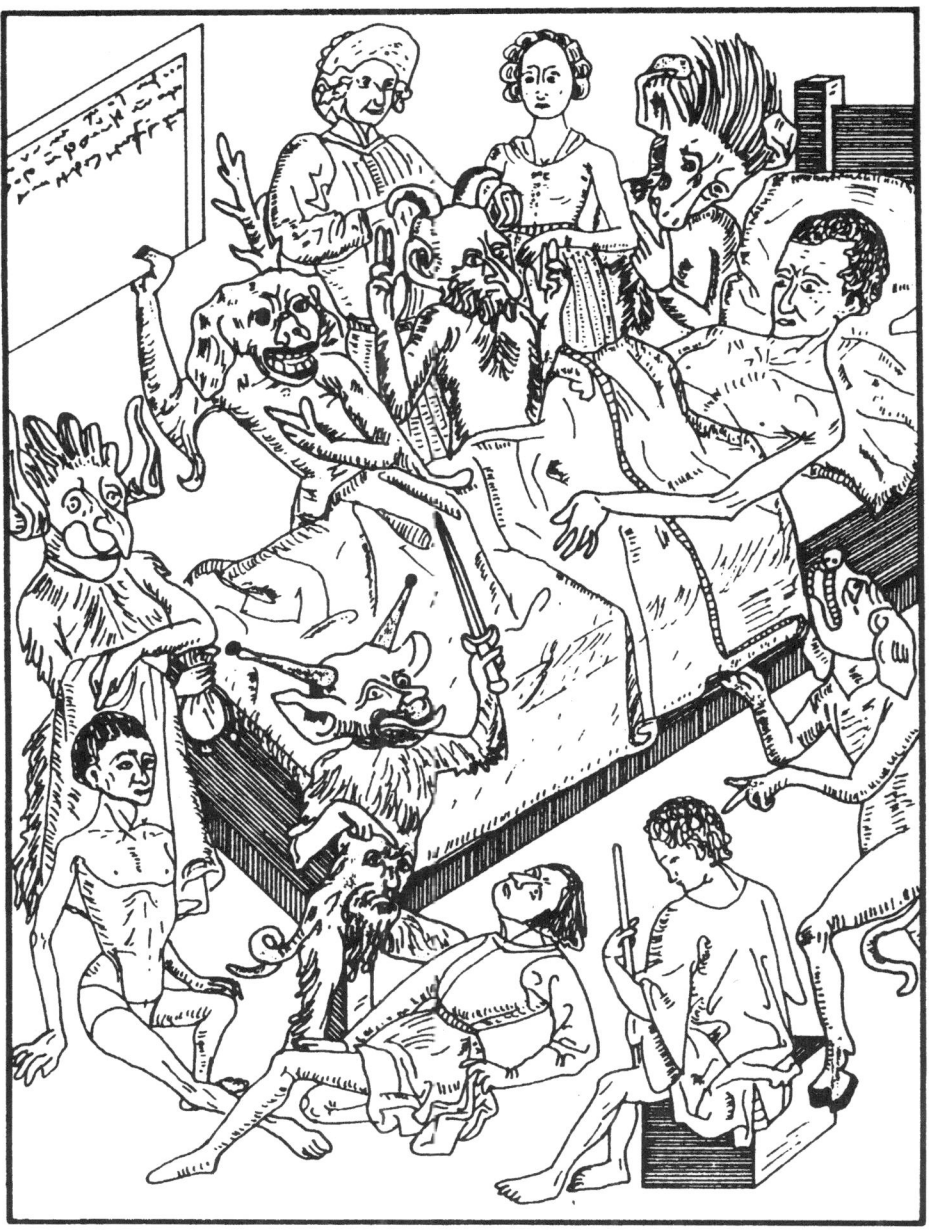

Arbeit gemacht haben. Nicht nur in der Fachwelt, sondern auch in der öffentlichen Meinung nehmen die Stimmen der Befürworter von Hospizen zu.

Die wachsende Öffentlichkeit führt zu einer großen Anzahl von Vereinsgründungen, Arbeitsgemeinschaften und Initiativen mit der Aufgabe, die Belange der Hospizbewegung voranzubringen beziehungsweise konkret tätig zu werden. Es fällt auf, daß die früheren Stellungnahmen emotional, wenig sachlich, mehr auf der Ebene von persönlichen Einschätzungen und Vermutungen, denn auf Analysen und Beobachtungen gemacht wurden. Nun finden gute Situationsanalysen statt, und es kommt über einen sachlich geführten Dialog zu sehr positiven Bewertungen.

1988 berät die Generalsynode der Vereinigten Evangelisch-Lutherischen Kirche Deutschland (VELKD) im Rahmen ihrer Synodaltagung in Veitshöchheim bei Würzburg das Thema „Hospiz – ein eigenes Haus für das Sterben?". Die entsprechende Arbeitsgruppe sollte mehrere Fragen beantworten:

– *Ob es neben der Klinik, dem Pflegeheim und dem eigenen Zuhause nicht doch auch einen Ort der Sterbebegleitung geben muß, an dem wir lernen, besonders auf die Bedürfnisse sterbender Menschen einzugehen?*

– *Was soll mit denen geschehen, die kein Zuhause mehr haben und sich im Sterben noch etwas anderes wünschen als perfekte medizinische und pflegerische Versorgung, nämlich menschliche Zuwendung und liebevolle Begleitung auf dem letzten, beschwerlichen Stück des Lebensweges?*

– *Ist es nicht ein hoffnungsvolles Zeichen, wenn immer mehr – auch jüngere – Menschen sich dieser Aufgabe annehmen und sie nicht den bewährten Institutionen allein überlassen?*

Die Arbeitsgruppe berichtet am 19. Oktober 1988:

Unsere Aufgabe als Christen und die Aufgabe der Kirche sehen wir darin, an unserem jeweiligen Platz zu tun, was uns möglich ist, daß Menschen geborgen sterben können ... Ein würdiges Sterben ist dort möglich, wo ein Mensch sich geborgen weiß durch Nähe und Zuwendung und wo ihm bestmögliche Pflege, ärztlicher und geistlicher Beistand zuteil werden. Unter verschiedenen Versuchen, diesen Erfordernissen zu entsprechen, findet sich seit einigen Jahren die Hospizbewegung, die in besonderen Einrichtungen solche Möglichkeiten für ein gutes Sterben schaffen möchte. Zugleich will das Hospiz denen mit Rat und Übernahme von Hilfsdiensten zur Seite stehen, die zu Hause einen Angehörigen pflegen; sie sollen auch mit der

Sterbebegleitung vertraut gemacht werden und so ihre Ängste und Unsicherheiten überwinden ... Jeder Mensch stirbt seinen eigenen Tod. Darum muß es auch verschiedene Möglichkeiten des Sterbens und der Sterbebegleitung geben. Das Hospiz, in dem sich vor allem viele junge Christen ehrenamtlich oder gegen ein geringes Entgelt engagieren, bietet eine solche Möglichkeit.[40]

1989 Die Arbeitsgruppe „Hospiz-Bewegung", von der Kirchenleitung der VELKD auf Beschluß der Generalsynode im März 1989 eingesetzt, legt der Generalsynode bei ihrer Tagung im Oktober 1990 in Malente einen Bericht vor. In ihm wird deutlich gemacht, daß sich der Hospizgedanke als ein bestimmtes Konzept der Begleitung von Schwerkranken und Sterbenden in verschiedenen organisatorischen Zusammenhängen oder bereits vorhandenen Einrichtungen verwirklichen kann: „Die Impulse der Hospizbewegung müssen aufgenommen und in die bestehenden Einrichtungen vermittelt werden. Darüber hinaus ist zu überlegen, wie einzelne Hospize (stationär und/oder ambulant) als Modelleinrichtungen und zur Ergänzung des bisherigen Angebots eingerichtet werden können."[41]

Auch in der katholischen Kirche werden die Stellungnahmen immer positiver. Die katholische Nachrichtenagentur schreibt anläßlich des VII. Europäischen Bischofssymposions der römisch-katholischen Kirche im Oktober 1989 in Rom: Zum Thema Sterben sagten die Oberhirten:

Wir werden uns an dem Bemühen beteiligen, daß immer mehr Menschen dort sterben können, wo sie auch gelebt haben. Einen positiven Ansatz bietet die Hospizbewegung mit ihren „Raststätten für Sterbende". In der Erklärung der Bischöfe heißt es wörtlich: „Wir begrüßen es außerordentlich, daß es in manchen Ortskirchen bereits Hospize, Raststätten für Sterbende, gibt, wo auch die Angehörigen ohne zeitliche Beschränkung anwesend sein und vor allem fähiger werden können, ihre sterbenden Angehörigen zu begleiten. Wir Bischöfe unterstützen es ausdrücklich, wenn sich durch die Initiative von Christen, Ordensfrauen und Ordensmännern und Laien sowie der Caritas ambulante Teams bilden, die in Zusammenarbeit mit den Angehörigen und den Spitälern kundige Sterbebegleitung leisten. Da aber in nächster Zeit nur eine begrenzte Zahl von Menschen eine solche Sterbebegleitung erhalten wird, müssen wir teilhaben an den schon laufenden Initiativen und immer wieder neu solche ins Leben rufen, damit das Sterben auch in den Krankenhäusern menschlicher werden kann ... Nicht zuletzt werden wir uns künftig darum bemühen, über vielfältige Bildungsvorgänge möglichst viele Bürger zu gewinnen, ihre Fähigkeit zu entwickeln, zu Hause ihre Angehörigen in Krankheit und Sterben zu begleiten.“[42]

Gemeinsam erklären am 30. November 1989 der Rat der Evangelischen Kirche in Deutschland und die Deutsche Bischofskonferenz in ihrem Text „Gott ist ein Freund des Lebens. Herausforderungen und Aufgaben beim Schutz des Lebens":

Begleitung des sterbenden Menschen wurde und wird durch ganz elementare Handreichungen wie durch tröstenden Zuspruch in vielen Familien praktiziert. Heute stellt sich die Aufgabe, diese Form der Sterbehilfe wieder stärker einzuüben und ihr auch in den Bereichen der professionellen Krankenbetreuung, also in den Krankenhäusern, den Pflegeheimen und der ambulanten Krankenversorgung, mehr Raum zu schaffen. In dieser Hinsicht hat die Hospizbewegung wichtige Impulse und Anregungen gegeben.[43]

1990 Der Zentralvorstand des Deutschen Caritasverbandes empfiehlt am 31. Januar 1990:

Der Verband begrüßt, daß sich verstärkt Menschen, in der Regel aus christlicher Motivation, der Sterbebegleitung als Lebenshilfe in der letzten Lebensphase widmen und so bisherige Angebote ambulanter und stationärer Hilfen bereichern und begleiten. Die Hospizbewegung in der Bundesrepublik wirbt dafür, den Tod als Teil des Lebens anzunehmen. Diese Initiative aus christlicher Motivation soll in unserem Verband ihren Platz haben. Dort, wo auf Verbandsebene Hospizbewegungen entstehen, ist deren Initiative zu begrüßen, zu unterstützen und zur Kooperation mit den Diensten und Einrichtungen der Caritas einzuladen.[44]

Die Bundesministerin für Jugend, Familie, Frauen und Gesundheit, Professor Dr. Ursula Lehr, antwortet auf den Bericht der Arbeitsgruppe „Hospiz-Bewegung" der VELKD:

Die Bundesregierung steht dem Gedanken der Hospizbewegung aufgeschlossen und positiv gegenüber. Insbesondere, da die Hospizbewegung ihre Konzeption erweitert und verbessert hat. Weg von der „Sterbeklinik" zu einer Intensivierung der ambulanten Pflegedienste und einer verbesserten Betreuung Schwerstkranker und Sterbender. Die Schmerzbekämpfung und die seelische Betreuung stehen dabei im Vordergrund. Aufgabe ist es, die Beschwerden des nicht mehr heilbaren Patienten zu lindern, mit dem Ziel, es ihm zu ermöglichen, seine letzte Lebensphase in seiner vertrauten Umgebung beziehungsweise dort, wo er es wünscht, menschenwürdig zu verbringen.[45]

1991 Der Pressedienst der (römisch-katholischen) Deutschen Bischofskonferenz veröffentlicht am 21. Februar 1991 die Handreichung „Schwerstkranken und Sterbenden beistehen". Darin wird auch das Thema „Hospizbewegung" unter der Überschrift „Die Hospizbewegung – eine Idee bewegt den Menschen" verhandelt. Die Handreichung lobt die Hospizbewegung in hohen Tönen, stellt den Hospizgedanken sehr detailliert vor und ermutigt, sich ihm nicht zu verschließen.

Lehre uns, unsere Tage zu zählen wie kostbare Perlen

Ethik und Theologie in der Hospizarbeit

Raststätte: Der sterbende Mensch und das Hospiz

Die Situation sterbender Menschen

Der Krankenhausaufenthalt wegen einer tödlichen, nicht mehr heilbaren Erkrankung bedeutet in der Regel eine große Umstellung für einen Menschen, unabhängig davon, ob er schon öfters im Krankenhaus lag. Alles ist anders, in der subjektiven wie in der objektiven Wahrnehmung. Andere bestimmen nun, was zu welcher Zeit wie zu geschehen hat. Von einem bestimmten Stadium an braucht der Sterbende ständig Hilfe und ist immer stärker auf andere angewiesen. Der Verlust von Funktionen („ich kann nicht einmal mehr selbst essen") wie auch das Schwinden der eigenen Kräfte lassen rasch ein Gefühl des Ausgeliefertseins aufkommen. Dies besonders dann, wenn der Patient Verrichtungen, die er – wenn auch unter höherem Zeitaufwand – noch selbst bewerkstelligen könnte, ob des Zeitdrucks abgenommen bekommt.

Daneben spielen im Erleben der sterbenden Menschen Unsicherheiten eine große Rolle. Im Wissen um die Todesnähe kommt es häufig zu einer radikalen Aktualisierung oder auch Summierung von Ängsten und Sorgen. Der Umgang mit solchen Regungen ist kaum eingeübt, da sie sonst nur teilweise und nicht in dieser existentiellen Schärfe ins Bewußtsein treten. Das Angstpotential kann unermeßlich und zuweilen auch sehr diffus sein. Für den Betroffenen sind diese Ängste real; dem Phänomen Angst muß ernsthaft begegnet werden. Nur so fühlt sich der Sterbende ernst genommen, eine wichtige Grundlage für den Aufbau einer Beziehung. Beschwichtigungen haben hier keinen Ort und signalisieren eher, daß man nur bedingt als Gesprächspartner zur Verfügung steht.

Es kann zum Beispiel Angst vor dem völligen körperlichen und geistigen Zerfall aufkommen, vor dem Verlust der Würde oder vor unerträglichen Schmerzen. In dieser Lebenssituation können es auch Ängste vor dem Unbekannten sein oder davor, am eigentlichen Leben vorbeigelebt zu haben. Vielleicht ist es die Angst, in Einsamkeit auf den Tod zugehen zu müssen, oder die Angst, nicht den eigenen Tod sterben zu können. Nicht zuletzt kann es auch die Angst vor dem Abschiednehmen und dem „Wie" der letzten Stunde sein.

Lange Zeit wurde – in manchen Einrichtungen bis heute – der sterbende Mensch von allen Beteiligten als ein zu Behandelnder, zu Pflegender und zu Betreuender angesehen. Darin drückt sich ein emotionales Gefälle aus, denn so verstanden wird der Sterbende ausschließlich zum Empfänger, der nach Möglichkeit ohne Widerrede das Angebotene anzunehmen hat. Es ist leicht nachvollziehbar, daß die so betreuten Sterbenden – und nicht nur die sterbenden Menschen – sich als Bevormundete und somit unverstanden fühlen.

Dabei ist gerade dann, wenn der Selbstwert mit abnehmenden Funktionen und eingeschränkter Leistungsfähigkeit geschwächt ist, ein Verhalten angezeigt, das dem Betroffenen noch soviel Entscheidungsspielraum läßt, daß er das Gefühl behalten kann, doch für sich selbst sorgen zu können. Geht man von der Prämisse aus, daß der Sterbende am besten weiß, was für ihn wichtig und richtig ist, hat dies zur Konsequenz, daß alle in der Begleitung Beteiligten nur unterstützend tätig sind und nicht schon (besser) wissen, was für den Sterbenden gut ist.

Die Wahrheit am Sterbebett

Immer wieder taucht in diesem Zusammenhang die Frage nach der „Wahrheit am Sterbebett" auf, die nun aus der Unsicherheit der den Sterbenden begleitenden Menschen erwächst. Dazu kann es keine Antwort im Sinne einer Definition geben. Denn genauso, wie wir das Recht haben, alles über den eigenen Zustand zu erfahren, haben wir auch das Recht, nicht wissen zu müssen.[46] Zu behaupten, man müsse immer alles sagen, würde einem Menschen mit dem zweiten Verhaltensmuster nicht gerecht. Wir müssen hier sehr sensibel sein und uns von der Einfühlung in die Situation des Sterbenden leiten lassen. Indem wir sorgfältig auf das hören, was der Sterbende sagt oder wonach er fragt, und von daher unsere Antworten Schritt für Schritt entwickeln, kommt es zur Annäherung. Dabei muß immer die Reaktion des Sterbenden auf das Geantwortete beobachtet werden. Gewinnen wir den Eindruck, der Sterbende habe genug zu verarbeiten, gilt es aufzuhören, wenn der Sterbende selbst es nicht schon längst durch einen Themenwechsel vollzogen hat.

Sterbebegleitung will ja eine Hilfe sein, die dem Sterbenden ermöglicht, die letzte Lebensphase nach seinen Bedürfnissen und Möglichkeiten zu gestalten. In der Begleitung liegt das Augenmerk von daher auf der Überlegung, wie Freiräume geschaffen werden können, damit der Sterbende die Möglichkeit der Gestaltung auch hat. Gerade im Tode will der Sterbende er selbst bleiben mit dem Ziel, seinen eigenen Tod sterben zu können. Dazu muß es ihm möglich sein, den Tod auf sich zukommen zu lassen. Denn stärker als aus allen anderen Motiven erwächst die Gestaltung von (Lebens)Zeit aus dem Wissen der Begrenzung eigenen Lebens. Daß die Gestaltungsmöglichkeit sich erst daraus eröffnet, ahnt der Sterbende. Das bringt ihn zum Fragen und die Begleiter in die Pflicht, Antwort zu geben. Es ist der Ort, an dem sich für den Begleiter die Frage nach der Wahrheit am Sterbebett stellt.

Wie in vielen anderen, bestimmte Menschen betreffenden Bereichen (etwa in der Behindertenarbeit) wurde die Diskussion über die von ihnen aufgeworfenen Fragen lange Zeit ohne sie geführt – hier ohne die Sterbenden. Seit sie befragt und einbezogen werden, wird deutlich, wessen Problem die „Wahrheit am Sterbebett" eigentlich ist: meist das Problem derer, die als Begleiter meinen, die „Wahrheit" bereits zu wissen. Die Not entsteht, wenn man meint, den sterbenden Menschen vor ihr bewahren zu müssen. Doch es hat sich – nicht zuletzt durch die Erkenntnisse von Elisabeth Kübler-Ross und anderen[47] – gezeigt, daß die Sterbenden ihre Lage angemessen einschätzen oder ahnen können. Dies vollzieht sich auf kognitiver oder auf emotionaler Ebene. So spüren die Sterbenden zum einen an sich selbst, daß es mit ihnen zu Ende geht, etwa durch kontinuierlichen körperlichen Abbau und sensibleres Körperempfinden. Zum anderen lesen sie den Ernst der Lage aus dem Benehmen der Umgebung ab, etwa aus der veränderten Behandlung, der ungewohnten Art und Weise, wie man sich ihnen nähert, der Häufigkeit von Besuchen auch derer, die sonst kaum kommen, oder wie man die Visiten vermeidet. An den verweinten oder übertrieben lächelnden Mienen der Angehörigen erkennt der Sterbende, wie andere seine Lage einschätzen. Inkongruente Nachrichten spielen hier eine große Rolle. Das meint, daß man zum Beispiel zwar sagt, alles sei gut, das Gesicht aber verweint, der Ausdruck betrübt ist. Wenn also Wort und Geste oder Ausdruck nicht übereinstimmen, wird für den so angesprochenen Menschen deutlich, daß etwas nicht stimmt. Nicht selten ist es irgendwann er selbst, der die Wahrheit sagt, klagt oder angstvoll und traurig äußert.

Wie verhält es sich nun mit der „Wahrheitsmitteilung"?

Zunächst hängt es davon ab, ob der Sterbende die „Wahrheit" überhaupt wissen will. Ich möchte noch einmal darauf hinweisen, daß er ein Recht hat, alles zu wissen, aber auch ein Recht, nicht wissen zu müssen. Wenn wir in unsere eigene Lebensgeschichte schauen, wird uns auffallen, daß wir ein Verhaltensmuster haben, mit dem wir drohenden Krisen begegnen. Ein das Leben durchgehaltenes Muster, mit „schlechten Nachrichten" welcherart auch immer umzugehen, wird in der Regel auch die Situation des Sterbens bestimmen. So könnte ein Blick in die Biographie meines Gegenübers mir schon erste Hinweise für eine Annäherung geben.

Daneben muß der Begleiter sich unbedingt fragen, wo der Sterbende gerade innerlich steht und was er *jetzt, hier und heute* wahrnehmen und ertragen möchte und kann – das kann morgen schon ganz anders sein. „Wahrheitsmitteilung" ist kein punktuelles Geschehen im Sinne der Diagnose- und Prognosemitteilung. Vielmehr geht es dabei um einen Prozeß, der es dem Sterbenden ermöglicht, seinem Zustand und seiner Reife entsprechend die volle „Wahrheit" immer deutlicher zu erfassen und nach Möglichkeit zu bewältigen. Das Wort sollte hier so gehandhabt werden wie das Medikament: zur rechten Zeit, in angemessener Weise, in der richtigen Dosierung.

Wenn wir Wahrheitsmitteilung und Wahrheitserkenntnis als eine gemeinsame Wegstrecke verstehen, dann hat dieser Prozeß eine wichtige Voraussetzung: eine umfassende Begleitung des Sterbenden auf dem Weg der Annahme seiner Situation. Denn die Wahrheit, die auch Schmerzen bereiten kann, erfordert besonders dann Zeit und menschliche Nähe. In der Praxis der meisten Krankenhäuser ist dies aber das Hauptproblem. An dieser Stelle mag deutlich werden, welches Angebot die Hospize mit ihren Diensten machen, wenn sich Menschen zur Verfügung stellen, die sich auf eine Begleitung einlassen und darin Nähe und Zeit schenken wollen.

Die Frage nach der Wahrheit ist immer auch eine Frage nach der Glaubwürdigkeit und Authentizität des Befragten. Wir können nur das sagen, was wir wissen oder was wir uns selbst vorstellen. Wenn ein Sterbender Fragen stellt, dann heißt das nicht immer, daß er Antworten im Sinne der „absoluten Wahrheit" erwartet, wohl aber eine glaubhafte persönliche Aussage des Gegenübers. Es geht um eine Äußerung, bei der der Antwortende nicht lügt und glaubwürdig in die Nähe der Frage nach der Wahrheit kommt. Wir müssen nicht alles sagen, was wahr ist, aber was wir sagen, muß wahr sein. Damit soll dem Fragenden ermöglicht werden, die Antwort selbst zu finden oder zuzulassen und auszusprechen, was er ohnehin schon weiß oder ahnt.

Unterschiedliche Analysen von Gesprächen mit Sterbenden kommen zu dem Ergebnis, daß Sterbende hinter der Fülle von Fragen bestimmte wenige Grundfragen beantwortet haben wollen. Sie werden unterschiedlich formuliert, zielen im wesentlichen aber in die gleiche Richtung:
- Was ist die Krankheit?
- Ist sie heilbar?
- Werde ich Schmerzen haben, was ist die Medikation?
- Wie lange werde ich noch leben?
- Was passiert in den letzten Stunden, wie erlebe ich sie?

Es hat sich auch gezeigt, daß nicht nur im Voranschreiten des Sterbeprozesses, sondern schon früher die Frage nach dem „Wie" der letzten Stunden von großer Bedeutung ist. Dabei verbirgt sich hinter dem „Wie" meistens der Wunsch, nicht allein, würdelos, unbeachtet zu sterben. Insofern können die Inhalte einer „Antwort" auf diese Frage weniger durch die Beschreibung bestimmter Faktoren gekennzeichnet sein als vielmehr in der Zusicherung von Nähe und Dasein. Die Erfahrung zeigt uns, daß die Frage, wenn sie so beantwortet wird, dem Sterbenden die Möglichkeit eröffnet, seine Angst davor aufzugeben beziehungsweise mit ihr umzugehen. Letztlich kann er erst dadurch seine letzte Lebenszeit auf diesen Punkt hin gestalten. Wird ein Sterbender im Laufe des Fragens angelogen, nehmen wir ihm die Möglichkeit, zur letzten Frage vorzudringen.

Daneben kann sich das eigene Verhalten in solcher Situation später unangenehm auswirken. Antworten wir einem Sterbenden nicht wahrheitsgemäß oder wiegeln wir gar ab, dann hat dies auch eine unbewußte Folge bei uns selbst. Kommen wir in eine Situation, in der wir auf die Antwort anderer angewiesen sind, kann es uns schwerfallen, dem anderen zu trauen, wenn wir uns an unser eigenes Verhalten, das wir einst an den Tag gelegt haben, erinnern.

Ars moriendi: Trost durch Zuversicht

Bereit zum Abschied: Die Phasen des Sterbens nach
Elisabeth Kübler-Ross[48]

Stufen

Wie jede Blüte welkt und jede Jugend
Dem Alter weicht, blüht jede Lebensstufe,
Blüht jede Weisheit auch und jede Tugend
Zu ihrer Zeit und darf nicht ewig dauern.
Es muß das Herz bei jedem Lebensrufe
Bereit zum Abschied sein und Neubeginne,
Um sich in Tapferkeit und ohne Trauern
In andre, neue Bindungen zu geben.
Und jedem Anfang wohnt ein Zauber inne,
Der uns beschützt und der uns hilft zu leben.

Wir sollen heiter Raum um Raum durchschreiten,
An keinem wie an einer Heimat hängen,
Der Weltgeist will nicht fesseln uns und engen,
Er will uns Stuf' um Stufe heben, weiten.
Kaum sind wir heimisch einem Lebenskreise
Und traulich eingewohnt, so droht Erschlaffen,
Nur wer bereit zu Aufbruch ist und Reise,
Mag lähmender Gewöhnung sich entraffen.
Es wird vielleicht auch noch die Todesstunde
Uns neuen Räumen jung entgegensenden,
Des Lebensruf an uns wird niemals enden ...
Wohlan denn, Herz, nimm Abschied und gesunde![49]

Hermann Hesse

Vorüberlegungen

Wer sich darauf einläßt, einen Menschen im Sterben zu begleiten, braucht vor allem die Bereitschaft, sich dem Thema Sterben und Tod und dem Sterbenden und seinen Angehörigen zu stellen. Natürlich sind einige Hinweise, Erklärungs- oder Verstehensmodelle hilfreich, um sich in den anderen hineinversetzen zu können. Diese Inhalte sollten in Schulungen angeeignet werden.[50] Doch es braucht keine besondere Ausbildung oder Qualifikation.

Daß es uns heute möglich ist, uns besser auf den Prozeß des Sterbens einlassen zu können, ist untrennbar mit den Arbeiten von Elisabeth Kübler-Ross verbunden. Sie und Cicely Saunders haben durch ihre Erkenntnisse entscheidende Voraussetzungen für einen anderen Umgang mit Sterbenden geschaffen. So sehr beide in den sechziger Jahren jene Bewegung in Gang gesetzt haben, die zu einer Wende im Umgang mit Sterbenden geführt hat, so unterschiedlich sind doch ihre Ansätze. Das Verdienst von Elisabeth Kübler-Ross liegt darin, daß sie die Bedürfnisse sterbender Menschen und ihr Erleben im Prozeß des Sterbens aus einem Tabu befreit hat. Dazu hat sie unzählige Sterbende interviewt. In den Gesprächen wurden die Ängste und Befürchtungen, aber auch die Wünsche, Bedürfnisse und Hoffnungen offen ausgesprochen. Dabei entdeckte sie, daß sich bestimmte ähnliche Phänomene bei allen Interviews gezeigt haben. Sie hat diese Erfahrungen systematisiert und in fünf charakteristische Phasen eingeteilt. Dann schrieb sie das Buch „Interviews mit Sterbenden" unter anderem mit der Intention, diese „Phasen des Sterbens" einer breiteren Öffentlichkeit nahezubringen. Dadurch, so hoffte sie, sollten die Ängste und Befürchtungen vor der Begegnung mit Sterbenden mehr und mehr schwinden. Insofern sollen sie auch hier Erwähnung finden.

Doch bei dem Versuch, den Prozeß des Sterbens in Phasen einzuteilen und diese zu charakterisieren, muß von vornherein klar sein, daß dies nur eine Hilfe sein kann. Dahinter steht das Bemühen, sich besser in die Situation des Sterbenden einfühlen zu können. Jeder Sterbende und sein Sterbeprozeß sind einmalig, das heißt, die bei einem Sterbenden gemachten Erfahrungen sind nicht generell auf „den Sterbenden" übertragbar. Verstehen wir also einerseits, daß das Sterben ein einmaliger und vielschichtiger Vorgang ist, der in kein starres Muster gebracht werden kann, so erscheint es andererseits aber doch möglich und wertvoll, gewisse Charakteristika des Sterbeprozesses aufzuzeigen, die bei vielen Sterbenden in dieser oder ähnlicher Form auftreten.

Das Phasenmodell von Elisabeth Kübler-Ross ist zu Unrecht heftiger Kritik ausgesetzt worden, zum Beispiel die Autorin wolle den Prozeß des Sterbens in ein starres Schema pressen, als liefen diese Phasen gesetzmäßig in immer gleicher Reihenfolge ab. Doch das ist eine Frage des Umgangs mit dem Modell, nicht eine Anfrage an das Modell selbst. Elisabeth Kübler-Ross hat immer wieder darauf hingewiesen, daß sie keinen Fahrplan des Sterbens beschrieben habe. Zur Verdeutlichung: Der Prozeß des Sterbens verläuft nicht notwendig geradlinig ab. Phasen können sich wiederholen oder gar übersprungen werden. Das Auftreten der Phasen hat auch ganz viel mit dem Erleben der den Sterbenden betreffenden Umwelt zu tun. Hat ein Mensch zum Beispiel sein Sterben bereits angenommen und signalisiert deutlich, daß er in Ruhe und ohne Gram sterben könne, so mag sich dies in Widerstand oder Verhandeln wandeln in dem Moment, da einem Sterbenden ein auch für ihn wichtiges Ereignis in der Zukunft angesagt wird. Das könnte zum Beispiel die Geburt eines (ersten) Enkels sein.

Es geht auch nicht darum, Phasen abzufragen oder zu erwarten, als vielmehr darum, sie zu erkennen, um die entsprechenden Handlungsmuster zu gewinnen. In der Phase des Schocks stellt sich ein Gespräch anders dar als etwa in der der Depression und so weiter. Man sollte nicht in schneller Beobachtung und „Erkennungseifer" hier oder da eine bestimmte Phase bestimmen wollen. Einfühlungsvermögen und mehr und mehr dann auch Erfahrung spielen beim Wahrnehmen des Zustandes des Sterbenden eine große Rolle. Doch das soll nicht abschrecken, denn Sie machen diese Erfahrungen ja nicht allein. Schon jetzt sei angemerkt, daß es bei einem Besuchsdienst für Sterbende und ihre Angehörigen unerläßlich ist, in regelmäßigen Treffen das Erlebte durchzusprechen. Ob supervidierend oder in Fallgruppenbesprechungen, ist zunächst unerheblich. Daß gesprochen wird, ist wichtig.

Andere Kritiker empfinden die Einteilung von Elisabeth Kübler-Ross als unzureichend. Ich werde diese Auseinandersetzung nicht führen, da jene, die „neue Modelle" entwickelten, im wesentlichen ihr Modell zur Grundlage haben.

Die erste Phase: Nichtwahrhabenwollen und Isolierung, Schock

Jeder Mensch reagiert auf Krisen in ganz persönlicher Weise. Die Information über eine medizinisch nicht mehr heilbare Erkrankung, mithin die Feststellung einer Erkrankung zum Tode, ist nicht in ein gängiges Reaktionsmuster zu bringen. Die einen trifft es sofort wie ein Hammerschlag, andere werden zunächst einmal gar nicht glauben wollen, daß sie eine so schwerwiegende Krankheit haben könnten. Entsprechend bricht ein mögliches Gefühlschaos bei dem einen sofort heraus, und bei dem anderen scheint Gefaßtheit nach außen zu gelingen. Hier vollzieht sich häufig, was am besten mit den Begriffen Verdrängung, Verneinung, Abweisung, Rückzug zu beschreiben ist. In einem wilden Durcheinander können sich die unterschiedlichsten Gefühle ausdrücken, zuweilen innerhalb von Minuten oder Stunden, über Tage oder gar Wochen. Die Interessen des Sterbenden können nachlassen, es findet eine Konzentration auf die nächsten Angehörigen und schließlich auf sich selbst statt. Es kann zu einer Wendung nach innen kommen, die dahin führen kann, daß die Angehörigen in dem Sterbenden nicht mehr die Person wiedererkennen, die sie sonst kannten („was ist mit dir los, irgendwie bist du so anders geworden").

Vorausgesetzt, daß wir als Begleiter schon so früh in Kontakt mit einem Betroffenen kommen, können wir in dieser Situation ein Stück Öffentlichkeit sein, in die hinein das Durcheinander gesagt oder ausgedrückt werden kann. Manch einem fällt es leichter, sich einem fremden Menschen zu öffnen als der Familie oder anderen nahen Bezugspersonen. Dahinter verbirgt sich häufig das Motiv, die unmittelbar Mitbetroffenen nicht zu verängstigen. Wichtig ist die Akzeptanz der Gefühle des Betroffenen. Das kann für den Begleiter heißen, daß er zuweilen auch die diffusen Reaktionen des Betroffenen einfach nur aushält und erträgt, ihm Raum gibt zu sprechen oder zu schweigen und immer wieder zuhört. Durch Rückfragen (keine Gegenfragen!) können Sie signalisieren, daß Sie bemüht sind, den anderen tiefer zu verstehen. Appelle – „nimm dich zusammen", „stell dich nicht so an", „sei jetzt stark" – sind fehl am Platz.

Die zweite Phase: Zorn

Die Benennung dieser Phase gibt bereits eine Gefühlsregung vor. Sie ist aber nicht die einzige in dieser Situation. So sprechen andere zum Beispiel von der Emotionsphase. Die unterschiedlichen Gefühle können hier nach außen durch aggressives Verhalten ausgedrückt werden. Daher wohl auch die Bezeichnung „Zorn" bei Elisabeth Kübler-Ross. Doch auch Beschuldigungen, Vorwürfe, Wutausbrüche, gar Beschimpfungen haben hier ihren Platz. Hinter dem auftretenden Zorn vermutet Elisabeth Kübler-Ross die Frage: „Warum gerade ich?" Diese Aussage kann sich gar verlängern in die Frage: „Warum gerade ich und nicht der Nachbar, der sich jeden Abend betrinkt?" Auch hier gilt es, solchen Regungen Raum zu lassen. Sie erweisen sich später als – auch schon in dieser Situation – gar nicht so gemeint. Pädagogisierende Hinweise auf die „Unchristlichkeit" solcher Äußerungen sind in keiner Weise hilfreich und sollten unterbleiben.

Daneben kann sich ein Mißtrauen gegen alle Beteiligten (Angehörige, Freunde, Pflegekräfte, Ärzte, Seelsorger) breitmachen, da sie zuweilen anfangen, den noch Kranken wie einen Sterbenden zu behandeln. Das kann sich darin ausdrücken, daß der Sterbende besonders geschont wird, daß versucht wird, ihm jeden Wunsch zu erfüllen oder daß er immer wieder getröstet wird. Das Mißtrauen kann sich besonders gegen Pflegekräfte oder Ärzte richten mit dem Vorwurf, es würde weniger gemacht oder gar, daß er bei den Visiten übergangen würde.

Die Regungen können sich als Protest einerseits gegen den eigenen Körper wenden, der bestimmte Funktionen nicht mehr erfüllt und so zum Gegner des Kranken wird. Andererseits wird die Aggression nach außen verlagert. Der Zorn kann sich dann zum Beispiel auch gegen Gott richten, der zuläßt, daß man sterben muß. Für einen Begleiter, der von der Gemeinde kommt, kann dies zu einer ganz eigenen Situation werden. Weiß der Sterbende, daß sein Gegenüber Christ ist – das wird immer dann angenommen, wenn man von einer Kirchengemeinde kommt –, dann kann dies als Gelegenheit genutzt werden, seinen Zorn gegen Gott loszuwerden. Denn als Christ steht man dann gewissermaßen stellvertretend für diesen Gott da. Das kann zur Folge haben, daß die an Gott gerichteten Angriffe auch persönlich empfunden werden („wieso läßt *Ihr* Gott das zu?"). Nehmen Sie solche Gespräche nicht persönlich, selbst wenn Sie sich irgendwie verletzt fühlen. Auch wenn Sie angesprochen werden, so meint es in der Regel nicht Sie, sondern eben Gott. Gott wird diese Regungen des Sterbenden verstehen. Man bedenke nur die Anschuldigungen in den Psalmen, die Gott sich schon immer anhören mußte. Gott wird sich selbst rechtfertigen können. Wenn wir dies für ihn tun, dann an anderer Stelle (Theodizeediskussion im Gesprächskreis oder der Bibelstunde), nicht aber hier.

Daneben kann sich auch eine gewisse depressive Stimmung bei dem Sterbenden breitmachen, die sich zum Beispiel in Niedergeschlagenheit, Antriebslosigkeit, ständigem Grübeln, Appetitlosigkeit ausdrücken kann. Solche Reaktionen sind, wenn wir uns einmal in die Situation des Betroffenen versetzen, doch nur allzu berechtigt und „normal". Wenn wir die Anschuldigungen und den Ärger nicht persönlich nehmen, sondern dem Patienten helfen, den Zorn ohne Schuldgefühle auszudrücken, wird er bald aufhören, sich zu fragen: „Warum denn ich? Warum nicht die anderen?"

Die dritte Phase: Verhandeln

Der todkranke Patient verhandelt mit dem Arzt oder Gott oder dem Schicksal um die Verlängerung der Lebensspanne, später eher um Leidenserleichterung. Er verspricht als Gegenleistung Wohlverhalten. Diese Phase ist uns durch manche Redewendung vertraut. „Nur noch einmal Weihnachten erleben", „noch die Geburt des Kindes erleben", „noch die Einschulung oder den Geburtstag oder die Konfirmation oder die Heirat erleben". Hinter diesen Formulierungen drängt sich die Weiterführung geradezu auf: „dann will ich ...".

In dieser Situation ist es wichtig, dem Sterbenden Hoffnungen zu belassen. Hoffnung ist nicht gleichbedeutend mit der großen Erwartung oder dem Wunder. Im Prozeß des Sterbens stellt sich der Gegenstand der Hoffnung immer wieder neu dar, korrespondierend mit der eigenen Einschätzung des Gesundheitszustandes. Insofern muß behutsam versucht werden, die Inhalte von Hoffnung immer wieder neu aufzuspüren und ins Gespräch zu bringen. Generell gilt, der Sterbende braucht bis zum Schluß Hoffnung. Die darf ihm zu keinem Zeitpunkt genommen werden.

Hoffnung ja, Illusion nein. Was meine ich damit? Zuweilen mißverstehen Ärzte Hoffnung allein als Hoffnung auf Behandlung und Heilung. Einige Mediziner machen Patienten wider besseren Wissens glauben, sie könnten ihnen noch für Monate oder Jahre ein beschwerdefreies Leben verschaffen. Fragt man sie, warum sie falsche Erwartungen wecken, lautet die Antwort, sie wollten dem Patienten nicht jede Hoffnung nehmen. In diesen Argumentationsstrang stimmen Angehörige oder Freunde oftmals ein. Obwohl die Täuschung in der besten Absicht geschieht, kann sie dem Kranken die Möglichkeit nehmen, seine letzten Wochen und Tage zu gestalten, und damit können wichtige Hoffnungsanteile verlorengehen. Dazu gehört zum Beispiel das Erledigen unerledigter Geschäfte, wie Elisabeth Kübler-Ross es nennt. Dinge also, die wir ständig mit uns herumtragen mit dem Vorsatz, sie einmal zu erledigen. Wie im Leben, so ist es im Sterben. Erst dadurch, daß für bestimmte Dinge nur eine begrenzte Zeit zur Verfügung steht, werden wir zu ihrer Verwirklichung angespornt. Sonst würden wir alles endlos verschleppen. Dazu gehört im Prozeß des Sterbens auch, sich von seinen Angehörigen und Freunden verabschieden zu können. Kurzum, die Absicht, einem Todkranken die Hoffnung nicht nehmen zu wollen, kann ihn einer wertvollen Hoffnung berauben.

Hoffnung ist aber auch dann noch möglich, wenn es keine Rettung im Sinne der Heilung gibt. Man kann Todgeweihten versprechen, daß man sie im Sterben nicht allein läßt. Das schafft eine wichtige Zuversicht, die für die Zukunft hoffen läßt.[51]

Die vierte Phase: Depression

Wir haben hierbei nicht von Depression im pathologischen Sinne zu reden. Vielmehr ist es ein Gemütszustand, der natürlich dann eintritt, wenn ernsthaft an einen Verlust, hier an den Tod, gedacht wird. Auffällig ist, daß in dieser Situation häufig Bilanz gezogen wird und das bisherige Leben in irgendeiner Weise bewertet wird. Daneben wird auf die Zeit geschaut, die noch bleibt, oftmals mit dem Gefühl, daß sie zu kurz sei, um das zu regeln, was noch der Regelung bedarf, was ungelöst und unabgeschlossen ist. So kann es zuweilen zu Mutlosigkeit, Widerstandslosigkeit und Apathie kommen. Auch eine gewisse Vernachlässigung der Selbstpflege (Kämmen, Waschen) kann in dieser Zeit beobachtet werden („wozu soll das noch gut sein", „ist doch eh egal"). In dieser Phase verstummt in der Regel auch das Gespräch über Sterben und Tod.

„Wird schon werden, morgen sieht alles anders aus", ein nicht selten geäußerter Satz, aber er verbietet sich. Denn wenn gerade das Gefühl besteht, daß es kein Morgen gibt, kann nicht mit dem Morgen (ver)tröstet werden. Dem Sterbenden anzuzeigen, daß er ein Recht hat, solche Stimmung zu haben, und ihm die Trauer zuzugestehen kann viel eher eine Hilfe für den Betroffenen sein. Da, wo es möglich ist, Sorgen oder Probleme tatsächlich zu wenden, ist es angezeigt, doch es muß wahrhaftig sein. Wo ich selbst nicht an Veränderung glauben kann, wird es der Sterbende auch nicht können. Der Sterbende ist sehr wohl in der Lage, zwischen Hilfe und Vertröstung zu unterscheiden.

Die fünfte Phase: Zustimmung

In dieser Zeit brauchen die nächsten Angehörigen oftmals mehr Beistand als der Sterbende selbst. Zumindest dann, wenn der Sterbende mit seiner Zustimmung weiter ist als die Angehörigen, die vielleicht noch nicht loslassen können.

Er hat seine Emotionen aussprechen dürfen, Neid auf die Lebenden und Gesunden, Zorn auf alle, die ihren Tod nicht so nahe vor

sich sehen. Er hat den drohenden Verlust so vieler geliebter Men-
schen und Orte betrauert, und nun sieht er seinem Ende mit mehr
oder weniger ruhiger Erwartung entgegen.[52]

Wenn es nicht schon vor einer Erkrankung geschehen ist, dann ist
meist jetzt der Zeitpunkt, an dem Anweisungen oder gar ein Vermächtnis gemacht werden.

Elisabeth Kübler-Ross beschreibt eine Szene aus ihrer Kindheit als
Bild dafür, wie man das Sterben würdig annehmen kann und es dadurch dem Sterbenden wie seinen Angehörigen zur Hilfe wird, sich
mit dem Verlust abzufinden:

Ich erinnere mich an den Tod eines Bauern in meiner Kindheit. Er
fiel vom Baum und wurde tödlich verletzt. Seine einzige Bitte, da-
heim sterben zu dürfen, erfüllte man sofort. Nacheinander rief er jede
Tochter ans Bett, um ein paar Minuten mit ihr allein zu sprechen.
Trotz großer Schmerzen ordnete er ruhig seine Angelegenheiten und
verfügte über das Hab und Gut, das zu Lebzeiten seiner Witwe nicht
aufgeteilt werden sollte; er bat jedes Kind, die Arbeiten und Pflich-
ten auf sich zu nehmen, die er bis zu seinem Unfall selbst geleistet
hatte. Seine Freunde wurden gebeten, ihn noch einmal zu besuchen,
und obwohl ich damals noch klein war, nahm er mich und meine
Geschwister von diesem Abschiedsbesuch nicht aus.[53]

Wer einen Sterbenden in dieser Situation erlebt, wird merken, daß
es jetzt kaum noch um große verbale Kommunikation geht. Gesten
eines stillen Einverständnisses oder des Verständnisses schenken
dem Sterbenden die Ruhe, zu der er selbst bereits gekommen ist. Es
kann hilfreich sein, Anweisungen zu wiederholen oder aufzuschrei-
ben, um dem Sterbenden die Gewißheit zu geben, daß er verstanden
wurde und seine Wünsche nicht in Vergessenheit geraten. Diese
Phase ist von Ruhe gekennzeichnet. Wenn Sie still bei dem Sterbenden bleiben, seine Hände halten oder andere Formen der Berührung
schenken, dann füllt es diese Zeit angemessen aus.

So nimm denn meine Hände und führe mich
bis an mein selig Ende und ewiglich.
Ich mag allein nicht gehen, nicht einen Schritt:
Wo du wirst gehn und stehen, da nimm mich mit.

In dein Erbarmen hülle mein schwaches Herz
und mach es gänzlich stille in Freud und Schmerz.
Laß ruhn zu deinen Füßen dein armes Kind:
Es will die Augen schließen und glauben blind.

Wenn ich auch gleich nichts fühle von deiner Macht,
du führst mich doch zum Ziele auch durch die Nacht:
so nimm denn meine Hände und führe mich
bis an mein selig Ende und ewiglich![54]

Elisabeth Kübler-Ross hat den Sterbenden und Trauernden einen unschätzbaren Dienst erwiesen. Meine Erfahrungen in der Arbeit in Hospizen und im Gemeindeleben läßt mich aber zu einer Anmerkung kommen. So verdienstvoll ihre Dokumentationen auch sind, so wenig hilfreich hat sich durch die große Popularität, mehr noch durch Mißinterpretationen des Buches „Interviews mit Sterbenden" ihr Modell in das Bewußtsein vieler Menschen gesetzt.

In dem Stufenmodell wird als letztes Stadium die Zustimmung/Annahme beschrieben. Trotz des Hinweises, daß nicht alle Phasen und somit auch nicht die Phase der Zustimmung auftauchen müssen, hat sich die Zustimmung/Annahme als Abschluß des Sterbeprozesses im Bewußtsein vieler Köpfe festgesetzt. Wahrscheinlich unter anderem auch deshalb, weil die Vorstellung vom „Friedlich-Sterben" sich mit unserer eigenen Sehnsucht verbindet. Doch die Folge ist, daß dort, wo ein Mensch nicht so stirbt, zuweilen das Gefühl aufkommt, er sei „nicht richtig" gestorben. Aber auch ein Mensch, dessen Sterben nicht in der Annahme endet, stirbt *seinen* Tod, und der muß nicht „schlechter" sein. Die Bewertung „guter oder schlechter Tod", „richtiges oder falsches Sterben" ist problematisch. Denn was ist das Kriterium von gutem, schlechtem, richtigem oder falschem Sterben?

Es setzt sich auch mehr und mehr der Sprachgebrauch vom „authentischen Tod" durch. Das meint, daß ein Mensch *seinen* Tod stirbt, was nicht notwendig mit der friedlichen Annahme des Todes einhergeht. Dabei geht man von einem Verständnis aus, das es seit der Antike bis heute in den unterschiedlichen Kulturen gibt, daß man nämlich so stirbt, wie man gelebt hat. In unterschiedlichen Epochen wurde dies unterschiedlich ausgelegt, mal als Drohung, mal als Trost. In dieser Aussage drückt sich ganz allgemein der Zusammenhang von Lebensgeschichte und Sterben aus. Ein Mensch zum Beispiel, der zeitlebens gewohnt war, alles in der Hand zu haben, alles zu planen und zu bestimmen, wird mit einer Situation, die ihm das Gegenteil abverlangt, wohl eher Schwierigkeiten haben als Menschen, die sich viel stärker haben bestimmen lassen. Den Tod hat man nicht in der eigenen Hand, er ist weder berechenbar, noch kann man über ihn befinden. Wer in seinem Leben schneller bereit war, mit weniger Widerstand auch schwierige Dinge hinzunehmen, wird wohl auch im Sterben annehmender sein. Das heißt aber nicht, daß auf dem Sterbebett nicht auch unerwartete Dinge passieren können, daß etwa ein cholerischer Mensch sanftmütig wird.

Parallelen zur Passionsgeschichte Jesu

Zu dem Phasenmodell nach Elisabeth Kübler-Ross lassen sich Parallelen in der Passionsgeschichte Jesu finden: Zwar läßt sich für die erste Phase, das Nichtwahrhabenwollen, keine Übereinstimmung finden. Doch das ist nicht verwunderlich, denn Jesus weiß ja um seine Sendung und seinen Auftrag. Er ist es, der den Jüngern sein Leiden und Sterben ankündigt, er weiß, daß er gekommen ist, um zu sterben. Damit steht das Wissen um das Sterben bereits fest und löst keine besondere Bewegung aus. Dem Zorn aber könnte gut Markus 15,34 entsprechen: „Mein Gott, mein Gott, warum hast du mich verlassen?!" Matthäus 26,39, „Mein Vater, ist's möglich, so gehe dieser Kelch an mir vorüber", kann mit Blick auf das Verhandeln gelesen werden. Der Phase der Depression kann „Meine Seele ist betrübt bis an den Tod, bleibet hier und wachet mit mir" Matthäus 26,38 zugeordnet werden. Und deutlich annehmend klingt Lukas 23,46: „Vater, ich befehle meinen Geist in deine Hände."

Gegen den totalen Schmerz: Grundannahmen und Haltungen, die sich in der Hospizarbeit ausdrücken

Vorüberlegungen

Wenn wir Todesanzeigen in der Zeitung lesen, fällt auf, daß es eine Vielzahl von Vorstellungen über das Sterben und den Tod gibt: Tod ist offensichtlich nicht gleich Tod. So lesen wir etwa von einem ruhigen, schönen, qualvollen, gewaltsamen, bitteren, frühen oder plötzlich-unerwarteten Tod. Die Worte verraten ganz allgemein einen Hinweis über die Auseinandersetzung mit dem Sterben. So mag man bei einer Anzeige, die vom unerwarteten Tod eines Achtundneunzigjährigen spricht, vermuten, daß die Möglichkeit des Sterbens eher verdrängt wird. Ein Achtundneunzigjähriger kann plötzlich, aber nicht unerwartet sterben. Die Begriffswahl hängt ab von der Sichtweise des Betrachters, von seiner Lebensgeschichte und Stimmungslage, seinem Alter und Gesundheitszustand, und insbesondere von seiner Weltanschauung und seinem Glauben. Dementsprechend beurteilen wir den Tod als gut, wenn etwa ein Mensch friedlich „eingeschlafen" ist, oder böse, wenn eine Zeit des schweren Leidens voranging. Sinnlos mag er uns erscheinen, wenn er vermeidbar scheint, etwa bei einem Unfall, entsetzlich, wenn ein Kind stirbt. Nicht unbedeutend für die Bewertung ist die Situation oder die Ursache, die zum Tode geführt hat: Starb jemand auf mysteriöse Weise oder „normal"? Das im Sterben beziehungsweise in der Trauer empfundene Schmerzmaß hängt unter anderem auch davon ab, wie alt oder jung jemand gestorben ist, ob der Verstorbene eine wichtige Bezugsperson war, uns nahestand oder wie gern wir ihn hatten.

Täglich hören wir von Todesfällen, doch die Begegnung mit dem Sterben und dem Tod ist zunächst die Erfahrung anderer. Sind wir dann aber selbst betroffen, verändert sich das Bild von Grund auf. Eine bisher gemiedene Thematik steht für geraume Zeit in der Mitte unserer Lebenswelt, was auch die Erlebniswelt verändert. Sie stellt sich nun, mehr oder weniger vorübergehend, unter dem Aspekt des Todesgeschehens dar: aus der trauernden Familie und Verwandtschaft, den teilnehmenden Freunden, Bekannten, Nachbarn und betroffenen Arbeitskollegen. Die Lebensgeschichte des Verstorbenen wird für einige Zeit auf die letzte Lebenszeit, die Krankengeschichte und das Sterben verengt.

Wenn nicht vorher schon das Sterben ein Thema war, wird spätestens jetzt die Frage nach dem Sinn des Todes gestellt. Aber im Grunde ist es eine Frage nach dem Sinn des Lebens. Denn dort, wo das Leben keine sinndeutenden Kräfte und Elemente besaß, fehlen sie auch am Lebensende. In der ungelösten „Todesfrage" wird das (unerlöste!?) Leben aufgedeckt. Das Memento mori – die Aufforderung, sein Sterben zu bedenken – setzt genau hier an. Denn im ernsthaften Bedenken eigenen Sterbens findet die Klärung der Lebensweise für das Jetzt statt, die dann auch in der konkreten Situation des Sterbens Bestand hat. Dieser Aspekt der „Bewußtseinsbildung" ist Bestandteil aller Hospizarbeit. Unter „normalen" Umständen fragen wir nicht nach dem Sinn des Lebens. Wir denken darüber nur dann nach, wenn das Gleichgewicht gestört ist und wir unsicher geworden sind.

Um das Gleichgewicht zurückzugewinnen, wird nach einer Sicherheit stiftenden Basis gesucht. Die Suche formuliert sich oftmals in der Frage nach dem „Sinn des Lebens". Der muß etwas sein, was die Erfahrung der Sinnlosigkeit – etwa schweres Leiden – zusammenhalten kann, will heißen, mich mit dem mich treffenden Ereignis (weiter)leben läßt.

Daneben steht die Sinnhaftigkeit des Todes im Widerspruch zu einem Lebensgefühl des Menschen, das unter anderem im Hinblick auf die medizinische Wissenschaft zu einem Leben als der „Kategorie des Möglichen" geworden ist. Alles scheint möglich. Noch bis Anfang dieses Jahrhunderts ergab man sich – nicht zuletzt durch die noch nicht so weit entwickelten Möglichkeiten der Medizin – schicksalhaft in den Tod. Heute hingegen suggeriert uns die Hochleistungsmedizin das „noch Mögliche", „noch Machbare". Der Tod taucht dabei nicht auf, er wird an das äußerste Ende des Lebens gedrängt, so als sei er fast vermeidbar. Das heißt, die Hoffnung eines sterbenskranken Menschen orientiert sich auf Grund der technischen Möglichkeiten der Medizin nicht mehr innerhalb der Lebensgrenzen, sondern überschreitet sie ständig auf das „noch Mögliche" hin. Die Hospizbewegung will an diesem Punkt ein neues Bewußtsein im Umgang mit einer zum Tode führenden Krankheit schaffen. Sie will an Stelle der Illusion auf das ständig in die Zukunft verlagerte und die Zukunft überschreitende „noch Mögliche" die berechtigte Hoffnung auf ein beschwerdefreies Dasein im Kreise der Bezugspersonen setzen.

In den vorangegangenen Kapiteln ist immer wieder eine Grundannahme der Hospizbewegung vorausgesetzt worden, die die Arbeitsweise in einem Hospiz entscheidend prägt: die Mehrdimensionalität menschlichen Seins. Johann-Christoph Student hat in seinen vielen Veröffentlichungen dargelegt, daß sich unser Menschsein in vier Dimensionen ausdrückt, die je unterschiedlich, nach Veranlagung oder Erziehung, stärker oder weniger stark ausgeprägt sind. So spricht man von der physischen, der psychischen, der sozialen und der spirituellen Dimension unseres Menschseins. Im Sterbeprozeß fordert jede Dimension Raum ein, indem sie sich in der je entsprechenden Bedürfnisformulierung ausdrückt. Kann dieses nicht befriedigt werden, so drückt sich das entsprechende Defizit als Schmerz aus. Doch es ist nicht so einfach auszumachen, an welcher Stelle dieses Defizit auftritt. Von daher legt sich eine integrale Schmerzanschauung nahe, die sich bemüht, jene Dimension des Menschseins aufzuspüren, die der „Behandlung" bedarf. Cicely Saunders erkannte durch ihre intensiven Begegnungen mit ihren ersten sterbenden Patienten, daß die Auseinandersetzung mit dem Schmerz keine rein medizinische Aufgabe sein kann und darf. Ihre Studien über die medikamentösen Möglichkeiten der Schmerzbekämpfung waren wegweisend. Wichtiger aber war die Erkenntnis des Gesamtphänomens Schmerz. 1967 veröffentlichte sie ein Buch, in dem sie den

Begriff des „totalen Schmerzes" einführte und prägte. Totaler Schmerz war der Bergiff dafür, daß die körperlichen Schmerzbeschwerden untrennbar verbunden sind mit dem Leid, das aus den Ängsten, aus dem Gefühl des Ausgeliefertseins, der Isolation und der Ungewißheit erwächst.[55] Es ist nur folgerichtig, daß Cicely Saunders daraus den Schluß zieht, daß dem „totalen Schmerz" nur mit einem interdisziplinären Team begegnet werden kann, dem Pflegekräfte, Mediziner, Sozialarbeiter und Seelsorger angehören.

Der physische / körperliche Schmerz

Hierunter versteht man die rein körperlichen Schmerzen. Ohne Schmerzen sterben zu können ist das am häufigsten geäußerte Bedürfnis. Sie werden medikamentös behoben. Die Beseitigung körperlicher Schmerzen ist keineswegs gleichzusetzen mit der Beseitigung von allem Leid, sie ist jedoch wesentliche Voraussetzung dafür. Man löst damit allenfalls ein medizinisches, nicht aber ein menschliches Problem. Indem der körperliche Schmerz genommen wird, öffnet man dem Sterbenden ebenso wie denen, die ihm nahestehen, den Blick für die weiteren Aspekte des Schmerzes. Eine gute körperliche Schmerztherapie ist deshalb die Voraussetzung für die Wahrnehmung und damit Bewältigung(smöglichkeit) von Schmerzen jenseits der Körperlichkeit. Ein Gedicht von Wilhelm Busch macht das Phänomen der Besetzung durch einen körperlichen Schmerz unmittelbar deutlich:

Das Zahnweh, subjektiv genommen,
ist ohne Zweifel unwillkommen;
doch hat's die gute Eigenschaft,
daß sich dabei die Lebenskraft
die man nach außen oft verschwendet,
auf einen Punkt energisch konzentriert.
Kaum wird der erste Stich verspürt,
kaum fühlt man das bekannte Bohren,
das Rucken, Zucken und Rumoren –
und aus ist's mit der Weltgeschichte,
vergessen sind die Kursberichte,
die Steuern und das Einmaleins,
kurz, jede Form gewohnten Seins,
die sonst real erscheint und wichtig,

wird plötzlich wesenslos und nichtig.
Ja, selbst die alte Liebe rostet –
man weiß nicht, was die Butter kostet –
nur einzig in der engen Höhle
des Backenzahns weilt die Seele.[56]

Der psychische Schmerz

Ein gutes Beispiel für die Besetzung des ganzen Denkens, Handelns und Erlebens dieser Schmerzkategorie ist das Phänomen des Liebeskummers. Die Welt ist zusammengebrochen. Bei Sterbenden meint der psychische Schmerz besonders die schmerzliche Erfahrung, daß er und seine Angehörigen nur noch eine letzte, begrenzte Chance haben, letzte Dinge zu erledigen oder ungelöste Konflikte zu einem Ende zu bringen. Angst vor dem Schmerz, der Ungewißheit, dem Leiden oder dem Versagen sind dieser Kategorie des Schmerzes zuzuordnen. Sich ausgeschlossen oder gar isoliert zu fühlen verursacht ebenfalls Schmerzen. Unabhängig von der Anwesenheit oder Abwesenheit von Menschen kann Einsamkeit empfunden werden, nämlich immer wieder da, wo das Gefühl bleibt, mit seinen Ängsten und Problemen oder gar Hoffnungen allein zu sein, „warum versteht mich denn keiner?". Viele Menschen haben Schwierigkeiten, über ihre Gefühle zu sprechen. Die (unerwartete) Unfähigkeit zu kommunizieren kann zu einem Problem werden und verursacht dann den psychischen Schmerz. So nimmt es nicht wunder, daß gerade in der vom Sterben bedrohten Situation auch noch Reste von Sprache sich in Sprachlosigkeit verwandeln. Es ist auch nicht einfach, einem anderen, einem Gesunden, der weiterleben wird, seine Gedanken, Ängste oder Sorgen verständlich zu machen. Oftmals bedienen sich so Betroffene einer „anderen Sprache", mit der sie ihre Fragen transportieren.[57] Gerade weil eine gestörte Kommunikation hier besonders zu Tage tritt, ist die Antwort auf den psychischen Schmerz das Angebot der Kommunikation.

Der soziale Schmerz

Menschen äußern angesichts ihres Lebensendes am häufigsten den Wunsch, zu Hause sterben zu dürfen und im Sterben nicht allein gelassen zu werden. Die soziale Dimension des Sterbens ist hier angesprochen. Dem Sterbenden ist es wichtig, im sozialen Umfeld aufgehoben zu sein, umgeben zu sein von Angehörigen, Freunden, dem Partner, all denjenigen, die ihm nahestehen und zu denen er liebevolle Beziehungen unterhält. Der Wunsch nach Helfern wird deutlich, nach solchen, die stark genug sein mögen, den Sterbeprozeß auszuhalten, die in der Lage sind, mit dem Thema Sterben frei umzugehen. Aber auch die Sorge um die soziale Stellung der Hinterbleibenden ist nicht unbedeutend. Wenn zum Beispiel ein Mensch stirbt, der für den Unterhalt der Familie zuständig war, kann dies zur (besorgten) Frage führen, wie die Hinterbleibenden weiter versorgt werden können. Diese Frage kann sich zur Bedrohung steigern, wenn der Sterbende den Eindruck gewinnt, daß sein Sterben den Angehörigen auf Grund zu erwartender finanzieller Sorgen den sozialen Abstieg bringt. Daraus können wieder Schuldgefühle erwachsen. Dies verursacht Schmerzen, die als sozialer Schmerz verstanden werden können. Eine Antwort auf den sozialen Schmerz kann im weitesten Sinne des Wortes die Familienpflege sein.

Der spirituelle Schmerz

Spiritueller Schmerz ist nicht schon auf eine bestimmte Religion oder Konfession bezogen. Gemeint ist zunächst eine transzendente Ebene, bei der der Mensch anfängt, über sich hinauszufragen, und dabei unsicher wird. So sind unter spirituellen Schmerzen all die zu verstehen, die sich an der Sinnfrage entzünden: der Frage nach dem Sinn des Lebens, Leidens, Sterbens. Eine nicht selten geäußerte Frage ist die nach dem Woher und Wohin des Lebens. Fast alle Sterbenden haben Fragen, die unter dieser Dimension zusammenzufassen sind. „... daß ich auf ein gelebtes Leben zurückblicken kann." „Es gibt Dinge, die sind größer als ich. Ich wünsche mir, daß ich mir ihn (den Glauben) erhalten kann, bis mein Leben zu Ende geht." Diese Zitate Dietrich Bonhoeffers verdeutlichen ganz unterschiedlich die spirituelle Dimension des Fragens.

Eine wichtige Umgangsform in diesem Zusammenhang ist die Fähigkeit zuzuhören, einfach nur zuhören. In treffender Weise beschreibt Michael Ende in seinem Kinderbuch „Momo", was allein das Zuhören bewirken kann:

Was die kleine Momo konnte wie kein anderer, das war: Zuhören. Das ist doch nichts Besonderes, wird nun vielleicht mancher Leser sagen, zuhören kann doch jeder. Aber das ist ein Irrtum. Wirklich zuhören können nur ganz wenige Menschen. Und so wie Momo sich aufs Zuhören verstand, war es ganz und gar einmalig. Momo konnte so zuhören, daß dummen Leuten plötzlich sehr gescheite Gedanken kamen. Nicht etwa, weil sie etwas sagte oder fragte, was den anderen solche Gedanken brachte, nein sie saß nur da und hörte einfach zu, mit aller Aufmerksamkeit und aller Anteilnahme. Dabei schaute sie den anderen mit ihren großen, dunklen Augen an, und der Betroffene fühlte, wie in ihm auf einmal Gedanken auftauchten, von denen er nie geahnt hatte, daß sie in ihm steckten.

Sie konnte so zuhören, daß ratlose oder unentschlossene Leute auf einmal ganz genau wußten, was sie wollten. Oder daß Schüchterne sich plötzlich frei und mutig fühlten. Oder daß Unglückliche und Bedrückte zuversichtlich und froh wurden. Und wenn jemand meinte, sein Leben sei ganz verfehlt und bedeutungslos und er selbst nur irgendeiner unter Millionen, einer, auf den es überhaupt nicht ankommt und der ebenso schnell ersetzt werden kann wie ein kaputter Topf – und er ging hin und erzählte alles das der kleinen Momo, dann wurde ihm, noch während er redete, auf geheimnisvolle Weise klar, daß er sich gründlich irrte, daß es ihn, genauso wie er war, unter allen Menschen nur ein einziges Mal gab und daß er deshalb auf seine besondere Weise für die Welt wichtig war.[58]

Neben diesen vier Schmerzdimensionen, die sich als Defizitäußerungen der vernachlässigten Bedürfnisse manifestieren, gibt es eine weitere Schmerzbeschreibung: der „Mitarbeiterschmerz". Anders als die zuvor genannten Schmerzphänomene ist dieser dadurch gekennzeichnet, daß er von außen zugefügt wird und nicht in der Auseinandersetzung mit dem Sterben begründet ist. Der Vollständigkeit halber sei er an dieser Stelle erwähnt, da auch dieser Schmerz das Erleben des Sterbenden nicht unerheblich beeinflußt.

Der Mitarbeiterschmerz

Diese etwas unglückliche Formulierung ist die Übersetzung des englischen „staffpain". Darunter werden die „Schmerzen" verstanden, die durch die Mitarbeiter (in erster Linie die mit der Begleitung professionell Betrauten) verursacht werden. Der so benannte Schmerz entsteht, wenn ein Patient oder deren Angehörige zwar mit einer Vielzahl von Menschen zusammenkommen, es aber zu keiner Begegnung oder Kommunikation kommt. Sei es, daß die Verweildauer im Krankenzimmer zu kurz ist, sei es, daß Kommunikation nicht zugelassen wird. Gerade die sogenannte Funktionspflege begünstigt diese Tendenz.

Dem Mitarbeiterschmerz kann man sehr gut dadurch begegnen, daß man sich kontinuierlich im Team verständigt und Raum für eine Bezugspflege läßt. Das heißt, daß das Personal immer (nur) für bestimmte Zimmer zuständig ist und somit eine personelle Kontinuität in den Begegnungen gewährleistet wird.

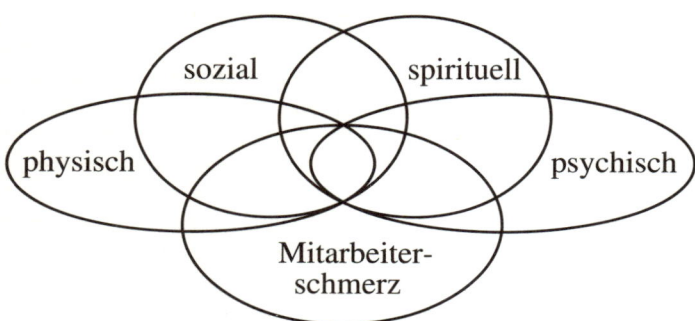

Das Schema veranschaulicht vereinfacht, daß alle Dimensionen des Schmerzes in die Antwort auf das Gesamtphänomen Schmerz eingebracht werden müssen. Äußert der Sterbende Schmerz, dann äußert er zunächst etwas, was mit der Schnittmenge der Kreise angezeigt ist. Das heißt, wir wissen als Begleiter noch lange nicht, was die Schmerzursache ist. Diese gilt es in gemeinsamen Besprechungen herauszufinden, um die angemessene „Antwort" geben zu können. Dann wird zum Beispiel nicht notwendig der Arzt mit einem Medikament reagieren, sondern vielleicht der Seelsorger mit einem Gespräch. Dieses Schmerzverständnis vorausgesetzt, müssen alle in der Sterbebegleitung Beteiligten als Team patientenorientiert arbeiten. Sheila Cassidy präzisiert:

Was ist es, was das Hospiz – alle Hospize – so sehr von Krankenhäusern unterscheidet? Die Zutaten sind doch dieselben: Ärzte, Schwestern, Patienten, Betten, Maschinen – all das findet man überall, wo Kranke gepflegt werden. Der Unterschied liegt in der Art, wie diese Elemente miteinander vermischt werden, oder, um ein anderes Bild zu gebrauchen, in der Wechselbeziehung zwischen den Figuren des Dramas. Diese Beziehungen sind anders, weil die Philosophie der Hospize anders ist. Diese Philosophie beruht auf der Überzeugung, daß Menschen – alle Menschen, wie weit es mit ihnen auch gekommen sein mag – unendlich wertvoll sind und daß ihre Behandlung auf ihre individuellen Bedürfnisse zugeschnitten sein muß. Wir behandeln nicht einfach einen Fall von Brustkrebs, sondern eine Frau namens Mary, ihren Mann John und ihre Kinder Sally und David. Hier kommen wir zum Kern der Sache: Die Sterbenden sind Individuen, komplexe menschliche Wesen, deren physische, geistige, emotionale, geistliche und soziale Bedürfnisse Legion sind.[59]

Auf der Grundlage der Arbeiten von Elisabeth Kübler-Ross und Cicely Saunders sind viele Erkenntnisse gewachsen, die wegweisend für die Begleitung Sterbender geworden sind. Dabei gibt es eine Grundvoraussetzung, die ein Begleiter mitbringen muß: *Verständnis für die Einmaligkeit der Situation, die Einmaligkeit der Tragödie, die Einmaligkeit der persönlichen Reaktionsmuster.* Denn wir müssen uns klarmachen, daß es für einen Betroffenen keine Vergleichssituationen gibt, man stirbt nur einmal. Andere Krisen im Leben können eine Analogie haben. Man kann sich eines Reaktionsmusters erinnern, das durch die erneute Krise tragen kann. Die eigene Lebensgeschichte, grundsätzliche Verhaltensweisen im Umgang mit Krisen und anderes mehr lassen den einen so und den anderen anders auf die Sterbesituation reagieren. Deshalb darf nicht verallgemeinert werden. Jede neue Begleitung eines Sterbenden ist ein neues „Sicheinlassen" auf einen unbekannten Weg.

Johann-Christoph Student, einer der bereits genannten Wegbereiter der Hospizbewegung in Deutschland, nennt fünf Grundpfeiler der Hospizarbeit:

1. Der sterbende Mensch und seine Angehörigen (im weitesten Sinne) sind gemeinsame Adressaten des Hospizdienstes.
Hierin liegt ein entscheidender Unterschied zur Angebotsstruktur des herkömmlichen Gesundheitswesens. Indem sich Hospiz-Dienste völlig um die Wünsche sterbender Menschen und ihrer Angehörigen (Familie, Partner, Freunde) zentrieren, gelingt es ihnen, den ganzen Menschen wahrzunehmen – in allen vier Dimensionen seiner Existenz. Nur so gelingt es, Trennungen auf das unvermeidbare Maß zu reduzieren. Denn gerade die Angehörigen benötigen nicht weniger Aufmerksamkeit und Fürsorge als der Sterbende selbst, wenn sie in dieser schwierigen Phase gemeinsamer Existenz bestehen sollen ...
2. Die Betroffenen werden durch ein interdisziplinär arbeitendes Team von Fachleuten unterstützt.
Diesem Team gehören mindestens Arzt, Krankenschwestern, Sozialarbeiter und Seelsorger an ... Denn nur ein Team von Fachleuten

kann den vielfältigen Wünschen Betroffener gerecht werden. Jedes Teammitglied bringt seine ganz besonderen fachlichen Qualifikationen mit. Der Begriff Team schließt den gegenseitigen Respekt vor den Fähigkeiten der anderen Mitarbeiter ein. Die Teammitglieder unterstützen aber nicht nur die betroffene Familie, sondern stützen sich auch gegenseitig, insbesondere in emotioneller Hinsicht. Wenn die Teammitglieder es nicht gelernt haben, liebevoll miteinander umzugehen, wird ihnen dies auch schwerlich mit Sterbenden und Angehörigen gelingen.

3. Freiwillige Helfer werden in den Hospiz-Dienst einbezogen.

Freiwillige Mitarbeiterinnen und Mitarbeiter, Laien also, sind ein entscheidender Bestandteil des Hospiz-Dienstes. Sie sollen nicht etwa als „Lückenbüßer" dort einspringen, wo es an Hauptamtlichen mangelt, sondern sie haben ganz eigenständige Aufgaben. Sie repräsentieren gewissermaßen das Element der „Normalität" im Hospiz. Sie tragen entscheidend dazu bei, daß das Hospiz in das Gemeinwesen, aus dem es entstanden ist, auch integriert bleibt. Sie sind es, die Sterbebegleitung erst wirklich zur zwischenmenschlichen Begegnung machen ...

4. Das Hospiz-Team verfügt über spezielle Kenntnisse und Erfahrungen in der lindernden (palliativen) Therapie.

Eine der häufigsten Ursachen für Selbsttötungsabsichten sterbender Menschen liegt darin, daß der Schwerstkranke unter quälenden Schmerzen leidet oder diese fürchtet. Umfassende Erfahrungen in der Therapie von Schmerzen und anderen, das Sterben belastende Körperreaktionen haben zum Renommee der Hospize innerhalb des Gesundheitswesens wesentlich beigetragen ... Lindernde Therapie ist aber nicht nur eine spezielle Aufgabe für Ärzte und Schwestern. Denn Schmerzen haben neben der körperlichen stets auch eine soziale, psychische und spirituelle Komponente.

5. Hospize gewährleisten Kontinuität der Betreuung.

Hierzu gehört einmal, daß die Familie sicher sein kann, rund um die Uhr eine kompetente Mitarbeiterin oder einen kompetenten Mitarbeiter des Teams anzutreffen. Dies mag in Kliniken selbstverständlich sein. Im wichtigen Bereich herkömmlicher ambulanter Betreuungssysteme (Hausarzt, Sozialstationen) fehlt diese Sicherheit vielfach. Allein dieses Grundelement der Hospiz-Dienste gibt vielen

Ars moriendi: Versuchung durch Ungeduld

*Familien erst den Mut, einem sterbenden Angehörigen das Leben zu
Hause zu ermöglichen. Zum Angebot der Kontinuität gehört aber
auch, daß die Fürsorge des Teams für die Familie nicht mit dem Tod
des geliebten Menschen endet. Die Angehörigen werden von dem
Hospiz-Team auch durch die Phase der Trauer begleitet ... Dies ist ein
wichtiger Beitrag zur Prävention von Krankheiten bei den Hinterbliebenen ...*[60]

Hospiz als Konzept / Organisationsformen Hospiz

Die zitierten Grundelemente und die Unterscheidung von Schmerz-
typen scheinen auf eine stationäre Einrichtung bezogen. So sehr sich
einiges tatsächlich viel stärker beziehungsweise einfacher in einem
stationären Hospiz umsetzen läßt, so gilt es dennoch für alle Berei-
che hospizlichen Arbeitens. In der Hospizarbeit hat sich ein Konzept
entwickelt, das auf die unterschiedlichen Situationen des Sterbens
eine Antwort geben will. Dabei geht es nicht um die Gründung von
Häusern für Sterbende, sondern vielmehr um eine hospizliche
Grundhaltung an allen Orten des Sterbens. Hospizarbeit läßt sich in
mehrere Organisationsformen unterscheiden:

Das stationäre Hospiz   Ein stationäres Hospiz ist in der Regel eine
kleine (eigenständige) stationäre Einrichtung, die eine individuelle
Begleitung in privater, wohnlicher, Geborgenheit vermittelnder Atmosphäre gewährleistet. Dadurch will man dem Verlust der häuslichen
Umgebung durch die Vermittlung eines neuen Zuhauses begegnen.
Das stationäre Hospiz bietet rund um die Uhr eine umfassende me-
dizinisch-pflegerische, psychosoziale und spirituelle Betreuung an.
Die Pflege wird durch hauptamtlich tätiges Pflegepersonal vorgenommen. Die ärztliche Versorgung hingegen wird überwiegend durch die
Hausärzte der Patienten oder durch mit dem Hospiz kooperierende
niedergelassene Ärzte sichergestellt. Die Aufnahme in ein stationäres Hospiz kann einen Krankenhausaufenthalt verkürzen oder vermeiden oder, wo die Versorgung zu Hause nicht mehr gewährleistet
werden kann, ein Sterben wie zu Hause ermöglichen. In das stationäre Hospiz werden schwerkranke und sterbende Menschen aufgenommen, die eine unheilbare, fortschreitende und weit fortgeschrit-
tene Erkrankung mit begrenzter Lebenserwartung haben. Vor allem
gilt: Sterbende werden nur dann aufgenommen, wenn sie über ihren
Gesundheitszustand aufgeklärt, mit den Prinzipien der Hospizarbeit

einverstanden sind und eine Aufname in das Hospiz selbst wünschen. Daniela Tausch – auch sie ist für den deutschen Raum eine Pionierin der Hospizarbeit – beschreibt das stationäre Hospiz:

Obwohl stationäre Hospize Schwerkranke während ihres Sterbens begleiten, sind sie Orte des Lebens mit vielen Möglichkeiten. Mich hat es immer wieder bewegt, wie tief ich Menschen in dieser bedeutsamen Lebenszeit begegnet bin: Im Lachen, im Weinen, in der Stille, beim Rückschauen auf ihr Leben und Anteilnehmen an ihren Höhen und Tiefen – kostbare Geschenke des Vertrauens und der Berührung ... Feste Besuchszeiten gab es nicht. Angehörige konnten auch bei den Kranken übernachten. Es ist nicht außergewöhnlich, daß Hunde oder Katzen von den Besuchern mitgebracht werden. Die Räume sind hell, freundlich, mit warmen Farben gestrichen. Große Fenster geben den Blick frei ins Grüne. Grünpflanzen schmücken die Zimmer. Eine gemeinsame Eßecke mit kleiner Küche gab Angehörigen und Patienten die Möglichkeit, gemeinsam zu essen und auch selbst zu kochen.[61]

Die Internationale Gesellschaft für Sterbebegleitung und Lebensbeistand e.V. gibt in ihrer Broschüre „Hospiz ... Raststätten auf dem Wege" eine allgemeingültige Charakterisierung von (stationären) Hospizen, die nicht nur für stationäre Hospize gilt:[62]

- *Hospize haben zum Ziel, mit einem Team auf die Bedürfnisse Sterbender und ihrer Angehörigen einzugehen, deren Selbständigkeit zu fördern und die Angst vor den Qualen und der Einsamkeit im Sterben zu nehmen.*
- *Hospize versuchen, die Sterbenden so bald und so lange wie möglich zu Hause zu betreuen.*
- *Hospize ermöglichen es durch Palliativtherapie und insbesondere durch intensive menschliche Zuwendung, daß der Sterbende sein noch verbleibendes Leben nach seinen Wünschen gestalten kann.*
- *Hospize sind helle, freundliche und wohnlich eingerichtete Häuser, in denen sich Patienten und Angehörige wohlfühlen können.*
- *Hospize sind keine Pflegeheime, sondern Einrichtungen, die eine überdurchschnittlich gute Ganzheitspflege, eine optimale ärztliche Betreuung und eine sorgfältige seelsorgerliche Begleitung anbieten.*
- *Hospize sind keine „Sterbekliniken", denn sie stellen das Leben im Sterben in den Mittelpunkt.*
- *Hospize sind eine klare Alternative zu dem ethisch unverantwortbaren und illegalen Angebot, beim Todeswunsch von Patienten diesen (straffreie) Beihilfe zum Selbstmord zu leisten.*
- *Hospize versuchen erfolgreich, die Ursachen für den verzweifelten*

Tötungswunsch von Patienten zu ergründen und zu überwinden, was dann auch zu gelingen vermag.
– Hospize sind Kristallisationspunkte für die Beschäftigung mit Sterben, Tod und Trauer.

Die Minimalforderungen für die Hospizarbeit scheinen im stationären Bereich umsetzbar, aber im ambulanten Bereich illusorisch. Doch die Grundsätze bleiben, und sie sind eine Anfrage an die Phantasie von ambulant arbeitenden Diensten. So wird es im ambulanten Hospiz auf die Vernetzung bestehender Dienste ankommen. Es ist im ambulanten Bereich zwar wesentlich schwieriger und aufwendiger, aber durchaus möglich, eine Zusammenarbeit zwischen Hausärzten, ambulanten Pflegediensten, Freiwilligen, Angehörigen und Seelsorgern aufzubauen.

Ambulantes Hospiz Ambulante Hospizdienste unterstützen durch die Mitarbeit Ehrenamtlicher schwerkranke und sterbende Menschen und ihre Angehörigen zu Hause. In der Regel findet eine psychosoziale Begleitung statt, das heißt, in Gesprächen oder auch Unternehmungen werden die Betroffenen in der Auseinandersetzung mit ihrem Sterben begleitet.

Dazu werden die ehrenamtlichen Begleiter geschult und auf diesen Dienst vorbereitet. Das ambulante Hospiz arbeitet mit den anderen ambulanten Diensten in enger Kooperation zusammen. Stärker als in allen anderen Gesundheitsbereichen gilt in der Hospizarbeit ambulant vor stationär.

Tageshospiz Häufig ist zu beobachten, daß Angehörige ihr sterbendes Familienmitglied zu Hause pflegen und begleiten wollen. Oftmals stehen sie aber vor dem Problem, daß sie etwa durch eigene Berufstätigkeit eine kontinuierliche Betreuung während ihrer Arbeitszeit nicht gewährleisten können. Dieser Schwierigkeit will das Tageshospiz aufhelfen. Es ist ähnlich wie ein stationäres Hospiz organisiert, die Betreuung wird aber nur tagsüber geleistet. Auch hier geht es um palliativ-medizinische Pflege und psychosoziale Begleitung. Durch die Anwesenheit des Patienten im Tageshospiz findet die ärztliche Versorgung, wie für das stationäre Hospiz beschrieben, in den Räumen des Tageshospizes statt. Je nach Absprache kehren die Patienten nach Hause zurück, um dort von den Angehörigen weiter betreut zu werden. Die so gewährte Entlastung und Unterstützung der Patienten und deren Angehörigen ermöglicht es, daß der Patient möglichst lange in seiner häuslichen Umgebung bleiben kann.

Hospizinitiativen Oftmals bezeichnen sich ambulante Hospiz-dienste in der Anfangsphase als Hospizinitiative. Sie betreiben in erster Linie Aufklärungs- und Öffentlichkeitsarbeit. Diese Arbeit wird auch von den Hospizen anderer Organisationsform betrieben.

Palliativstation Eine Palliativstation ist eine eigenständige, an ein Krankenhaus angegliederte Station, die sich der personellen sowie der medizinisch- und versorgungstechnischen Möglichkeiten des Krankenhauses bedienen kann. Auf der Station wird ganz im Sinne und mit den Methoden der Hospize gearbeitet. Ärztliches Personal gehört – anders als bei den derzeitigen Hospizen – in der Regel zum Standard. Die Betten einer Palliativstation gehören – anders als bei den Hospizbetten – in den Bettenbedarfsplan eines Krankenhau-ses. Dies ist für die Pflegesatzberechnung ein wesentlicher Unter-schied.

Die in das Konzept der Hospize gehörenden ehrenamtlichen Mit-arbeiter spielen auf den Palliativstationen eine eher untergeordnete Rolle. Das Therapieziel einer Palliativstation ist die Symptom-kontrolle, das heißt die Linderung der Schmerzen (Schmerz-einstellung) und der durch die Krankheit bedingten Begleiterschei-nungen. Ziel ist auch die Entlassung nach Hause, wenn die Symptomkontrolle und (psychosoziale) Stabilisierung des Patienten erfolgt ist.

Der Ort des Sterbens Immer wieder wird die Frage gestellt, wo man am liebsten sterben wolle. Wenn man den Umfragen folgt, dann ist die Antwort eindeutig: Die meisten Menschen möchten zu Hause sterben. Aber gleichzeitig muß man feststellen, daß die meisten Men-schen eben nicht zu Hause sterben. Das muß nicht heißen, daß sie „schlechter" sterben.

Generell gilt, daß es möglich ist, an jedem Ort menschenwürdig zu sterben, nicht nur zu Hause oder in einem Hospiz. Eine hospizliche Haltung ist an allen Orten, also auch in Krankenhäusern oder Pflege-heimen, möglich. Zunächst muß man festhalten, daß die Vorstellung „zu Hause" nicht eindeutig ist. Sie meint nicht notwendig die eige-nen vier Wände. Auch Menschen in Heimen sprechen von ihrem Zu-hause – an das sie sich zuweilen erst schwer gewöhnt haben. Hinter „zu Hause" steckt wohl der Wunsch, es möge sich um einen Ort han-deln, an dem ich mich aufgehoben, sicher und vertraut fühlen kann. Viele Patienten in Hospizen sprechen dort von ihrem Zuhause und meinen damit die Art und Weise des Umgangs mit ihnen.

Häufig stellen Angehörige fast stoisch fest, daß ihr Angehöriger zu Hause bleibt. Doch zuweilen ist die Versorgung dort viel schwieriger als etwa in einem Hospiz. Hinter diesem „Zu-Hause-Lassen" steckt nicht selten die Angst, sich „Abschieben" vorwerfen lassen zu müssen. Dieser Vorwurf muß aber bei einer Pflege im Heim oder Hospiz gar nicht aufkommen. Es bleibt dem pflegenden Angehörigen unbenommen, seinen Patienten täglich rund um die Uhr zu besuchen. Von der Last der Pflege entbunden, kann er sich nun viel freier und sensibler um seinen sterbenden Angehörigen kümmern. Zwar ist unbenommen, daß sich die häusliche Umgebung für sterbende Menschen wie für deren Angehörige sehr positiv auswirken kann. Alles ist vertraut, und diese Vertrautheit läßt sicher auch mehr Raum, das Zusammensein bewußter zu gestalten. Doch es darf nicht übersehen werden, daß die Pflege und Begleitung Sterbender zu Hause Angehörige und Freunde leicht überfordern kann, und zwar aus unterschiedlichen Ursachen. Der ganze Tagesablauf eines pflegenden Angehörigen etwa ist auf die Bedürfnisse und Notwendigkeiten des Sterbenden eingestellt, so daß wenig eigener Spielraum bleibt. Der ist aber ungemein wichtig, um darin Kraft für die aufwendige Pflege zu schöpfen. Auch unzureichende Räumlichkeiten oder Material (zum Beispiel das Bett!) erschweren die Pflege unnötig. Deshalb sollte das Ideal „zu Hause" immer wieder überprüft werden.

Hoffnung im Angesicht des Todes: Theologie in der Hospizarbeit

Herr, lehre uns, unsere Tage zu zählen, damit wir ein weises Herz gewinnen. (Psalm 90)

Lehre uns, unsere Tage zu zählen, sie sind kein unerschöpflicher Vorrat, den wir ohne Besinnen uferlos verschwenden könnten, als gäbe es nie ein Ende.

Lehre uns, unsere Tage zu zählen wie kostbare Perlen oder wie warme sonnige Herbsttage, die sich leuchtend abheben vom Grau des Novembers und dem kühlen Weiß des Winters.

Lehre uns, unsere Tage zu zählen, damit wir ein weises Herz gewinnen.

Schlauheit ist nützlich, Klugheit ist wichtig, Weisheit ist Glück. Der Weg dorthin geht über das Zählen der Tage, über die Gewißheit, daß alle Zeit geschenkte und begrenzte Zeit ist.

Ein weises Herz gewinnen, das heißt Grenzen erkennen und

*anerkennen: die Grenzen der eigenen Kraft, die Grenzen der eigenen
Möglichkeiten, die Grenzen des eigenen Lebens.*

*Ein weises Herz gewinnen, das heißt über dem Morgen und Über-
morgen das Heute nicht vergessen: annehmen, was heute ist und
werden kann, was heute unserer Sorgfalt und Liebe bedarf, was uns
heute begegnet und geschenkt wird.*

*Was wir in die Zukunft verlagern, kann verlorengehen. Jedenfalls
macht es unsere Gegenwart arm: Liebe und Güte, die uns für übermorgen in Aussicht gestellt werden, können uns heute nicht wärmen.*

*Lehre uns, unsere Tage zu zählen, damit wir heute lieben, heute
vertrauen, heute danken.*

*Lehre uns, unsere Tage zu zählen, damit wir ein weises Herz ge-
winnen.*[63]

In den vorigen Kapiteln wurde deutlich, daß es in der Hospizarbeit
nie nur um die Aufgabe und Arbeit einer Disziplin gehen kann. Von
daher müssen die folgenden Ausführungen immer das Gesamt einer
Sterbebegleitung im Auge haben. Wenn wir in der konkreten
Sterbebegleitung von seiten der Theologie in ein interdisziplinäres
Gespräch einsteigen wollen, dann kann es nicht um eine rein theo-
retisch-systematische Lehre über Sterben und Tod gehen. Der theologische Disput und das Gespräch mit einem Sterbenden sind grund-
verschiedene Ausgangssituationen. Es ist hilfreich, sich theologisch
mit einer wie auch immer gearteten Lehre über Sterben und Tod aus-
einandergesetzt zu haben. Doch sie muß vor dem Hintergrund exi-
stentieller und pastoraler Erfahrungen hinterfragt und, wo nötig, neu
formuliert werden, ohne von der biblisch-theologischen Konzeption
etwas aufzugeben. Damit sie tragfähig sein kann, können die Erfahrungen nicht außer acht gelassen werden, die die Begleiter mit dem
Tode des Nächsten machen. Ohne dogmatisches Besserwissen sollte
sich der Begleiter der Deutungsversuche annehmen, die der Sterbende unternimmt, und seine Ansätze ernst nehmen, mit dem Verlust des
Lebens fertig zu werden. Die an der Erfahrung von Sterbebegleitung
orientierten theologischen Beiträge können verhindern, daß sich ein
interdisziplinäres Gespräch ausschließlich und rein theoretisch nur
mit Fragen wie „Was ist der Tod?" befaßt.

Die Theologie muß den Aspekt der Würde der menschlichen
Person als des Ebenbildes Gottes in ein interdisziplinäres Gespräch
einbringen beziehungsweise verstärken. Der Mensch ist und bleibt
Mensch bis zuletzt. Die Beachtung dieser Wirklichkeit verlangt ein
menschenwürdiges Sterben. Dies um so mehr, als heute und in

Zukunft die Gefahr besteht, daß aus einer falsch verstandenen Humanität oder einer fragwürdigen Mitleidsargumentation die Würde des Sterbenden verletzt oder gar zerstört wird. Dann nämlich, wenn er bewußt angelogen wird, selbst wenn er die Wahrheit wissen will, wenn er frühzeitig in einen dauernden Dämmerzustand versetzt wird, in dem ihm klare Gedanken und Handlungen nicht mehr möglich sind, und besonders dann, wenn es um aktive Euthanasie geht. Hier muß die Theologie mit Recht, auf Grund ihres Selbstverständnisses und ihrer Sicht des Menschen vor Gott und von Gott her, als Anwalt des Menschen und seiner Würde auftreten. Gerade der Umgang Jesu mit kranken Menschen zeigt, daß es dort stellvertretend um den Wert des menschlichen Seins vor Gott geht.

Bei der sogenannten Euthanasie steht die Kirche auf dem Prüfstand. Weniger unter dem Gesichtspunkt eines klaren theologischen Bekenntnisses zum Leben als vielmehr eines praktischen Bekenntnisses. Denn die Menschen, die im Sterben um Hilfe baten, hatten entweder Schmerzen, waren isoliert, alleingelassen, oder sie fühlten sich abhängig von Hilfestellungen. Die Bitte um Hilfe beim Sterben beziehungsweise um Lebensverkürzung muß auch da, wo dies deutlich ausgesprochen wird, noch lange nicht der Wunsch nach Lebensbeendigung bedeuten. Hinter der Feststellung „Ich möchte nicht mehr leben" verbirgt sich manchmal bei genauerem Nachfragen der Satz „Ich möchte so nicht mehr leben", und es klingt unausgesprochen mit: „Anders ginge es schon." Zunächst gilt es, die Sterbenden in ihrer Sorge und ihrem Bedürfnis ernst zu nehmen und darauf einzugehen. Das heißt aber auch, daß die Argumente gegen eine aktive Euthanasie sich an den praktischen Vorgaben seitens der Kirche prüfen lassen müssen. Von daher sind Nachfolge im Sinne der praktischen Nächstenliebe wie der Dienst der Kirche als Entgegnungen darauf gefordert.

Ohnmacht und Sprachlosigkeit kennzeichnen die Situation der Menschen, die Sterbende begleiten wollen oder müssen. Die Kirche hat eine große Erfahrung im Umgang mit dem Sterben, und sie hat eine Fülle von Zeichen, Symbolen und Riten, die das Mitleiden und die Ohnmacht und Sprachlosigkeit wie auch die Solidarität ausdrükken. Sie alle können geeignet sein, den Sterbenden und den Begleiter miteinander zu verbinden. Darauf muß die Theologie im Gespräch hinweisen, um allen Beteiligten eine Interaktion zu ermöglichen. Es ist die Bibel selbst, die eine Vielfalt von Deutungsmöglichkeiten für Sterbende und deren Angehörige aufzeigt. So kann es hilfreich sein zu wissen, daß das Protestieren wie auch das Annehmen des Todes biblisch fundierte Verhaltensweisen dem Leiden und Sterben gegenüber sind.

Biblische oder christliche Kategorien dürfen nicht durch dogmatische Einengungen oder Absicherungen ihrer Kraft beraubt werden. Dies gilt generell für das kirchliche Trostrepertoire. Die Erinnerung an die österliche Freude oder die Zusage der Sorge Christi für die Kranken und Sterbenden sollten mit Bedacht gebraucht werden. Diese Trostworte können schnell als leere Worthülsen und Unvermögen, auf die Situation des Sterbenden einzugehen, interpretiert werden. Die Verkündigung österlicher Freude ist nämlich dann kein Trost, wenn diese Verkündigung benutzt wird, um sich dem konkreten Anspruch des Sterbenden und Trauernden zu entziehen. Menschliche Begrenztheit sollte nicht zum Mittel evangelischer Anknüpfung werden. Das gilt auch, wenn man mit dem Hinweis auf den Willen Gottes zu trösten versucht. Gott wird oft ein Wille untergeschoben, der schwerlich als solcher auszumachen ist. Gesellschaftlicher Unsinn darf auch aus theologischen Gründen nicht durch religiöse Sinnillusionen verschleiert werden. Damit will ich den Trostwert der Verkündigung nicht in Frage stellen, im Gegenteil. Damit Verkündigung auch im Angesicht des Todes strahlt, darf das Wort Gottes nicht zu bloßen Worten werden. Die Leidensgeschichte des Hiob offenbart, daß religiöser Trost zur falschen Zeit auch falsch am Platz sein kann.

Seelsorge muß unter anderem der Wahrnehmung von Angst dienen. Das heißt, sie versucht nicht, Angst abzuschaffen, wegzureden oder durch Mut zu ersetzen, sondern sie muß sie gelten lassen. Dies kann zu Glaubensgesprächen führen, und meine Erfahrungen zeigen, daß sie zum Zentralen einer umfassenden Sterbebegleitung gehören. Dabei bringt meistens der Sterbende selbst die Frage des Glaubens ins Gespräch.

Dies kann auch unter negativen Vorzeichen geschehen. Man klagt, hadert oder verleugnet Gott angesichts dessen, was er alles zuläßt. Auch das ist eine oft nicht wahrgenommene Chance, ein gemeinsames Glaubensgespräch zu führen. Nicht selten trifft man auf die Vorstellung eines Richtergottes, der dem Menschen seinem Leben gemäß auch mal einen Denkzettel verpaßt, damit er wieder zur Besinnung kommt. Ruft Gott durch die Krankheit den Menschen zur Besinnung, wirkt er durch sie, oder straft er durch sie?

Die Antwort auf diese Fragen wird unterscheiden müssen zwischen zwei Arten von religiös-theologischen Sätzen. Die Sätze können in der Wortwahl vollkommen identisch sein. Entscheidend ist nur, wer sie formuliert: der Sterbende oder der Seelsorger. Ein Sterbender kann in seiner Leidenslage behaupten, daß Gott eine Krankheit geschickt und daß demzufolge die Krankheit einen Sinn hat. Dies hat Elemente eines Bekenntnisses. Es kann nicht Aufgabe des Seelsorgers sein, eine solche Sinninterpretation um einer irgendwie gearteten Dogmatik willen zu zerstören. Es ist nicht angemessen, auf Grund des eigenen theologischen Wissens vorschnell abzuwehren und die Absurdität oder Falschheit solcher Ideen nachweisen zu wollen. Wer einer solchen Haltung auf dem Krankenbett begegnet, kann ihr nur seinen Respekt bezeugen.

Auf der anderen Seite kann eine solche Aussage der Interpretationsversuch eines Außenstehenden, etwa des Seelsorgers, sein. Dann ist sie nicht mehr ein Bekenntnis aus der Krankheit heraus, sondern eine Behauptung in die Krankheit hinein. Dies ist nicht nur theologisch fragwürdig. Wir können dem Sterbenden allenfalls dadurch Begleiter werden, daß wir versuchen herauszufinden, wie in diesem konkreten Menschen, der mir hier und jetzt gegenübersitzt, ein solches Gottesbild hatte entstehen können. Erst wenn wir aufgespürt haben, welche Erfahrungen dieser Mensch an Mißerfolgen und Rückschlägen schon durchlitten hat, erst wenn diese zugelassen und herausgelassen sind, ist eine angemessene Situation geschaffen, in dieses Dunkel theologisch Licht hineinzubringen, vorher nicht!

Wo die Basis der Gemeinsamkeit des Glaubens nicht gegeben ist, geht es dennoch um des Seelsorgers Authentizität. Alles weitere sollte sich aus der Begegnung entwickeln. Es kann in einer solchen Situation nicht um Bekehrung gehen. Wir müssen dem Patienten auch die Freiheit des Unglaubens oder eines für uns „unmöglichen" Glaubens lassen.

Gläubige Begleitung schließt die Zuversicht ein, daß letztlich Gott selbst es ist, der alles heil macht. Damit sind wir nicht aus der Verantwortung entlassen, aber wir müssen unsere Rolle und unsere Urteile relativieren. Dieses Verständnis hilft, sich nicht durch scheinbare Erfolglosigkeit oder Widerstände entmutigen zu lassen. Gott sendet Trost oft abseits menschlichen Bemühens und auch dort, wo Menschen es nicht vermuten. Das entlastet, denn wir haben nichts zu Ende zu bringen – dies ist Aufgabe des Heiligen Geistes. Wir müssen damit leben lernen, etwas nach menschlichen Maßstäben nicht geschafft zu haben.

Immer wieder taucht im Zusammenhang der Sterbebegleitung die Frage nach der Hoffnung im Angesicht des Todes auf. Hoffnung ist für mich eine theologische Kategorie. Hoffnung ist nicht in erster Linie ein Begriff oder Phänomen, sondern eine Person: Jesus Christus.

Von Jesus Christus aus können wir das entwickeln, was wir Hoffnung nennen. Auf die Frage nach der Hoffnung im Angesicht des Todes gibt es keine Antwort im allgemeingültigen Sinn, es gibt immer die je eigene Antwort, oder auch nicht. Eine Antwort, die sich als Resultat eines gelebten Lebens darstellt.

Entscheidend ist, daß die Antwort, die gegeben wird, authentisch ist, das heißt, daß sie mit dem Antwortenden auch übereinstimmt. Wenn man etwas als Antwort oder Hoffnung „verkauft", was einem selbst nicht Antwort oder Hoffnung ist, darf man sich nicht wundern, daß der, dem die Antwort gegeben wird, ohne Antwort beziehungsweise Hoffnung bleibt.

Hoffnung im Angesicht des Todes nimmt die Ereignisse von Karfreitag und Ostern auf. Karfreitag steht für Tod, Ostern für Hoffnung. So könnte man also schnell die Frage klar beantworten: Es gibt Hoffnung wider den Tod, nämlich die Auferstehung Jesu. Damit wurde der Tod nicht aus der Welt geschafft, aber überwunden. Aber so einfach läßt sich die Frage nicht beiseite legen. Da gibt es einige Voraussetzungen, die ja nicht alle Menschen, die wir begleiten, teilen müssen. Zunächst hat dies zur Voraussetzung, daß ich Christ bin. Dann hat es die Voraussetzung, daß ich an die Auferstehung glauben kann als ein Ereignis, das in der Tat den Tod bezwungen hat. Der Theologe und Widerständler Dietrich Bonhoeffer konnte, kurz bevor er hingerichtet wurde, sagen: „Dies ist das Ende, für mich der Beginn des Lebens." Seine Hoffnung bestand in dem Wissen, daß Christus nicht für sich allein auferstanden ist, sondern der Erstling aller Entschlafenen ist, die mit ihm auferstehen werden. Mit diesem Wissen ging er dem bevorstehenden Tod gelassen entgegen.

Hoffnung gewinnen wir nicht im bloßen Reagieren (hier das Kämpfen gegen den Tod), sondern vielmehr im Agieren. Das heißt, erst da, wo wir den Tod als Bestandteil unseres Lebens akzeptieren, ihn als sinnvolle Begrenzung des Lebens in unser Leben hineinnehmen, beginnen wir, gegen den Tod zu leben, genauer: das Leben zu leben. Im nächsten Kapitel versuche ich zu zeigen, daß zu allen Zeiten das Bedenken des Todes sich als Gewinn für das Leben offenbarte. Das heißt dann nicht, den Tod irgendwie wegzudenken, als gäbe es ihn nicht, sondern im Gegenteil: Hoffnung im Angesicht des Todes heißt, dem Tod ins Auge sehen können, und zwar so, daß er seine angsteinflößende Mächtigkeit uns gegenüber verliert. Deshalb bleibt er dennoch da.

Daneben ist Hoffnung auch eine bestimmte Haltung. Habe ich diese Haltung zeitlebens nicht eingeübt, wird es mir auch nicht gelingen, im Angesicht des Todes eine Hoffnung wider den Tod und über den Tod hinaus zu gewinnen. Viele Sterbende wünschen sich zu Recht ein Sterben in Würde. Ein Sterben in Würde ist am ehesten dann möglich, wenn ihm ein würdevolles Leben vorangegangen ist. Diese Hoffnung, die beständigste von allen, steht allen Menschen offen. Sie liegt im Sinn, den wir unserem Leben bisher gegeben haben. Die Würde, die wir im Sterben suchen, müssen wir in der Würde finden, mit der wir gelebt haben. Nicht in den letzten Wochen und Tagen entsteht das Vermächtnis unseres Lebens, sondern in den langen Jahrzehnten, die ihnen vorangegangen sind. Hoffnung im Angesicht des Todes leitet sich ganz wesentlich aus der Gestaltung des Lebens her, und inwieweit ich diesem Leben einen Sinn geben kann beziehungsweise Sinn erfahre. Sinn haben heißt, Zukunft haben zu können, und das heißt, hoffen zu können.

Hoffnung darf einem Sterbenden nie genommen werden. Sie gibt es auch nach der Diagnosemitteilung. Doch das, worauf gehofft wird, verändert sich im Laufe des Sterbeprozesses. Hofft der Sterbende am Anfang vielleicht, daß die Diagnose falsch war, mag sich die Hoffnung später dahingehend ändern, daß er schmerzfrei bleibt oder wird. Am Ende der „Hoffnungskette" steht häufig der Wunsch, nicht alleine sterben zu müssen. Diesem letzten Wunsch sollte man auf jeden Fall nachkommen. Hier spielen die Sterbebegleiter, mithin entsprechende Besuchsdienste der Gemeinde, eine große Rolle. Der 23. Psalm liefert eine wichtige Deutung. Der Beter kann formulieren, daß der Herr sein Hirte sei. Er kommt zu dieser Ansage der Geborgenheit und des Aufgehobenseins, obwohl er selbst Not leidet. Die Formulierung vom finsteren Tal spielt auf eine entsprechende Notsituation an.

Und ob ich schon wanderte im finstern Tal, fürchte ich kein Unglück, denn Du bist bei mir. Dein Stecken und Stab trösten mich.

Der Beter fürchtet trotz der Not kein Unglück, weil er in dieser Not nicht alleine ist: Denn Du bist bei mir. Dieses Dasein in der Not ist für den Beter die Grundlage seines Geborgenseins, nicht die Aufhebung der Not an sich. Es bleibt immer Hoffnung, die zu teilen man bereit sein sollte, und wenn es die der Nähe ist.

Einige biblische Texte haben die Menschen in der Sterbebegleitung immer wieder inspiriert:

Ars moriendi: Trost durch Geduld

76

Herr, du bist unsre Zuflucht für und für. Ehe denn die Berge wurden und die Erde und die Welt geschaffen wurden, bist du, Gott, von Ewigkeit zu Ewigkeit. Der du die Menschen lässest sterben und sprichst: Kommt wieder, Menschenkinder! Denn tausend Jahre sind vor dir wie der Tag, der gestern vergangen ist, und wie eine Nachtwache. Du lässest sie dahinfahren wie einen Strom, sie sind wie ein Schlaf, wie ein Gras, das am Morgen noch sproßt, das am Morgen blüht und sproßt und des Abends welkt und verdorrt. Das macht dein Zorn, daß wir so vergehen, und dein Grimm, daß wir so plötzlich dahin müssen. Denn unsre Missetaten stellst du vor dich, unsre unerkannte Sünde ins Licht vor deinem Angesicht. Darum fahren alle unsre Tage dahin durch deinen Zorn, wir bringen unsre Jahre zu wie ein Geschwätz. Unser Leben währet siebzig Jahre, und wenn's hoch kommt, so sind's achtzig Jahre, und was daran köstlich scheint, ist doch nur vergebliche Mühe; denn es fähret schnell dahin, als flögen wir davon. Wer glaubt's aber, daß du so sehr zürnest, und wer fürchtet sich vor dir in deiner Grimm? Lehre uns bedenken, daß wir sterben müssen, auf daß wir klug werden. Herr, kehre dich doch endlich wieder zu uns und sei deinen Knechten gnädig! Fülle uns frühe mit deiner Gnade, so wollen wir rühmen und fröhlich sein unser Leben lang. Erfreue uns nun wieder, nachdem du uns so lange plagest, nachdem wir so lange Unglück leiden. Zeige deinen Knechten deine Werke und deine Herrlichkeit ihren Kindern. Und der Herr, unser Gott, sei uns freundlich und fördere das Werk unsrer Hände bei uns. Ja, das Werk unsrer Hände wollest du fördern!

Jene S. 70f. abgedruckte Meditation gibt einen Interpretationsstrang wieder, den viele Menschen in der Hospizarbeit äußern. Da Hospiz auch durch Öffentlichkeitsarbeit so wirken will, daß sich gesellschaftlich das Bewußtsein zu Sterben und Tod verändert, muß im Sinne dieses Psalms deutlich gemacht werden, daß das eigene Sterben immer wieder bedacht werden solle, um vom Bedenken des Sterbens das Leben zu gewinnen. Was am Ende des Lebens keinen Bestand haben wird, kann auch heute nicht bedeutend sein. Von daher muß ich es erst nicht ein Leben lang mit mir herumschleppen, sondern kann es schon jetzt als Ballast ablegen. Doch dazu muß das Sterben heute bedacht werden.

Daneben ruft diese Auslegung zu Psalm 90 zum konkreten seelsorgerischen Handeln auf: „Was wir in die Zukunft verlagern, kann verlorengehen. Jedenfalls macht es unsere Gegenwart arm: Liebe und

Güte, die uns für übermorgen in Aussicht gestellt werden, können uns heute nicht wärmen." Schnell kommen dabei jene Texte in den Sinn, die von dem kommenden Herrn reden, dessen Ankunftszeit wir aber nicht wissen. Was wir bis dahin nicht fertig haben, kann nicht mehr vollendet werden. Was wir bis dahin an Barmherzigkeit nicht geschenkt haben, kann uns dann nicht angerechnet werden. Der Mensch, der der Barmherzigkeit bedurfte, sie aber nicht erfahren hat, wird zum Richtmaß.

Matthäus 25, 31–46

Wenn aber der Menschensohn kommen wird in seiner Herrlichkeit, und alle Engel mit ihm, dann wird er sitzen auf dem Thron seiner Herrlichkeit, und alle Völker werden vor ihm versammelt werden. Und er wird sie voneinander scheiden, wie ein Hirt die Schafe von den Böcken scheidet, und wird die Schafe zu seiner Rechten stellen und die Böcke zur Linken. Da wird dann der König sagen zu denen zu seiner Rechten: Kommt her, ihr Gesegneten meines Vaters, ererbt das Reich, das euch bereitet ist von Anbeginn der Welt! Denn ich bin hungrig gewesen, und ihr habt mir zu essen gegeben. Ich bin durstig gewesen, und ihr habt mir zu trinken gegeben. Ich bin ein Fremder gewesen, und ihr habt mich aufgenommen. Ich bin nackt gewesen, und ihr habt mich gekleidet. Ich bin krank gewesen, und ihr habt mich besucht. Ich bin im Gefängnis gewesen, und ihr seid zu mir gekommen. Dann werden ihm die Gerechten antworten und sagen: Herr, wann haben wir dich hungrig gesehen und haben dir zu essen gegeben? oder durstig und haben dir zu trinken gegeben? Wann haben wir dich als Fremden gesehen und haben dich aufgenommen? oder nackt und haben dich gekleidet? Wann haben wir dich krank oder im Gefängnis gesehen und sind zu dir gekommen? Und der König wird antworten und zu ihnen sagen: Wahrlich, ich sage euch: Was ihr getan habt einem von diesen meinen geringsten Brüdern, das habt ihr mir getan. Dann wird er auch sagen zu denen zur Linken: Geht weg von mir, ihr Verfluchten, in das ewige Feuer, das bereitet ist dem Teufel und seinen Engeln! Denn ich bin hungrig gewesen, und ihr habt mir nicht zu essen gegeben. Ich bin durstig gewesen, und ihr habt mir nicht zu trinken gegeben. Ich bin ein Fremder gewesen, und ihr habt mich nicht aufgenommen. Ich bin nackt gewesen, und ihr habt mich nicht gekleidet. Ich bin krank und im Gefängnis gewesen, und ihr habt mich nicht besucht. Dann werden sie ihm auch antworten und sagen: Herr, wann haben wir dich hungrig oder durstig gesehen oder als Fremden oder nackt oder krank oder im Gefängnis und haben dir nicht gedient? Dann wird er ihnen antworten und sagen: Wahrlich, ich sage euch: Was ihr nicht getan habt einem von diesen Geringsten, das habt ihr mir auch nicht getan. Und sie werden hingehen: diese zur ewigen Strafe, aber die Gerechten in das ewige Leben.

In dieser Linie liegt das von Cicely Saunders immer wieder erwähnte Gleichnis vom Weltgericht. Es war zeitlebens die Begründung ihres Arbeitens. Zwar taucht die Sorge um die Sterbenden darin nicht explizit auf, doch der Vers 36, „Ich bin krank gewesen, und ihr habt mich besucht", verlängert sich für Saunders zur Sorge um die Sterbenden, die ja als krank zum Tode bezeichnet werden können. Ausgehend von diesem Gleichnis, entwickelte sich im Mittelalter ein Bewußtsein für die „sieben Werke der Barmherzigkeit" – eines davon ist der Krankenbesuch.[64] Hier können wir uns als Nachfolger Christi nicht heraustellen. Jesus identifiziert sich mit dem Kranken – „was ihr getan habt einem meiner geringsten Brüder, das habt ihr mir getan" – und weist unmißverständlich auf den Krankenbesuch als Pflicht christlicher Nächstenliebe. Auch die Kirche hat mit unterschiedlich starkem Bezug auf diese Stelle die Sorge für die Kranken als eine ihrer Pflichten angesehen. So nimmt es nicht wunder, daß Krankenhäuser lange Zeit Gründungen von Ordensgemeinschaften waren und in erster Linie Nonnen, später im evangelischen Raum auch Diakonissen, ihr Leben in den Dienst der Krankenpflege gestellt haben.[65]

Johannes 13, 1–20

Vor dem Passafest aber erkannte Jesus, daß seine Stunde gekommen war, daß er aus dieser Welt ginge zum Vater; und wie er die Seinen geliebt hatte, die in der Welt waren, so liebte er sie bis ans Ende. Und beim Abendessen, als schon der Teufel dem Judas, Simons Sohn, dem Iskariot, ins Herz gegeben hatte, ihn zu verraten, Jesus aber wußte, daß ihm der Vater alles in seine Hände gegeben hatte und daß er von Gott gekommen war und zu Gott ging, da stand er vom Mahl auf und nahm einen Schurz und umgürtete sich. Danach goß er Wasser in ein Becken, fing an, den Jüngern die Füße zu waschen, und trocknete sie mit dem Schurz, mit dem er umgürtet war. Da kam er zu Simon Petrus; der sprach zu ihm: Herr, solltest du mir die Füße

waschen? Jesus antwortete und sprach zu ihm: Was ich tue, das ver-
stehst du jetzt nicht; du wirst es aber hernach erfahren. Da sprach
Petrus zu ihm: Nimmermehr sollst du mir die Füße waschen! Jesus
antwortete ihm: Wenn ich dich nicht wasche, so hast du kein Teil an
mir. Spricht zu ihm Simon Petrus: Herr, nicht die Füße allein, son-
dern auch die Hände und das Haupt! Spricht Jesus zu ihm: Wer ge-
waschen ist, bedarf nichts, als daß ihm die Füße gewaschen werden;
denn er ist ganz rein. Und ihr seid rein, aber nicht alle. Denn er
kannte seinen Verräter; darum sprach er: Ihr seid nicht alle rein. Als
er nun ihre Füße gewaschen hatte, nahm er seine Kleider und setzte
sich wieder nieder und sprach zu ihnen: Wißt ihr, was ich euch ge-
tan habe? Ihr nennt mich Meister und Herr und sagt es mit Recht,
denn ich bin's auch. Wenn nun ich, euer Herr und Meister, euch die
Füße gewaschen habe, so sollt auch ihr euch untereinander die Füße
waschen. Ein Beispiel habe ich euch gegeben, damit ihr tut, wie ich
euch getan habe. Wahrlich, wahrlich, ich sage euch: Der Knecht ist
nicht größer als sein Herr und der Apostel nicht größer als der, der
ihn gesandt hat. Wenn ihr dies wißt – selig seid ihr, wenn ihr's tut.
Das sage ich nicht von euch allen; ich weiß, welche ich erwählt
habe. Aber es muß die Schrift erfüllt werden: „Der mein Brot ißt, tritt
mich mit Füßen." Jetzt sage ich euch, ehe es geschieht, damit ihr,
wenn es geschehen ist, glaubt, daß ich es bin. Wahrlich, wahrlich, ich
sage euch: Wer jemanden aufnimmt, den ich senden werde, der
nimmt mich auf; wer aber mich aufnimmt, der nimmt den auf, der
mich gesandt hat.

Diese Bibelstelle gewinnt an Bedeutung, weil dort die Berührung
als ein möglicher Dienst entdeckt wird: die Haltung Jesu bei der Fuß-
waschung. Jesus spricht: „Wenn nun ich, euer Herr und Meister, euch
die Füße gewaschen habe, so sollt auch ihr euch untereinander die
Füße waschen. Ein Beispiel habe ich euch gegeben, damit ihr tut, wie
ich euch getan habe." (V. 14f.) Dieser Abschnitt liegt auf der Linie von
Matthäus 25: Sofern die Jünger Jesu heilenden Umgang mit Menschen weiterführen, führen sie das Werk ihres Meisters aus. Er ist im
Nächsten zu finden.

5. Mose 10, 18–20

... und schafft Recht den Waisen und Witwen und hat die Fremdlin-
ge lieb, daß er ihnen Speise und Kleider gibt. Darum sollt ihr auch
die Fremdlinge lieben; denn ihr seid auch Fremdlinge gewesen in

Ägyptenland. Den Herrn, deinen Gott, sollst du fürchten, ihm sollst du dienen, ihm sollst du anhangen und bei seinem Namen schwören.

Doch schon das ganze Alte Testament weist uns in die Sorge um den Nächsten ein. Es hat immer wieder die Liebe Gottes zu seinem Volk zum Thema, die sich in seiner Treue ausdrückt. Diese steht aber selten für sich da, sondern muß verlängert werden in die Fürsorge untereinander, insbesondere als die Sorge um die schwächeren Mitglieder der Gemeinschaft. „(Gott) schafft Recht den Waisen und Witwen und hat die Fremdlinge lieb, daß er ihnen Speise und Kleider gibt. Darum sollt ihr auch die Fremdlinge lieben; denn ihr seid auch Fremdlinge gewesen in Ägyptenland."

Von guten Mächten wunderbar geborgen

Sterben und Tod in der Praxis pietatis *

Hilf, o Herr Jesu, hilf du mir, daß ich noch heute komm zu dir, und Buße tu den Augenblick, eh mich der schnelle Tod hinrückt, auf daß ich heut und jederzeit zu meiner Heimfahrt sei bereit.

Anweisungen zur Vorbereitung auf ein heilsames Sterben: Ars moriendi, die Kunst des Sterbens, in der Geschichte der Kirche[66]

Die Theologie, so wird allenthalben beklagt, zieht immer mehr aus der Kirche aus. Kirchliches Engagement wird zunehmend soziales Engagement, ohne auf den Ursprung kirchlichen Handelns zurückzublicken. Das ist auch in der Sterbebegleitung zu beobachten. Diesem Trend zu folgen ist gerade hier unangebracht, denn es hat sich deutlich gezeigt, daß sterbende Menschen neben den unterschiedlichsten Bedürfnissen auch das nach geistlicher und spiritueller Begleitung haben. Die spirituelle Dimension innerhalb des Sterbeprozesses darf nicht unterschätzt werden. Selbst wenn nicht sofort explizit Fragen nach Gott oder dem Glauben gestellt werden, so bewegen sich die Gespräche oftmals um diese Themen. Als Besuchsdienst einer Gemeinde haben wir zudem nach wie vor mit christlich geprägten und sozialisierten Menschen zu tun, die in der Tradition christlicher und kirchlicher Texte leben und von ihnen her ihre Kraft zum Leben und zum Sterben beziehen. Ihnen diese vorzuenthalten ist durch nichts gerechtfertigt.

Es hat sich eine Scheu im Gebrauch von christlichen Texten breitgemacht aus Sorge, jemanden „zu missionieren", oder aus Sorge, damit die persönliche Note der Begegnung zu nehmen. Es ist eine Frage des Umgangs, der den Segen oder das Unbehagen bestimmt.

---

* Praxis der Frömmigkeit; gelebte Frömmigkeit

Texte als „Waffe" in einer anscheinend nicht zu beherrschenden Situation oder gar als Durchhalteparole zu benutzen wird einzig offenbaren, daß man sich nicht wirklich in der Nähe des Patienten befindet. Wo dieser Text vom Patienten selbst „eingefordert" oder wo er als Sprach- oder Ausdruckshilfe die Beziehung und das Gespräch des Patienten mit seinem Begleiter befruchten kann, wird er sich als segensreich erweisen.

Die Beschäftigung mit Texten aus der seelsorgerischen und liturgischen Tradition der Kirche kann sehr hilfreich sein, da sich für die Sterbesituation ein reiches Brauchtum aus kirchlicher und Volksfrömmigkeit herausgebildet hat, das für nicht wenige Menschen bis heute von Bedeutung ist. Geistliche Bedürfnisse können so wahrgenommen werden, und auch selbst wird man an diesem Punkt sprachfähiger. Dazu sollte man sich verschiedene Texte zu eigen machen. Nicht im Sinne eines Lernens, um sie parat zu haben, sondern indem man aufspürt, wo sie einen selbst ansprechen. Dann wird man sie auch nicht lernen müssen, sondern sie als „den zu mir gehörenden Text" erinnern.

Die hier vorgestellten Texte sollen exemplarisch in die Gedanken- und Verstehenswelt verschiedener Zeiten einführen, in der Hoffnung, ein Gefühl für die jeweilige Befindlichkeit zu bekommen. Davon ausgehend, möge ein Prozeß in Gang kommen, der nach der entsprechenden Auseinandersetzung heute fragt und so nach geeigneten eigenen Bildern und Texten in der Seelsorge an Sterbenden jetzt führt. Dann ist es nur folgerichtig, wenn neben der vorgeschlagenen eine eigene Sammlung angelegt wird. Sie trägt durch die Auswahl Ihre „Handschrift". Ermutigt und gestärkt durch die Auseinandersetzung und die Beispiele aus der Kirchengeschichte und mit zunehmender eigener Erfahrung, mögen Sie entdecken, daß der Gang zu den Sterbenskranken nicht notwendig beschwerlich ist.

Martin Luther hat sich immer wieder zum Krankenbesuch geäußert und diesen theologisch begründet. Er wollte die Menschen seiner Zeit ermutigen, diese Besuche abzustatten. In einer Schrift mit dem Titel „Ob man vor dem Sterben fliehen möge", die 1527 entstand, ist wohl die geschlossenste Äußerung Luthers zum Krankenbesuch zu finden. Der Titel ist wörtlich gemeint. Angesichts der sich ausbreitenden Pest, verließen die Menschen ihre Städte und ließen ihre Kranken ohne Beistand zurück. Viele Pfarrer empfanden dies als ein Problem und stellten sich und Luther die Frage, ob man vor dem Sterben fliehen dürfe. Luthers Antwort zeigt unmißverständlich den Weg zwischen Feigheit und Fatalismus. Der Glaube gibt die Freiheit zum Handeln, die Liebe aber die Freiheit zum Leiden.[67] Seine Ausführungen bekommen dadurch Überzeugungskraft, daß er, als die Pest in Wittenberg ausbrach, in der Stadt blieb und seinen Arbeiten, darunter auch der Seelsorge an den Bedürftigen, selbstverständlich nachkam. Er schreibt:

Das weiß ich aber wohl: Wenn Christus selbst oder seine Mutter jetzt etwa krank lägen, da wäre jeder so andächtig, daß er gerne Diener und Helfer sein wollte. Da wäre jeder kühn und keck, niemand wollte fliehen, sondern alles herzulaufen. Und sie hören doch nicht, daß er selbst sagt: „Was ihr den Geringsten tut, das tut ihr mir selbst." (Matth. 25,40) Und wo er vom ersten Gebot spricht, sagt er: „Das andere Gebot ist dem gleich: Du sollst deinen Nächsten lieben wie dich selbst." (Matth. 22,39) Da hörst du, daß das Gebot der Liebe zum Nächsten dem ersten Gebot gleich sei, der Liebe zu Gott; und was du seinem Nächsten gegenüber tust oder unterläßt, soll soviel wie Gott selbst gegenüber getan und unterlassen heißen.

Willst du nun Christus selbst dienen und ihn pflegen, wohlan, so hast du da vor dir deinen kranken Nächsten. Gehe hin zu ihm und diene ihm, so findest du gewiß Christus an ihm, nicht nach der Person, sondern in seinem Wort. Willst und magst du aber deinem Nächsten nicht dienen, so glaube fürwahr: Wenn Christus selbst da wäre, du tätest auch genauso und ließest ihn liegen. Es ist nichts bei dir als nur falsche Gedanken, die dir eine unnütze Einbildung machen, wie du Christus dienen würdest, wenn er da wäre. Es sind alles Lügen. Denn wer Christus leiblich dienen würde, der dient seinem Nächsten auch gut.[68]

Dem Sterbenden selbst gibt Luther schon 1519 in seinem „Sermon von der Bereitung zum Sterben" Empfehlungen, um dem Sterben ins Auge sehen zu können. Dabei spielt, wie in den meisten Texten auch anderer Autoren, die Zusage der Nähe Gottes als Vergewisserung, nicht allein sterben zu müssen, eine große Rolle. Kein Christenmensch soll an seinem Ende daran zweifeln,

daß er nicht allein sei in seinem Sterben. Sondern er soll gewiß sein, daß nach der Aussage des Sakraments auf ihn gar viele Augen sehen. Zum ersten Gottes selber und Christi, weil er seinem Wort glaubt und es einem Sakrament anhängt; danach die lieben Engel, die Heiligen und alle Christen. Denn da ist kein Zweifel, wie das Sakrament des Altars zeigt, daß die allesamt wie ein ganzer Körper zu seinem Glied hinzulaufen, helfen ihm den Tod, die Sünde, die Hölle überwinden und tragen alle mit ihm. Da ist das Werk der Liebe und die Gemeinschaft der Heiligen im ernst und gewaltig im

Gange, und ein Christenmensch soll es sich vor Augen halten und keinen Zweifel daran haben; woraus er dann den Mut schöpft zu sterben. Aber wer daran zweifelt, der glaubt nicht an das hochwürdige Sakrament des Leibes Christi, in dem gezeigt, zugesagt, versichert wird die Gemeinschaft, Hilfe, Liebe, Trost und Beistand aller Heiligen in allen Nöten. Denn wenn du glaubst an die Zeichen und Worte Gottes, so hat Gott ein Auge auf dich, wie er sagt Ps. 32,8: „Firmabo und so weiter. Ich will meine Augen stets auf dich haben, daß du nicht untergehest." Wenn aber Gott auf dich sieht, so sehen ihm nach alle Engel, alle Heiligen, alle Kreaturen; und wenn du in dem Glauben bleibst, so halten sie alle die Hände unter. Geht deine Seele aus, so sind sie da und empfangen sie, du kannst nicht untergehen. Das ist bezeugt von Elisa 2. Kön. 6,16, der zu seinem Knecht sprach: „Fürchte dich nicht, ihrer sind mehr mit uns denn mit ihnen", wo doch die Feinde sie umringt hatten und sie niemand anderen sahen. Aber Gott tat dem Knecht die Augen auf, da war um sie ein großer Haufe feuriger Pferde und Wagen. So ist es auch gewiß um einen jeden, der Gott glaubt. Da gehen dann die Sprüche her, Ps. 34,8: „Der Engel Gottes wird sich eindrängen rings um die, die Gott fürchten, und wird sie erlösen"; Ps. 125,1f.: „Welche Gott vertrauen, die werden unbeweglich sein wie der Berg Zion. Er wird ewiglich bleiben. Hohe Berge (das sind Engel) sind in seinem Umkreis, und Gott selber umringt sein Volk von nun an bis in Ewigkeit"; Ps. 91,11-16: „Er hat seinen Engeln dich befohlen. Auf den Händen sollen sie dich tragen und dich bewahren, wo du hingehst, daß du nicht stoßest deinen Fuß an irgendeinen Stein. Auf der Schlange und dem Basilisken sollst du gehen, und auf den Löwen und Drachen sollst du treten (das ist, alle Stärke und List des Teufels werden dir nichts tun). Denn er hat in mich vertraut. Ich will ihn erlösen, ich will bei ihm sein in allen seinen Anfechtungen, ich will ihm heraushelfen und ihn zu Ehren setzen. Ich will ihn voll machen mit Ewigkeit. Ich will ihm offenbaren meine ewige Gnade." Ebenso spricht auch der Apostel, daß die Engel, deren unzählig viele sind, allzumal dienstbar sind und ausgeschickt werden um derer willen, die da selig werden. (Hebr. 1,14)
Dies sind alles große Dinge, wer kann's glauben? Darum soll man wissen, daß das Gottes Werke sind, die größer sind, als jemand denken kann, und die er doch wirkt in solchem kleinen Zeichen der Sakramente, damit er uns lehre, ein wie großes Ding sei ein rechter Glaube an Gott.[69]

Die Beschäftigung, genauer, der Hinweis darauf, sich auf sein Sterben vorzubereiten und zu wissen, was in der Sterbestunde zu tun und zu lassen ist, ist vor dem Hintergrund einer Zeit zu verstehen, in der der Tod allgegenwärtig ist: Kriege und Fehden, Seuchen und Hungersnöte, Kindersterblichkeit und geringe Lebenserwartung. Im Glauben verwurzelt war die Auffassung, daß die sittliche Verfassung des Menschen sein ewiges Geschick in der Todesstunde bestimmen wird. Von daher nimmt die große Angst vor einem jähen, unvorbereiteten Tod in dieser Zeit nicht wunder.

Da die Todesstunde ungewiß ist, man aber ewiges Leben erlangen wollte, konnte dies nur heißen, daß schon mitten im Leben bedingungslos gottgemäß gelebt werden müsse. Dies galt es, den Gläubigen nahezubringen und zu verdeutlichen, daß das Leben nur vom Bedenken des Sterbens zu gewinnen ist. Denn im Nachdenken über die Unausweichlichkeit des Todes wird deutlich, daß die Lebenszeit begrenzt ist und sie daher auszukaufen und nach dem Willen Gottes zu gestalten sei. Die materiellen Güter sind nur von bedingtem Wert für das Leben. Dieses Wissen konnte die Anhänglichkeit an das Irdische mindern und so den Blick freilegen auf den eigentlichen Sinn menschlichen Lebens, nämlich auf das ewige Leben bei Gott. Ist diese Zielbestimmung klar, mußte die Annahme des Todes für den Gläubigen ein Leichtes sein. Mit solchem Nachdenken sollte nicht erst bis zur Sterbestunde gewartet werden, und so bemühten sich die Priester, schon die Gesunden für die letzte Stunde vorzubereiten. Eigens dazu wurden Anleitungen über die Kunst des heilsamen Sterbens geschrieben. Sie waren zunächst als pastorale Handreichungen für den Dienst der jungen Priester gedacht, um am Kranken- und Sterbebett sich recht verhalten zu können. Später wurden diese Anleitungen auch den Laien zugänglich gemacht, damit sie dem Sterbenden in geeigneter Weise beistehen können. Diese Verlagerung hatte verschiedene Gründe. So waren die Priester in den Zeiten großen Sterbens beispielsweise nicht mehr in der Lage, alle Sterbenden zu begleiten.

Handreichungen zur Vorbereitung auf das Sterben

Etwa 1100 In der Anselm von Canterbury (1034–1109) zugeschriebenen „Admonitio morienti et de peccatis suis nimium formidanti"

[Ermahnung für den Sterbenden, der sich seiner Sünden wegen allzusehr ängstigt] findet sich erstmalig eine Vorbereitung auf den Tod. Sie enthält Fragen, die als die „Anselmischen Fragen" bekannt und später immer wieder, teils verändert, aufgeführt werden. Sie sind als „Vorlage" für Mönche und Laien gedacht und haben als Kernstück die sogenannte „Große Mahnung". Darin wird mit Nachdruck zur Buße aufgerufen, ein Element, das auch in allen anderen Sterbebüchern wiederzufinden ist.

1478 erscheint in Straßburg das Lehrgedicht „Floretus". Es wird Bernhard von Clairvaux (1091–1153) oder Johannes von Garlande zugeschrieben. Diese Anweisung, insbesondere das Kapitel „De praeparatione ad mortem" [Über die Vorbereitung zum Tod] ist insofern interessant, als es eine wichtige Quelle für die Sterbekunst Johannes Gersons ist. Viele wichtige Ermahnungen, die sich auf die Vorbereitung zum Sterben beziehen, haben hier ihren Ort.

1403 Von Johannes Gerson (1363–1429) geht der Impuls zu einer neuen Literaturgattung aus, die unter dem Titel „Ars moriendi" [Die Kunst des Sterbens] in vielen Handschriften erscheint.

1403 verfaßt er sein Sterbebüchlein „De arte moriendi" einerseits mit dem Ziel, jenen, die Sterbenden beistehen wollen, eine Hilfe zu geben, andererseits als Anleitung zur Vorbereitung auf das eigene Sterben.

1404 wird „De arte moriendi" in das „Opusculum tripartitum" [Dreigeteiltes Werk] aufgenommen und erfährt dadurch weitere Bedeutung. Das „Opusculum tripartitum" ist eine Handreichung, in der Gerson drei Schriften als Material zur katechetischen Unterweisung zusammenstellte: eine Erklärung der Zehn Gebote, eine Gewissenserforschung mit Beichtanleitung und das Sterbebüchlein. Aus einem Begleitschreiben können wir entnehmen, für wen dieses Werk gedacht war:

Ich habe es für vorteilhaft gehalten, das folgende kleine dreigeteilte Werk über die Vorschriften, die Beichte und die Kunst des Sterbens so knapp wie möglich zu halten, zumal es vier Gruppen von Christen nützen soll. Erstens den ungebildeten und einfachen Priestern und Seelsorgern, die Beichte hören müssen. Zweitens all den ungelehrten Laien oder Mönchen, die an den üblichen Predigten oder Verkündigungen der Kirche zur Kenntnis der göttlichen Vorschriften nicht teilnehmen können. Drittens den Kindern und Jugendlichen, die von Beginn der Kindheit an zunächst in bezug auf den allgemeinen Inhalt und die grundlegenden Punkte unseres Glaubens unterrichtet werden müssen. Viertens den Personen, die

Gotteshäuser oder Krankenhäuser häufig besuchen und den Kummer der Kranken mittragen.[70]

Durch diesen Adressatenkreis und durch die Zuordnung des Sterbebüchleins in die grundlegende katechetische Unterweisung erfährt das „De arte moriendi" große Verbreitung und gelangt zu eigener Bedeutung. In den meisten Sterbebüchern, die nach dem „Opusculum tripartitum" des Gerson geschrieben werden, tauchen die Inhalte seiner Ars moriendi wieder auf. Sie gliedert sich nach der Einleitung in vier Hauptteile mit unterschiedlichen Anweisungen:

Der *erste* enthält vier Ermahnungen, die an den Kranken gerichtet sind. Zunächst wird die Sterblichkeit des Menschen vergegenwärtigt, dann an Gottes Wohltaten und an seine Barmherzigkeit erinnert mit der Aufforderung zum Dank für ein vorbereitetes Sterben. Die dritte Ermahnung beschreibt die Not der Krankheit als sündentilgendes Mittel, und die vierte enthält die Aufforderung, die Sorge um irdische Dinge Gott zu überlassen. Mit diesen Ermahnungen soll der Sterbende seine Leiden in einem größeren Horizont verstehen lernen, um in alledem letztlich einen Sinn sehen zu können. Nämlich den, das Sterben als Übergang in die ewige Heimat zu begreifen.

Der *zweite* Hauptteil enthält sechs Fragen, die sich auf die Bereitschaft des Sterbenden für unterschiedliche Angelegenheiten beziehen. So wird die Frage gestellt, ob er bereit sei, im Glauben zu sterben; ob er begangene Sünden erkenne und bereit sei, ihre Vergebung zu erbitten; ob er sein Leben bei einer möglichen Heilung bessern würde; ob er begangenes Unrecht wiedergutmachen würde und dergleichen. Diese Fragen weichen stark von den „Anselmischen Fragen" ab.

Im *dritten* Teil werden Gebete genannt, die wir uns als kurze Stoßgebete zu denken haben.

Richteten sich die ersten drei Teile direkt an den Kranken, so ist der *vierte* Teil als Hilfe für den Begleiter des Sterbenden gedacht. In ihm wird das Vorausgehende in die traditionelle Kranken- und Sterbeprovisur eingeordnet.[71] Das ist eine Praxis der Sterbebegleitung, die Handlungsanweisungen gibt, die sich seit dem frühen Mittelalter zur Vorbereitung der Sakramente für die Kranken und Sterbenden entwickelt haben.

Die Schrift Gersons läßt ein für uns wichtiges Thema erkennen. Ziel der Anleitung ist es, dem Sterbenden einen guten „Übergang" zu ermöglichen, indem alles, was daran hindern könnte, aus dem Weg geräumt wird. Dabei spielt die Hilfe des Begleiters im Sinne eines Freundschaftsdienstes keine unbedeutende Rolle. So wird dem

Begleiter neben der Sakramentenspendung (mit dem dazu notwendigen Geistlichen) eine eigene Funktion eingeräumt.

1420/1430 Die Bilderars der fünf Anfechtungen besteht aus ursprünglich 24 Blättern. Elf Blätter sind mit Bildern bedruckt, denen auf weiteren elf Blättern entsprechende Texte beigefügt wurden. Der Text diente der Erläuterung des Bildes oder wurde mit einer passenden Bibelstelle gewissermaßen kommentiert. Die Vorrede zu diesem sogenannten Blockbuch[72] umfaßt zwei Seiten. Mit dieser Form der „Bilderars" konnten sich Menschen, die nicht lesen konnten, auf das Sterben vorbereiten.

Die Bilderars stellt die fünf Anfechtungen des Teufels in der Todesstunde dar, denen fünf Bilder der Engel gegenüberstehen, die mit ihren Einsprechungen vor den Anfechtungen der Teufel bewahren wollen. Die Themen der fünf Anfechtungen mit den entsprechenden Gegenhaltungen sind: Glaubenszweifel – Aufruf zum Glauben. Verzweiflung – Ruf zur Hoffnung. Ungeduld – Ermahnung zur Geduld. Selbstüberheblichkeit – Mahnung zur Demut. Habsucht, Geiz – Aufforderung zum Weltverzicht und zur Weltverleugnung. Im letzten Bild wird die Todesstunde gezeigt.

Auf jedem Bild ist der Sterbende zu sehen, wie er im Bett liegend von Teufeln, Engeln, Heiligen und dem Inhalt der Bilder entsprechenden anderen Personen umgeben ist. Die Bilder sind in diesem Buch abgebildet.

1482 veröffentlicht der Straßburger Prediger Johann Geiler von Kaysersberg (1445–1510) das Buch „Wie man sich halten soll bei einem sterbenden Menschen". Schon der Titel macht deutlich, daß das Buch als eine Hilfe für die gedacht war, die andere im Sterben begleiten wollen. Daneben will es hilfreich sein für die, die selbst die Kunst, gut zu sterben, lernen wollen. Dieses Buch ist eine deutsche Bearbeitung von Gersons Opus tripartitum.

Gemeinsamkeiten

Die oben vorgestellten Schriften können nur grob Eckpfeiler in der Entwicklung der Ars moriendi anzeigen. Schon bald war eine Vielfalt von Sterbebüchlein zu finden. Trotz mancher Unterschiede sind nach Form und Inhalt einige tragende Gedanken zu finden.

Ars moriendi: Versuchung durch Hochmut

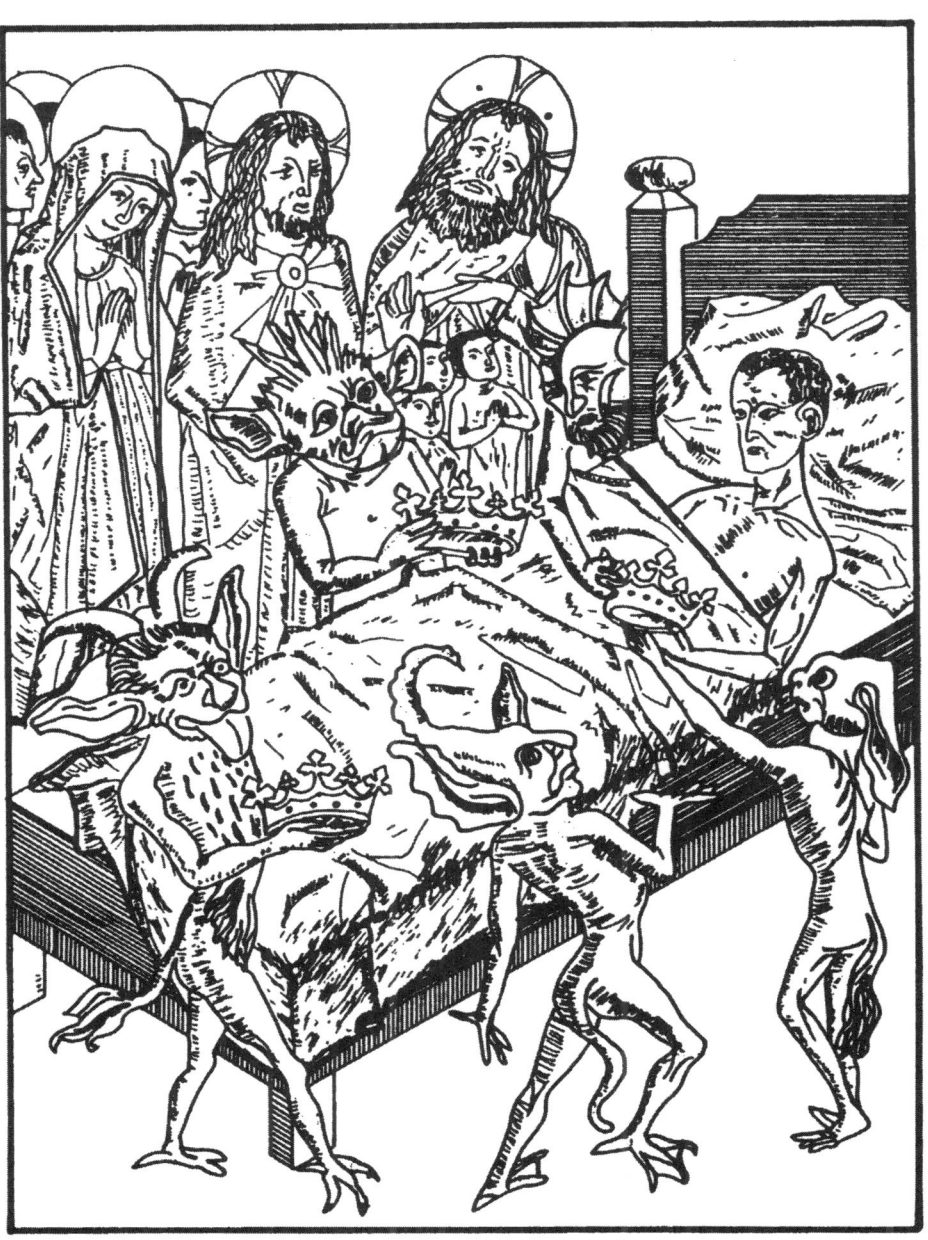

1. Ein Element stellt die Todesbetrachtung dar. Hier werden verschiedene Tode erläutert und die Begründung des Todes als einer Folge aus der Sünde der Stammeltern dargelegt. Daneben wird darauf hingewiesen, daß die Todesstunde ungewiß ist und der Mensch sich deshalb rechtzeitig für das gottwohlgefällige Leben entscheiden müsse. Eine in diesem Sinne rechte Vorbereitung auf den Tod ist zum Beispiel der Weltverzicht.

2. Vier Teile aus dem Sterbebüchlein Gersons geben die zweite Gruppe von Formstücken an: Mahnungen, Fragen, Gebete, Anweisungen. Mit den Fragen soll die rechte Vorbereitung auf das Sterben ermittelt werden. Dabei waren die Fragen so gehalten, daß sie mit Ja oder Nein zu beantworten waren. Konnte der Sterbende die Fragen bejahen, war er für ein seliges Sterben vorbereitet.

Die Gebete erinnern an eine Litanei, in der der Sterbende sie an die unterschiedlichsten Adressaten zu richten hatte. Dabei galt es, neben Gott – Vater und Sohn – und Maria das Gebet insbesondere an die Schutz- und Sterbepatrone zu richten und in gleicher Weise an die Engel im allgemeinen und insbesondere an den eigenen Schutzengel.[73]

Das Formstück der Anweisungen richtet sich an den Sterbehelfer. Sie vermitteln zum Beispiel, wie man dem Kranken in der letzten Stunde helfen oder was zum Trost gereichen kann. Oder wie der Sterbende Anfechtungen unbeschadet überstehen kann. Der Sterbehelfer solle

durch Vorlesen, Vorbeten, Fragen, Ablenken von weltlichen Sorgen, Fernhalten der Familie aus dem Sterbezimmer, durch stellvertretendes Gebet, Sündenbekenntnis, Vorhalten von Kreuz und Heiligenbildern[74]

bei dem Sterbenden wirken,

damit des Sterbenden Seele Gott zugewandt sei und bleibe und er im Vertrauen auf Gott und den Tod Christi sterben könne.[75]

3. Erwähnung finden immer auch die Anfechtungen durch den Teufel. Diese sind in der Bilderars, die hier abgebildet ist, gut nachzuvollziehen.[76]

4. Ein zum Teil bis heute vorkommendes Element der Sterbevorbereitung ist die Nachahmung des Sterbens Christi. Dabei geht es darum, das Sterben Christi als Vorbild zu nehmen, wenn Anfechtungen einen übermannen wollen. Indem sich der Sterbende in das Leiden Christi versenkt, findet er nicht nur Trost, sondern auch eine Möglichkeit, die Anfechtungen zu überwinden.

Die Praxis der Kranken- und Sterbeprovisur

Das ist eine Praxis der Sterbebegleitung, die sich nicht an den erwähnten Handreichungen im Sinne bewußtseinsmäßiger Vorbereitung orientiert, sondern Handlungsvollzüge, die sich seit dem frühen Mittelalter zur Vorbereitung der Sakramente für die Kranken und Sterbenden entwickelt haben. Dabei handelt es sich weniger um einen praktisch-theologischen Entwurf als vielmehr um eine Vermengung aus liturgischer Tradition und Brauchtum, aus unterschiedlichen Riten, Gebeten und Katechesen, die zu einer Form gewachsen sind. Auch volkstümliche und abergläubische Elemente sind enthalten. Der ganze Ritus verfolgt das Ziel, den Sterbenden eine Orientierung in der Not des Sterbens zu geben. Zur Praxis der Kranken- und Sterbeprovisur gehören die Spendung der Sterbesakramente, das heißt das Bekenntnis der Sünde in der Beichte, das Viaticum [Gabe auf den Weg] als die letzte Kommunion und die Salbung mit Öl. Diese Sterbesakramente sind nach traditionellem Verständnis nötig, um ein gutes Sterben zu haben. Eingebunden ist dieser Akt in eine Fülle von Gebeten und Riten. So gehen der Sakramentsspendung Ermahnungen und Fragen voran, und die ganze Zeit über werden Gebete gesprochen, besonders der Gebetsbeistand der Commendatio animae [Anbefehlung der Seele] nach dem Sterben.

Schon im frühen Mittelalter läßt sich ein bestimmter Ablauf festmachen: Der Kranke und sein Zimmer werden beim Besuch des Priesters mit Weihwasser besprengt, dazu erfolgen Segnungen und liturgische Wechselgesänge. Die Spendung der Sakramente wird ergänzt durch die Rezitation der sieben Bußpsalmen (Ps 6, 32, 38, 51, 102, 130, 143), durch Ermahnungen und Fragen und Sprechen des Glaubensbekenntnisses. Später, seit etwa dem 11. Jahrhundert, wird dem Sterbenden zum Sündenbekenntnis und der Lesung der Passion ein Kreuz gereicht, in der Folgezeit auch zu den Fragen beziehungsweise dem ganzen Vollzug der Kranken- und Sterbeprovisur.

Die Fragen

In der Sterbesituation kommt der Spendung der Sakramente eine große Bedeutung zu. Zur Vorbereitung der Sakramente im Rahmen der Kranken- und Sterbeprovisur bedurfte es zunächst einer besonderen Form des Ermahnens beziehungsweise Fragens, die bis ins frühe Mittelalter zurückgeht. In den sogenannten „Anselmischen Fragen" bekamen sie ihre größte Bedeutung und ihren Eingang in die Kranken- und Sterbeprovisur. Erstmals finden wir die Aufforderung zum

Fragen in einem Handbuch für kirchliche Visitationen des Regino von Prüm (gestorben 915). Vor der Beichte

soll er (der Priester) ihn (den Kranken) liebevoll und freundlich fragen, ob er alle seine Hoffnung auf Gott setzt, ob er das Leiden geduldig erträgt, ob er glaubt, daß dies zu seiner Reinigung und Züchtigung geschieht, ob er seine Sünden bekennt und Verbesserung verspricht, wenn der Herr das Leben schenken würde, (ob) er Reue für Schuld (und) Vergehen verspricht, ob er sein Vermögen in Ordnung bringt, solange er bei Bewußtsein und Verstand ist, ob er seine Sünden durch Almosen wieder gut macht, ob er denen vergibt, die sich gegen ihn versündigt haben, ob er den rechten Glauben hat und am Glaubensbekenntnis festhält, ob er niemals an der Barmherzigkeit Gottes verzweifelt.[77]

Einen Einblick in die „Anselmischen Fragen" liefert uns ein Text mit der Überschrift „Der selige Erzbischof Anselm an einen Sterbenden, der sich wegen seiner Sünden allzusehr ängstigt":

Freust du dich, daß du im christlichen Glauben sterben wirst? Er soll antworten: Ja. Freust du dich, als Mönch zu sterben? Er soll antworten: Ja. Bekennst du, daß du so schlecht gelebt hast, daß du dafür ewige Strafe verdient hättest? Er soll antworten: Ja. Bereust du dies? Er soll antworten: Ich bereue es. Hast du den Willen, dich zu bessern, wenn du Zeit hättest? Er soll antworten: Ja. Glaubst du, daß der Herr Jesus Christus für dich gestorben ist? Er soll antworten: Ja. Dankst du ihm für die Gnade? Er soll antworten: Ja. Glaubst du, daß du nur durch seinen Tod gerettet werden kannst? Er soll antworten: Ja.[78]

Wer diese Fragen bejahen kann, empfängt die letzte große Mahnung (Admonitio Anselmi):

Danke ihm also, solange noch Leben in dir ist, setze allein in diesen Tod dein ganzes Vertrauen, so daß du in nichts anderem Vertrauen hast, vertraue dich ganz diesem Tod an, schütze dich ganz durch diesen allein, hülle dich ganz in diesen Tod. Und wenn Gott der Herr dich richten will, sag: Herr, den Tod unseres Herrn Jesus Christus werfe ich zwischen mich und dein Gericht, anders streite ich nicht mit dir. Und wenn er dir sagen wird, daß du ein Sünder bist, sag: Herr, den Tod unseres Herrn Jesus Christus halte ich zwischen dich und meine Sünden. Wenn er sagen wird, daß du die Verdammnis verdient hast, sag: Herr, den Tod unseres Herrn Jesus Christus lege ich zwischen dich und meine üblen Vergehen, und sein Verdienst biete ich an statt dem Verdienst, den ich hätte haben müssen und nicht habe. Wenn er sagen wird, daß er über dich erzürnt ist, sag:

Herr, den Tod unseres Herrn Jesus Christus lege ich zwischen mich und deinen Zorn. Wenn das erfüllt ist, soll der Kranke dreimal sagen: In deine Hände empfehle ich meinen Geist.[79]

Die Frage – Freust du dich, als Mönch zu sterben? – macht deutlich, daß diese Fragen zunächst im klösterlichen Gebrauch waren. Doch sie wurden bald schon mit entsprechenden Veränderungen – dazu gehörte die Übersetzung des Lateinischen in die entsprechenden Landessprachen – auch für die Laien verwendet. Später ist häufig der Zusatz zu finden, daß die rechte Beantwortung der Fragen das ewige Leben sichere.

Im Laufe der Zeit entwickelten sich unterschiedliche Sammlungen von Fragen, die jedoch gewisse Gemeinsamkeiten zeigen. Drei Grundelemente lassen sich finden: die Rahmenstücke der Einleitung und der Schlußermahnungen, in deren Mitte sich die Kernfragen befinden. Die Einleitung gibt Hinweise auf die geistliche Bedeutung der Fragen, die dann im Mittelteil als Einzelfragen in unterschiedlicher Anzahl formuliert werden. Die Schlußermahnung vergegenwärtigt die Heilsbedeutung des Leidens und Sterbens Christi für den Sterbenden. Dabei soll sich der Sterbende in die Verdienste Christi einwickeln, die Verdienste Christi zwischen seine Schuld und das Gericht des Vaters setzen, und er soll seinen Glauben an die Verdienste Christi in den Anfechtungen dem Satan als Waffe entgegenhalten.

Die Spendung der Sakramente

Das Bekenntnis der Sünden in der Beichte, das Viaticum (die letzte Kommunion) und die Salbung mit Öl sind nach der (katholischen) Tradition die Sterbesakramente, die ein gutes und sicheres Ende auszeichnen.

Die Beichte Liturgiegeschichtlich läßt sich die Verpflichtung zum Sündenbekenntnis und zur Lossprechung im Zusammenhang des Sterbens bis ins vierte Jahrhundert zurückverfolgen. Die Aufforderung zur Beichte ist theologisch begründet. Dem Tod als der Sünde Sold steht das in der Taufe durch Christus geschenkte ewige Leben gegenüber. Doch dieses ewige Leben ist durch die Sünde ständig gefährdet und bei einem Zustand in der Sünde verwirkt. Daher soll der Christ immer wieder seine Sünden bekennen und um Lossprechung bitten, besonders dann, wenn er keine Zeit mehr zu haben scheint.

Seit dem 13. Jahrhundert wird die Beichte innerhalb der Kranken- und Sterbeprovisur zur vornehmlichen Aufgabe der Priester. Die Betonung der Beichte wird damit begründet, daß durch sie dem

Sterbenden die (damals) schlimmste Angst genommen werden kann, nämlich in Sünden sterben zu müssen. Daneben glaubte man damit auch körperliche Gesundung herbeizuführen, da nach dem Verständnis jener Zeit ein Zusammenhang von Krankheit und Sünde besteht und mithin die Ursache der Krankheit des Körpers in der Krankheit der Seele gesucht wurde. Konnte die Seele durch die Beichte und Lossprechung gesund werden, so war es nur folgerichtig, daß damit auch die Hoffnung auf körperliche Genesung verbunden war.

Das Viaticum   Zwar wird schon im Konzil von Nicäa (325) eine „alte Regel" erwähnt, die darauf hinweist, daß einem Sterbenden die Kommunion nicht versagt werden darf, doch wurde bis ins sechste Jahrhundert von der Kommunion anläßlich des Sterbens kaum gesprochen. Ab dem siebten Jahrhundert gehört sie dann zum selbstverständlichen Handlungsrahmen des Priesters bei einem Sterbenden. Dahinter steht der Gedanke der „Wegzehrung" im weitesten Sinne des Wortes, ein „Abschiedsmahl", mit dem sich der Sterbende auf die Reise in die ewige Heimat zurüstet. Von diesem Verständnis ausgehend, ist es naheliegend, daß das Viaticum bis ins zwölfte Jahrhundert als letztes der Sterbesakramente innerhalb der gesamten Kranken- und Sterbeprovisur gespendet wurde. Unmittelbar danach konnte der Sterbende „auf die Reise gehen". Seit dem achten Jahrhundert wird in der Spendeformel die Wirkung des Sakraments angesprochen: die Auferstehung zum ewigen Leben, die Hilfe in der Stunde des Gerichts, die Vergebung der Sünden, der Schutz vor dem bösen Feind.

Konnte der Sterbende die Kommunion nicht mehr empfangen, so sollte er sie wenigstens berühren oder sehen. Daraus hat sich in der Volksfrömmigkeit die Ansicht verbreitet, daß bereits dem Schauen eine Heilswirkung für den Sterbenden zukomme.

Die Salbung des Sterbenden   Ab Mitte des achten Jahrhunderts wird als Aufgabe des Priesters in der Kranken- und Sterbeprovisur die Salbung beschrieben. Auch hierfür gibt es eine theologisch-biblische Begründung, die dazu den Ort innerhalb der Provisur nahelegt. Der Ölung wurde unter Bezug auf Jakobus 5, 13ff. zusammen mit der Beichte die Vergebung der Sünden zugeschrieben. So ist es folgerichtig, die Ölung nach der Beichte und der Lossprechung vor dem Viaticum zu plazieren.

Am meisten von allen Sterbesakramenten ist die Spendung der „letzten Ölung" von volkstümlichen Vorstellungen überschattet.

Allein der Begriff der „letzten Ölung" vermittelte, daß der Empfänger der Ölung in einem Zustand sein mußte, in welchem er nicht mehr sündigen könnte. Damit war der Salbung bald der Ort der Agonie zugeschrieben. So galt die „letzte Ölung" als Zeichen für den baldigen Tod, wurde entsprechend hinausgezögert und konnte schließlich oft nicht mehr gespendet werden. Damit verlor die Salbung im Rahmen der Kranken- und Sterbeprovisur an Bedeutung.

Commendatio animae. Die Anbefehlung der Seele
„Pater, in manus tuas commendo spiritum meum – Vater, in deine Hände befehle ich meinen Geist", Lukas 23, 46. Diese letzten Worte Jesu am Kreuz in der Überlieferung nach Lukas geben der Praxis der commendatio animae den Namen. Damit wird das Sterben Jesu zum Vorbild des Sterbens der Christen. Ein Blick in die Sterbesituation Jesu zeigt, das von ihr die Elemente gewonnen wurden, die in der commendatio animae eine Rolle spielen: Jesus litt in Gethsemane Todesangst und fordert die Jünger zum Gebet auf, er wird durch einen Engel gestärkt und stirbt mit einem Psalmwort auf seinen Lippen.

Ab dem siebten Jahrhundert bilden sich liturgische Ordnungen heraus, die sich auf den unmittelbar bevorstehenden Tod und die Praxis im Anschluß an den Tod beziehen. Da die Todesstunde ungewiß blieb, konnte sich keine festgefügte Form im Sinne eines vorgegebenen Ablaufs herausbilden. Statt dessen wurden verschiedene Elemente lose aneinandergereiht und entsprechend dem Sterbeprozeß vollzogen. Dazu gehörten die Rezitation von Psalmen, die Lesung der Passion, die Anrufung der Heiligen, die Rezitation des Glaubensbekenntnisses und immer wieder verschiedene Gebete. Folgende Gebete, je nach Stadium der Agonie, machen die commendatio animae sinnfällig:

Während des Sterbens:
Brich auf, christliche Seele, von dieser Welt, im Namen Gottes des allmächtigen Vaters, der dich geschaffen hat. Im Namen seines Sohnes Jesus Christus, der für dich gelitten hat. Im Namen des Heiligen Geistes, der in dich ausgegossen wurde. Im Namen der Engel und Erzengel. Im Namen der Throne und Herrschaften. Im Namen der Mächte und Gewalten und aller himmlischen Kräfte. Im Namen der Cherubim und Seraphim. Im Namen aller menschlichen Geschlechter, die von Gott aufgenommen worden sind. Im Namen der Patriarchen und Propheten. Im Namen der Apostel und Märtyrer. Im

Namen der Bekenner und Bischöfe. Im Namen der Priester und Leviten und aller Stände der katholischen Kirche. Im Namen der Könige. Im Namen der Jungfrauen und gläubigen Witwen. Heute ist diesem Ort Frieden und Heimat im himmlischen Jerusalem geschenkt worden.[80]

Ich befehle dich dem allmächtigen Gott, liebster Bruder N., und dem, dessen Geschöpf du bist, vertraue ich dich an, so daß du, wenn du die Menschenschuld einlöst, indem der Tod über dich kommt, zu deinem Schöpfer zurückkehrst, der dich aus Lehm gebildet hat (1. Mose 2,7). Wenn deine Seele nun den Leib verläßt, möge dir die herrliche Schar der Engel entgegenlaufen, das Urteil des Apostelsenates dich lossprechen, das siegreiche Heer der weißgekleideten Märtyrer gehe dir entgegen, die Schar der strahlend leuchtenden Bekenner umgebe dich, der Chor der jubilierenden Jungfrauen nehme dich auf in den Schoß ewiger Ruhe, die Arme der Patriarchen mögen dich gütig umschlingen. Und eilends umfaßt dich der Anblick des Herrn Jesus Christus und erscheint dir so und beschließt wohl, daß du immer unter seinen Dienern sein sollst. Nicht kennen lernen mögest du, was in der Dunkelheit schreckt, was knirscht in den Flammen, was sich quält in Qualen. Es möge von dir der abscheuliche Satan mit seinen Gesellen weichen, bei seinem Kommen vor den Engeln erzittern, die dich begleiten, und in das schreckliche Chaos ewigwährender Nacht entfliehen. Gott erhebt sich, seine Feinde müssen zerstieben; es fliehen vor seinem Angesicht, die ihn hassen. Sie müssen verwehen, wie Rauch verweht; wie Wachs zerfließt vor dem Feuer, so schwinden die Sünder vor Gottes Antlitz dahin (Ps 68, 2f.). Die Höllenlegionen sollen also zuschanden und geschmäht werden, und die Diener des Satans sollen nicht wagen, deinen Weg zu behindern. Christus, der für dich gelitten hat, errette dich von den Strafen; Christus, der für dich gekreuzigt worden ist, befreie dich von der Qual; Christus, der für dich würdig befunden wurde zu sterben, befreie dich vom Tod. Es stelle dich Christus, der Sohn des lebendigen Gottes, in seine immer anmutigen und grünen (Gefilde) des Paradieses, und jener wahre Hirte erkenne dich unter seinen Schafen. Jener spreche dich los von allen Sünden und stelle dich zur Rechten in den Rang seiner Auserwählten. Du sollst deinen Erlöser von Angesicht zu Angesicht sehen und nahe dabeistehend immer die offenbarte Wahrheit mit glückseligen Augen schauen. Du sollst dich unter den Scharen der Glückseligen von Ewigkeit zu Ewigkeit an der göttlichen Betrachtung erfreuen.[81]

Wenn das Sterben länger dauert:

Herr Jesus Christus, ich beschwöre dich bei deiner Todesangst und bei dem Gebet, das du für uns am Ölberg gebetet hast, als dein Schweiß wie Blut zur Erde rann: Die vielen Tropfen blutigen Schweißes, die du in der Bedrängnis deiner Angst für uns vergossen hast, bringe sie Gott dar, dem allmächtigen Vater, halte sie ihm vor Augen gegen die zahllosen Sünden dieses deines Dieners N. Und befreie ihn in dieser seiner Todesstunde von aller Angst und Pein, die er für seine Sünden fürchtet verdient zu haben.

Herr Jesus Christus, der du für uns am Kreuz gestorben bist, ich beschwöre dich: Alle Bitterkeit der Leiden und Strafen, die du für uns Sünder am Kreuz erduldet hast, besonders in jener Stunde, als deine Seele sich vom Leibe trennte, bringe sie Gott dar, dem allmächtigen Vater, halte sie ihm vor Augen für diesen deinen Diener N. Und befreie ihn in dieser Todesstunde von allen Strafen und Leiden, die er für seine Sünden fürchtet verdient zu haben.

Herr Jesus Christus, der du durch den Mund des Propheten gesprochen hast: In ewiger Liebe liebe ich dich, darum ziehe ich dich voller Erbarmen zu mir, ich beschwöre dich: Dieselbe Liebe, die dich vom Himmel auf die Erde zog, um dort alle Bitterkeit deiner Leiden zu erdulden, bringe sie Gott dar, dem allmächtigen Vater, halte sie ihm vor Augen für diesen deinen Diener N. Und befreie ihn von allen Leiden und Strafen, die er für seine Sünden fürchtet verdient zu haben. Rette seine Seele in dieser Stunde ihres Hinganges. Tu ihm auf das Tor des Lebens, auf daß er mit deinen Heiligen sich freue in der ewigen Herrlichkeit und dir lebe in ungeteilter Liebe, welche von dir niemals lassen kann. Der du mit dem Vater und dem Heiligen Geiste lebst und herrschest in Ewigkeit.[82]

Unmittelbar vor dem Todeseintritt:

In deine Hände, o Herr, befehle ich meinen Geist. Herr Jesus Christus, nimm meinen Geist auf. Heilige Maria, bitte für mich.

O Maria, Mutter der Gnade, Mutter der Barmherzigkeit, hilf mir vor dem bösen Feind, nimm mich auf in meiner Todesstunde. Heiliger Joseph, bitte für mich.

Heiliger Joseph und du, o selige Jungfrau, seine Braut, öffnet mir den Schoß der göttlichen Barmherzigkeit. Jesus, Maria, Joseph, euch schenke ich mein Herz und meine Seele.

Jesus, Maria, Joseph, stehet mir bei im letzten Streit. Jesus, Maria, Joseph, lasset meine Seele mit euch im Frieden scheiden.

O mein Gott, ich glaube alles, was die heilige, katholische und apostolische Kirche glaubt und lehrt. In diesem heiligen Glauben will ich leben und sterben.

O mein Gott, ich vertraue und hoffe, daß du mir in deiner unendlichen Barmherzigkeit gnädig sein wirst. Ich vertraue und hoffe, daß ich durch das bittere Leiden deines Sohnes Jesus Christus und auf die Fürsprache der seligen Jungfrau Maria und aller Heiligen das ewige Leben erlangen werde.

O mein Gott, ich liebe dich aus meinem ganzen Herzen, aus meiner ganzen Seele, aus meinem ganzen Gemüte. Ich verlange sehnlichst danach, dich mit jener Liebe zu lieben, mit der deine Heiligen dich lieben. Aus dieser Liebe bereue ich alle Sünden meines ganzen Lebens, die ich gegen dich, du mein höchstes Gut, und gegen den Nächsten begangen habe.

O mein Gott, von ganzem Herzen verzeihe ich allen, die mich in meinem Leben beleidigt haben oder mir feindlich gesinnt waren. Von ganzem Herzen will ich alle um Verzeihung bitten, die ich je gekränkt oder denen ich wehgetan habe.

O mein Gott, gib mir die Gnade der Geduld im Leiden und der Ergebung in deinen heiligen Willen. Ich opfere dir diese Krankheit auf zur Sühne für meine Sünden und vereinige mich mit dem bitteren Leiden und Sterben meines Herrn.

Erbarme dich meiner, o Gott, nach deiner großen Barmherzigkeit. (Ps 50, 1) Auf dich, o Herr, habe ich gehofft; ich werde nicht zuschanden in Ewigkeit. (Ps 30, 2)

Bevor ich geboren ward, kanntest du mich. Nach deinem Bilde, o Herr, formtest du mich. Dir, meinem Schöpfer, will ich meine Seele wiedergeben.

Was ich begangen, o Herr, das schrecket mich, und beschämt stehe ich vor deinem Angesicht. Wenn du kommst zum Gericht, verdamme mich nicht. Dir, meinem Schöpfer, will ich meine Seele wiedergeben.

O guter Herr Jesus Christus, durch dein bitteres Leiden nimm mich auf in die Zahl deiner Auserwählten. Mein Jesus, Barmherzigkeit. Herr hilf, sonst gehen wir zugrunde. (Matthäus 8, 25) Komm, Herr Jesus! (Offenbarung 22, 21)

Heiliger Schutzengel mein, laß mich dir empfohlen sein. Alle heiligen Engel und all ihr Heiligen Gottes, bittet für mich und eilet mir zu Hilfe.[83]

Ars moriendi: Trost durch Demut

100

Nach dem letzten Atemzug:
Allmächtiger Gott! Bei Dir leben alle, die für diese Welt sterben. Für Dich geht unser Leib im Tod nicht zugrunde, sondern empfängt eine neue Gestalt. Wir bitten Dich: Sende Deine heiligen Engel, daß sie Deinen Diener N. heimführen in die Gemeinschaft mit unserem Vater Abraham, der Dein Freund war. Erwecke unseren verstorbenen Bruder zum großen Gericht am Jüngsten Tag. Und wenn er in diesem sterblichen Leben gegen Dich gefehlt hat, so wasche ihn rein durch Dein Erbarmen. Durch Christus, unseren Herrn.[84]

Religiöses Brauchtum im Umkreis der Sterbeliturgie
Im Umfeld der Kranken- und Sterbeprovisur hat sich ein eigenes Brauchtum herausgebildet, das Elemente aus der Volksfrömmigkeit mit zum Teil abergläubischen Zügen aufweist. So werden die Riten und Gebete der Commendatio animae wie die Spendung der Sterbesakramente durch den Gebrauch des Weihwassers und des Sterbekreuzes ergänzt. Das Weihwasser, das Kreuz sowie Heiligen- oder Marienbilder haben im Brauchtum des Volkes (bis heute) eine große Bedeutung. Dem Weihwasser wurde zum Beispiel eine sündentilgende und Unheil abwehrende Wirkung zugesprochen, was dazu führte, daß über den Ritus der Sterbesakramente hinaus das Zimmer oder der Sterbende mit Weihwasser besprengt wurden oder letzterer es gar zu trinken erhielt. Wenn wir heute einem Verstorbenen ein Kreuz in die Hand geben oder es ihm auf die Brust oder neben dem Kopf auf das Kopfkissen legen, dann reicht diese Handlung bis in jene Zeit des Mittelalters zurück. Wir wissen kaum noch, was einst damit gemeint war, oder haben dieser Handlung eine neue eigene Bedeutung gegeben. In jener Zeit galt das (Sterbe-)Kreuz als die kräftigste Sicherung gegen das Unheil. Und so war es wichtig geworden, es dem Sterbenden in die Hand zu geben, ihn das Kreuz küssen zu lassen, es neben ihn zu legen oder es ihn wenigstens schauen zu lassen, was bereits die Heilswirkung bringen sollte.
Ein weiterer Brauch ist die Übergabe der Sterbekerze während des Versterbens.[85] Kerzen sind durch ihre natürliche Symbolik von Feuer und Licht gut in der Sterbeliturgie und dem Sterbebrauchtum zu verwenden. Einerseits steht Feuer und Licht dafür, daß die Dunkelheit vertrieben wird. Von daher sah man in ihm ein Hilfsmittel zur Abwehr der den Sterbenden bedrohenden Dämonen. Andererseits konnte es als Abbild für das Verlöschen des Lebenslichtes verstanden werden.
Zu finden ist der Brauch, Türen oder Fenster zu öffnen, damit die

sterbende Seele entweichen kann. Aus gleicher Zeit rührt auch der Rat, das Weinen zu unterdrücken. Dahinter verbarg sich zum einen der Gedanke, daß durch das Weinen die sterbende Seele zurückgehalten würde, was zu vermeiden war. Zum anderen sollte keine Träne auf den Sterbenden fallen, denn dadurch bekäme der Sterbende Gewalt über den Weinenden.

Da im Prozeß des Sterbens die Angst vor Dämonen eine große Rolle spielte, wurden im Zusammenhang der Sterbebegleitung bestimmte Handlungen vollzogen oder Gegenstände benutzt, denen eine dämonenvertreibende Kraft zugeschrieben wurde. So legte man Blätter mit Bildern, Initialen und Gebeten – die sogenannten „Himmelsriegel" –, die Bibel oder ein Gebetbuch unter das Kopfkissen und versprach sich davon die erhoffte Wirkung. Auch die Benutzung von Klingelinstrumenten am Bett des Sterbenden, zum Beispiel die sogenannten Antoniusglöckchen, dienten der Vertreibung der Dämonen.

Wir sind alle zum Tode gefordert: Protestantische Ars moriendi

Die Sterbestunde ist für Luther in ganz eigener Weise Abbild der Existenz des Menschen. In ihr steht der Mensch mit all seinen Anfechtungen vor Gott. Durch den drohenden Tod kommt der Sterbende im Sinne einer Bilanz des Lebens zu der Erkenntnis eigener Sündhaftigkeit und Gottesferne. Die Entscheidung im Leben wird zur Entscheidung des Todes.

Wir sind alle zum Tode gefordert und wird keiner für den andern sterben ... So muß ein jedermann selber die Hauptstücke, so einen Christen belangen, wohl wissen und gerüstet sein.[86]

In der protestantischen Ars moriendi geht es also um die einen Christen angehenden Hauptstücke, und das heißt, sich in der Rechtfertigungslehre eingeübt und sie im Glauben gelebt zu haben. So ist es nicht verwunderlich, daß die Ars-moriendi-Literatur der Reformationszeit kurz gefaßte Laiendogmatiken sind, die ihr Augenmerk in besonderer Weise auf die Rechtfertigungslehre legen. Der Sterbende soll sich in seinem Sterben ausschließlich Christus zuwenden. Dabei geht es mehr um ein Sich-Christus-Ausliefern als darum, mit ihm die eigenen Chancen vor Gott abzuklären. So soll man zum Beispiel von allen eigenen guten oder bösen Werken absehen und allein auf Christus schauen. Man soll auch nicht mit ihm verhandeln, etwa ihm die zu erleidenden Krankheitsschmerzen als Ausgleich für begangenes

Unrecht anbieten. Dabei würde man eher auf sich, denn auf Christus achten. Diese Zuwendung ausschließlich zu Christus ritualisiert sich in der Gestalt, daß bestimmte Formstücke in der Sterbesituation zum Ausdruck kommen. So gehört unbedingt die Bitte um Vergebung seitens des Sterbenden und die Gewährung von Vergebung zur Sterbebereitung. Daneben soll der Sterbende und die anderen Anwesenden zum Gebet angehalten werden. Dem protestantischen Verständnis gemäß gehört auch die Verlesung von Bibelsprüchen und das Sprechen des Apostolischen Glaubensbekenntnisses mit einer entsprechenden Auslegung zum Handlungsrahmen im Sterbehaus.

Neben den „theologischen" Vorgaben werden auch Anweisungen ganz profaner Art gegeben. So die Bitte, daß für die Kinder gesorgt werden solle, oder die Ermahnung zum Gehorsam, an Kinder und Gesinde gerichtet. Dazu findet sich der Hinweis, seine Erbangelegenheiten zu regeln. Daß diese Hinweise nicht fehlen, mag damit zusammenhängen, daß ja der Sterbende am Lebensende nichts anderes im Kopf haben solle als Christus. Alles, was bis dahin nicht geregelt ist, ist also geeignet, den Sterbenden von diesen Gedanken fernzuhalten.

Hin und wieder gibt es wichtige Verstehenshilfen für die Pfarrer. Der Hinweis etwa, daß Lästerungen, die der Sterbende ausspricht, schmerzbedingt sein können und nicht schon als Zeichen von Bosheit oder Besessenheit gewertet werden sollen, mutet fast wie eine psychologische Verstehenshilfe heutiger Tage an.

Wichtige, wegweisende Sterbebücher im protestantischen Bereich:

Johannes von Staupitz, Das Büchlein von der Nachfolge des willigen Sterbens Christi, 1515[87]

Staupitz zeichnet sich dadurch aus, daß er geistige Strömungen und Tendenzen seiner Zeit in eigener Weise für die Sterbebegleitung transparent machte. Dazu gehören die Ausrichtung auf den Kreuzestod Christi, die Forderung nach geduldigem und willigem Sterben, die Aufwertung des Mitchristen als Sterbehelfer, die Kritik an den kirchlichen Amtsträgern und die wachsende Zuwendung zu individueller Meditation, die Erkenntnis von Glaubenswahrheiten sowie mystisch ausgeprägte Spiritualität. Das Sterben ist für Staupitz die letzte Phase des Lebens, insofern geht es in seinen Aussagen eher um die richtige Einstellung zum Leben, denn der Tod ist durch Christi Tod ohnehin überwunden.

Staupitz versucht in 15 Kapiteln seines „Büchleins von der Nachfolge des willigen Sterbens Christi" einen Impuls für die Bereitung zum eigenen Sterben zu liefern. Zunächst setzt er sich eher systematisch-theologisch mit der Frage des Todes auseinander. Dann geht er seelsorgerlich der Frage der Anfechtung des Sterben-Müssens nach. Dabei gilt es kraft des Blickes auf das Sterben Christi die Anfechtungen zu überwinden und so zu einem trostreichen Sterben zu kommen, denn den Sterbenden kann keine Anfechtung befallen, die nicht schon durch das Sterben Christi überwunden wäre. Staupitz will nicht im allgemeinen bleiben und fragt von daher an, was denn die Anfechtungen Christi am Kreuz ausgemacht hätten. Aus den Bibelstellen Matthäus 27, 39–43, Lukas 23, 36f. liest Staupitz *neun Anfechtungen* heraus, die einen sterbenden Menschen ereilen können.

So ist die *erste Anfechtung* jene, daß dem Sterbenden vom bösen Geist eingeredet wird, er habe gesündigt und dafür keine Buße getan. Das hat zur Folge, daß er nun unbußfertig, und das heißt ohne Gnade, stirbt. Für einen Christen jener Zeit ein Schreckensszenario. Was Jahrhunderte später Elisabeth Kübler-Ross als „Erledigen unerlediger Geschäfte" bezeichnet, wird hier auf der spirituellen Ebene bereits vorgezeichnet. Denn der Sterbende erlebt in dieser Anfechtung, daß er tatsächlich „unerledigte Geschäfte" hat, nämlich jene vergessenen und ungebeichteten Sünden, die nun in Erinnerung kommen. Staupitz klärt nicht, wie die Anfechtungen überwunden werden können. Doch sie bekommen einen Namen, so daß ihnen besser begegnet werden kann.

In die andere Richtung geht die *zweite Anfechtung*, die darin besteht, daß der Teufel dem Sterbenden nicht die Sünde, sondern die Wohltaten vorlegt mit dem Ziel, die daneben vorhandene Sünde zu verdecken. Die Gefahr besteht darin, daß es nun tatsächlich zu einem unbußfertigen Sterben kommen kann, weil bei allem Gutdünken an die eigene Schuldigkeit und damit an die Notwendigkeit der Buße nicht mehr gedacht wird.

Das, was bei Elisabeth Kübler-Ross in der Phase des Haderns beschrieben wird – „warum gerade ich"; „ich habe immer gesund gelebt und bin tödlich erkrankt, und die, die ständig saufen, leben ewig" – ist Element der *dritten Anfechtung*. Der Gerechte muß viel leiden, während der Sünder in vollen Zügen leben kann. Damit bewirke der Teufel, daß es auf dem Sterbelager zu einer Gotteslästerung oder gar Gottesleugnung kommt.

Die *vierte Anfechtung* besteht darin, daß man sich nicht auf sein eigenes Sterben vorbereitet, weil man sich um alle anderen möglichen

Dinge sorgt und kümmert und dabei die Sorge um sich selbst vergißt. Staupitz lobt ausdrücklich die Sorge um den anderen Menschen, macht aber deutlich, daß es im Prozeß des Sterbens um anderes geht.

„So helfe dir selber", jene Stelle im Lukasevangelium provoziert zur *fünften Anfechtung,* weil der Sterbende erlebt, daß bestimmte Dinge nicht zu regeln sind. Als Beispiel wird aufgeführt, daß der Sterbende etwas ungerechterweise besitzt, was er nicht mehr zurückgeben kann. Die Sorge der Ehrabschneidung nimmt Raum von dem Sterbenden und läßt ihn, ähnlich wie in all den anderen Anfechtungen, nicht zur rechten Vorbereitung auf das Sterben kommen.

Der Unglaube wird als die *sechste Anfechtung* beschrieben. Dabei liegt der Schaden darin, daß der Trost aus dem Evangelium als Möglichkeit, im Sterben bestehen zu können, verlorengeht. Daraus resultiert dann Angst und Unruhe, die das Sterben erschweren. Diese Anfechtung wird, verständlicherweise, als die schlimmste beschrieben.

Ohne Glauben auf Gottes Barmherzigkeit zu trauen wird als die *siebte Anfechtung* beschrieben. Hinter der Frage beziehungsweise dem genauen Ergründen-Wollen der Vorsehung kann die *achte Anfechtung* stecken wie auch, als *neunte Anfechtung,* die Irritation, die dazu führt, daß ein Mensch nicht mehr weiß, ob Gott ihn nun haßt oder liebt.

Wie bei allen „Sterbebüchlein" jener Zeit richtet sich die Bereitung nicht vordergründig an jene, die im Sterben liegen. Vielmehr sollen die davon angesprochen werden, die mitten im Leben stehen. Da der Todeszeitpunkt ungewiß ist, kann es bei der Vorbereitung auf das Sterben nur darum gehen, zu jeder Zeit vorbereitet zu sein. Damit folgt Staupitz der mittelalterlichen Ars moriendi.

Neben dem Blick auf den Sterbenden und der daraus resultierenden Vorbereitung auf das selige Sterben wendet Staupitz sich der Not der Einsamkeit eines Sterbenden zu und betont die Notwendigkeit des Besuches. Damit kommt der Begleiter in den Blick. Indem er die Not des Sterbenden noch einmal darlegt, insbesondere das Phänomen des Loslassen-Müssens erläutert, will er Verständnis dafür wecken, daß in dieser Not kein Mensch allein sein solle. So fordert er auf, den Sterbenden nicht zu verlassen. Der Besuch hat selbst aber unterschiedlichen Gewinn. Neben dem eindeutigen Dienst, dem Sterbenden das Leiden zu erleichtern, ihn zu stärken und zu trösten, liegt ein Gewinn darin, daß man selbst das Sterben lernen könne. Nicht zuletzt gilt es, Sterbende zu besuchen, um Gottes Gebot zu halten.

Martin Luther, Ein Sermon von der Bereitung zum Sterben, 1519

Der Titel des Büchleins spricht vom Sterben, doch Luther geht es in seiner Theologie und auch in diesem Sermon nicht eigentlich um das Sterben. Er fragt vielmehr nach dem Tod. Nicht der Sterbevorgang an sich, sondern die Wirklichkeit des Todes, nicht die Art und Weise des Sterbens, sondern die Tatsache des Sterben-Müssens ist für Luther von Interesse. Das Ende eines Lebens kann unerwartet einbrechen, aber der Tod begleitet und bedrängt den Menschen seit seiner Geburt. Der Unterschied zwischen dem Sterben und dem Tod liegt darin, daß dem Tod immer schon die Begriffe Sünde und Teufel zugeordnet sind. So finden wir bei Luther häufig die Trias „Sünde, Tod und Teufel".

Das Wahrnehmungsorgan für die Wirklichkeit des Todes ist für Luther nicht der Leib oder die Psyche, sondern das Gewissen, das angesichts des Todes vehement auf den Plan tritt. Von daher geht es bei Luther in seinen Äußerungen zum Sterben um die Zurüstung im Sinne der Gewissensprüfung. Die Frage von Leben und Tod ist zunächst auch die Frage von Glaube und Unglaube.

Luther knüpft an die mittelalterliche Tradition der Ars moriendi an und versieht sie mit seinen theologischen Überlegungen und seinem Christusglauben angesichts des Todes. Der Sermon teilt sich auf in 20 Einzelabschnitte, die gleichsam als Empfehlungen mit Wiederholungen und Varianten den Stoff memorierartig zur Einübung darlegen. Es geht um ein christliches Sterben, das zum Inhalt einen gelingenden Abschied auf der Sach- und Beziehungsebene, eine Verdichtung der Gottesbeziehung, den bewußten Gebrauch der Sakramente und das bedingungslose Vertrauen auf Gott hat. Luther warnt davor, sich von Angstbildern im Zusammenhang des Todes irre machen zu lassen. Als grundlegend tröstend – im Leben wie im Sterben – gilt die Teilhabe an der Gemeinschaft mit Gott, die uns zu keinem Zeitpunkt streitig gemacht werden kann. Die moderne Hospizbewegung nimmt dieses Grundgefühl auf, wenn einer ihrer zentralen Begriffe der des „Daseins" ist mit der Zusicherung des „Dableibens". Der entscheidende Unterschied ist jedoch: Bei Luther geht es einzig um das Dasein Gottes und seiner Helfer als Vergewisserung, in der Gemeinschaft mit ihm ewiges Leben zu erlangen. Begleitung in der Hospizbewegung hat viel stärker den Akzent des Daseins in diesem zu Ende gehenden Leben, es endet mithin im Tod.

Luther gibt folgende Empfehlungen:

1. ... *Weil der Tod ein Abschied ist von dieser Welt und all ihrem Treiben, ist es nötig, daß der Mensch sein zeitliches Gut ordentlich*

verteile ... damit nicht bleibe nach seinem Tod Ursache für Zank, Hader oder sonst einem Irrtum unter seinen zurückgelassenen Freunden ...[88]

2. *... daß man vergebe freundlich, rein um Gottes willen allen Menschen, die uns beleidigt haben, begehre umgekehrt auch allein um Gottes willen Vergebung von allen Menschen, deren wir viele ohne Zweifel beleidigt haben ... damit die Seele nicht bleibe behaftet mit irgendeiner Angelegenheit auf Erden.*[89]

3. *... Wenn so jedermann Abschied auf Erden gegeben ist, dann soll man sich allein zu Gott richten, wohin der Weg des Sterbens sich auch kehrt und uns führt. Und hier beginnt die enge Pforte, der schmale Steig zum Leben. Darauf muß sich ein jeder getrost gefaßt machen. Denn er ist wohl sehr eng, er ist aber nicht lang. Und es geht hier zu, wie wenn ein Kind aus der kleinen Wohnung in seiner Mutter Leib mit Gefahr und Ängsten geboren wird in diesen weiten Himmel und Erde, das ist unsere Welt: ebenso geht der Mensch durch die enge Pforte des Todes aus diesem Leben ... Darum heißt der lieben Heiligen Sterben eine neue Geburt, und ihre Feste nennt man lateinisch Natale, Tag ihrer Geburt. Aber der enge Gang des Todes macht, daß uns dies Leben weit und jenes eng dünkt. Darum muß man das glauben und an der leiblichen Geburt eines Kindes lernen, wie Christus sagt: „Ein Weib, wenn es gebiert, so leidet es Angst. Wenn sie aber genesen ist, so gedenkt sie der Angst nimmer, dieweil ein Mensch geboren ist von ihr in die Welt." (Joh 16, 21) So muß man sich auch im Sterben auf die Angst gefaßt machen und wissen, daß danach ein großer Raum und Freude sein wird.*[90]

4. *... Solches Zurichten und solche Bereitung auf diese Fahrt besteht zum ersten darin, daß man sich mit lauterer Beichte ... und den heiligen christlichen Sakramenten des heiligen wahren Leibes Christi und der Ölung versorge, sie andächtig begehre und mit großer Zuversicht empfange, wenn man sie haben kann. Wenn aber nicht, soll nichtsdestoweniger das Verlangen und Begehren derselben tröstlich sein und man darüber nicht zu sehr erschrecken ...*[91]

5. *Zum fünften soll man ja zusehen mit allem Ernst und Fleiß, daß man die heiligen Sakramente hoch achte, sie in Ehren halte, sich frei und getrost darauf verlasse und sie gegen Sünde, Tod und Hölle so in die Waagschale werfe, daß sie weit darüber ausschlagen, und daß man viel mehr mit den Sakramenten und ihren Kräften sich befasse als mit den Sünden ... In Ehren halten heißt, daß ich glaube, es sei wahr und geschehe mir, was die Sakramente bedeuten ...*[92]

6. ... *Um die Kräfte der Sakramente zu erkennen, muß man zuvor wissen die Gegenkräfte, gegen die sie fechten und uns gegeben sind. Deren sind drei: die erste das erschreckende Bild des Todes, die andere das grauenhafte, mannigfaltige Bild der Sünde, die dritte das unerträgliche und unausweichliche Bild der Hölle und ewiger Verdammnis ...*[93]

7. ... *Die Sünde wächst auch und wird groß dadurch, daß man sie zu viel ansieht und zu tief bedenkt. Dazu hilft die Schwachheit unseres Gewissens, das sich selbst vor Gott schämt und greulich straft ... So findet er sich denn unvorbereitet und ungeeignet, so sehr, daß auch alle seine guten Werke zu Sünden geworden sind. Aus dem muß dann folgen ein unwilliges Sterben, Ungehorsam gegen Gottes Willen und ewige Verdammnis. Denn die Sünde betrachten hat dort weder Recht noch Zeit, das soll man in der Zeit des Lebens tun ... Im Tode, da wir sollten nur Leben, Gnade und Seligkeit vor Augen haben ...*[94]

8. ... *Die Hölle wird auch groß und wächst dadurch, daß man sie zur Unzeit zu viel ansieht und zu schwer bedenkt ... Das heißt mit der Hölle angefochten, wenn der Mensch mit Gedanken seiner Erwählung angefochten wird, worüber im Psalter gar viel Klagens ist. Wer hier gewinnt, der hat Hölle, Sünde, Tod auf einen Haufen überwunden.*[95]

9. ... *Nun muß man in dieser Sache allen Fleiß darauf verwenden, daß man von diesen drei Bildern keins ins Haus lade noch den Teufel über die Tür male ... Die Kunst ist's ganz und gar, sie fallenzulassen und nichts mit ihnen zu schaffen zu haben. Wie geht das aber zu? Es geht so: Du mußt den Tod in dem Leben, die Sünde in der Gnade, die Hölle im Himmel ansehen und dich von dem Ansehen oder Blick nicht lassen wegtreiben ...*[96]

10. ... *Du mußt den Tod nicht in ihm selbst noch in dir oder deiner Natur noch in denen, die durch Gottes Zorn getötet sind, die der Tod überwunden hat, ansehen oder betrachten ... Sondern du mußt deine Augen, deines Herzens Gedanken und alle deine Sinne entschlossen abkehren von diesem Bild, und den Tod stark und beharrlich ansehen nur in denen, die in Gottes Gnade gestorben sind und den Tod überwunden haben, vornehmlich in Christus, danach in allen seinen Heiligen. Sieh, in diesen Bildern wird dir der Tod weder schrecklich noch greulich, vielmehr verachtet und getötet und im Leben erwürgt und überwunden. Denn Christus ist nichts als lauter Leben, seine Heiligen auch ...*[97]

11. ... *Ebenso darfst du die Sünde nicht ansehen in den Sündern noch in deinem Gewissen noch in denen, die in den Sünden*

schließlich geblieben und verdammt sind ... Sondern du mußt abkeh-
ren deine Gedanken und die Sünde nicht anders als in der Gnade
Bild ansehen und dies Bild mit aller Kraft in dich hineinbilden und
vor Augen haben. Der Gnade Bild ist nichts anderes als Christus am
Kreuz und alle seine lieben Heiligen ... So ist Christus, des Lebens und
der Gnade Bild, wider des Todes und der Sünde Bild unser Trost ...[98]

12. Zum zwölften darfst du die Hölle und die Ewigkeit der Pein
samt der Verwerfung nicht in dir, nicht in ihr selbst, nicht in denen,
die verdammt sind, ansehe n, auch dich nicht bekümmern mit so
vielen Menschen in der ganzen Welt, die nicht erwählt sind ... Dar-
um sieh das himmlische Bild Christus an, der um deinetwillen zur
Hölle gefahren und von Gott ist verlassen gewesen als einer, der ver-
dammt sei ewiglich, als er sprach am Kreuz: „Eli, Eli, lama
asabthani. O mein Gott, o mein Gott, warum hast du mich verlas-
sen?" (Matth 27,46) Sieh, in dem Bild ist überwunden deine Hölle
und deine ungewisse Erwählung gewiß gemacht. Wenn du allein
darum dich bekümmerst und das glaubst als für dich geschehen, so
wirst du in diesem Glauben gewiß errettet. Darum laß dir's nur nicht
aus den Augen nehmen und suche dich nur in Christus und nicht
in dir, so wirst du dich auf ewig in ihm finden ...[99]

13. ... So fliehen Tod, Sünde und Hölle mit allen ihren Kräften,
wenn wir nur Christi und seiner Heiligen leuchtende Bilder in uns
beharrlich anwenden in der Nacht, das ist im Glauben, der die bösen
Bilder nicht sieht noch sehen will ... Am Kreuz ... hat er uns sich
selbst bereitet als ein dreifältiges Bild, unserm Glauben vor Augen
zu halten wider die drei Bilder, mit denen der böse Geist und unsere
Natur uns anfechten, um uns aus dem Glauben zu reißen. Er ist das
lebendige und unsterbliche Bild wider den Tod ... Er ist das Bild der
Gnade Gottes wider die Sünde ... Er ist das himmlische Bild.[100]

14. ... sondern zu größerem Trost hat er auch selbst die Anfech-
tung erlitten und überwunden, die wir durch dieses Bild haben. Er
ist ebenso angefochten worden mit des Todes, der Sünde, der Hölle
Bild wie wir. Des Todes Bild hielten sie ihm vor Augen ... Der Sün-
de Bild hielten sie ihm vor ... Der Hölle Bild trieben sie zu ihm ... Wie
wir nun sehen, daß Christus zu all den Worten und greulichen Bil-
dern still schweigt, nicht mit ihnen ficht, tut, als höre und sehe er sie
nicht, beantwortet keins ... sondern allein auf den liebsten Willen
seines Vaters acht hatte, so ganz und gar, daß er seines Todes, seiner
Sünde, seiner Hölle, die auf ihn getrieben wurden, vergißt und für sie
bittet, für ihren Tod, Sünde und Hölle: So sollen wir diese Bilder
auch lassen herfallen und abfallen, wie sie wollen oder mögen, und

nur daran denken, daß wir an dem Willen Gottes hängen, der ist, daß wir in Christus haften und fest glauben, unser Tod, unsere Sünde und Hölle sei uns in ihm überwunden und könne uns nicht schaden, damit Christi Bild allein in uns sei ...[101]

15. ... Nun kommen wir wieder zu den heiligen Sakramenten und ihren Kräften, damit wir lernen, wozu sie gut sind und wozu sie zu gebrauchen. Wem nun die Gnade und Zeit verliehen sind, daß er beichtet, absolviert wird, mit dem Abendmahl und der letzten Ölung versehen wird, der hat gewiß große Ursache, Gott zu lieben, zu loben und ihm zu danken und zu sterben, wenn er sich nur getrost im Glauben verläßt auf die Sakramente, wie oben gesagt. Denn in den Sakramenten handelt, redet, wirkt durch den Priester dein Gott Christus selbst mit dir, und es geschehen da nicht Menschenwerke oder -worte. Da verspricht dir Gott selbst alle Dinge, die jetzt von Christus gesagt sind, und will, daß die Sakramente ein Wahrzeichen und eine Urkunde seien. Christi Leben hat deinen Tod, sein Gehorsam hat deine Sünde, seine Liebe deine Hölle auf sich genommen und überwunden. Darüber hinaus wirst du durch diese Sakramente eingeleibt und vereinigt mit allen Heiligen und kommst in die rechte Gemeinschaft der Heiligen ... Es kann sonst nichts helfen in Todesnöten, denn mit dem Zeichen werden alle erhalten, die erhalten werden. Es weist auf Christus und sein Bild, so daß du kannst wider des Todes, der Sünde und Hölle Bild sagen: Gott hat mir zu gesagt und ein sicheres Zeichen seiner Gnade in den Sakramenten gegeben, daß Christi Leben meinen Tod in seinem Tod überwunden habe, sein Gehorsam meine Sünde in seinem Leiden vertilgt, seine Liebe meine Hölle in seinem Verlassensein zerstört habe ... Gott hat es gesagt, Gott kann nicht lügen, weder mit Worten noch mit Werken.[102]

16. ... Hierauf kommt es nun am allermeisten an: daß man die heiligen Sakramente, in denen Gottesworte, Zusagen, Zeichen geschehen, hoch achte, in Ehren halte, sich auf sie verlasse, das ist, daß man weder an den Sakramenten noch an den Dingen, deren sichere Zeichen sie sind, zweifele. Denn wenn daran gezweifelt wird, so ist alles verloren. Denn wie wir glauben, so wird uns geschehen ... Deshalb ist nicht zu scherzen mit den Sakramenten. Es muß der Glaube da sein, der sich auf sie verlasse und es getrost wage auf solche Gotteszeichen und Zusagen hin ... Hat mich der Priester absolviert, so verlasse ich mich darauf als auf Gottes Wort selber ... Denn du sollst ebenso fest trauen auf des Priesters Absolution, als ob dir Gott einen besonderen Engel oder Apostel sendet, ja, als ob dich Christus selbst absolvierte.[103]

17. ... *Sieh, einen solchen Vorteil hat, wer die Sakramente erlangt, daß er ein Zeichen Gottes erlangt und eine Zusage, an der er seinen Glauben üben und stärken kann, er sei in Christi Bild und Güter berufen. Ohne diese Zeichen mühen sich die anderen nur im Glauben ab und erlangen sie nur mit der Begierde des Herzens, wenngleich sie auch erhalten werden, wenn sie in diesem Glauben bleiben. So sollst du auch sagen bei dem Sakrament des Altars: Hat mir der Priester gegeben den heiligen Leib Christi, was ein Zeichen und Zusage ist der Gemeinschaft aller Engel und Heiligen, daß sie mich lieb haben, für mich sorgen, bitten und mit mir leiden, sterben, Sünde tragen und Hölle überwinden, so wird und muß es sein ... Nun sieh, man findet viele Leute, die gern wollten gewiß sein oder ein Zeichen haben vom Himmel, wie sie mit Gott dran wären, und ihre Vorherbestimmung wissen ... Was hülfen alle Zeichen ohne Glauben? ... So sollten wir die Sakramente lernen erkennen, was sie sind, wozu sie dienen, wie man sie gebrauchen soll. So finden wir, daß kein größeres Ding auf Erden sei, das betrübte Herzen und böse Gewissen lieblicher trösten kann ... Der Gebrauch ist nichts anderes als glauben, es sei so, wie die Sakramente durch Gottes Wort zusagen und versichern. Darum ist es nötig, daß man nicht allein die drei Bilder in Christus ansehe und die Gegenbilder damit austreibe und fallen lasse, sondern daß man ein gewisses Zeichen habe, das uns versichere, es sei auch uns gegeben. Das sind die Sakramente.*[104]

18. *Zum achtzehnten soll kein Christenmensch an seinem Ende daran zweifeln, daß er nicht allein sei in seinem Sterben. Sondern er soll gewiß sein, daß nach der Aussage des Sakraments auf ihn gar viele Augen sehen. Zum ersten Gottes selber und Christi, weil er seinem Wort glaubt und seinem Sakrament anhängt; danach die lieben Engel, die Heiligen und alle Christen. Denn da ist kein Zweifel, wie das Sakrament des Altars zeigt, daß sie allesamt wie ein ganzer Körper zu seinem Glied hinzulaufen, helfen ihm den Tod, die Sünde, die Hölle überwinden und tragen alle mit ihm ... Wenn aber Gott auf dich sieht, so sehen ihm nach alle Engel, alle Heiligen, alle Kreaturen; und wenn du in dem Glauben bleibst, so halten sie alle die Hände unter. Geht deine Seele aus, so sind sie da und empfangen sie, du kannst nicht untergehen ... Darum soll man wissen, daß*

Ars moriendi: Versuchung durch irdische Güter

das Gottes Werke sind, die größer sind, als jemand denken kann, und die er doch wirkt in solchem kleinen Zeichen der Sakramente, damit er uns lehre, wie ein großes Ding sei ein rechter Glaube an Gott.[105]

19. *Zum neunzehnten soll aber niemand sich vermessen, solche Dinge aus seinen Kräften heraus zu unternehmen. Sondern jeder soll Gott demütig bitten, daß er solchen Glauben und solches Verständnis seiner heiligen Sakramente in uns schaffe und erhalte ... Außerdem soll er alle heiligen Engel, besonders seinen Schutzengel, die Mutter Gottes, alle Apostel und lieben Heiligen anrufen, vor allem die, zu denen Gott ihm besondere Andacht gegeben hat. Er soll aber so bitten, daß er nicht zweifle, das Gebet werde erhört ... Auch sollte man das ganze Leben lang Gott und seine Heiligen bitten für die letzte Stunde um einen rechten Glauben ...*[106]

20. *... Nun sieh, was soll dir dein Gott mehr tun, damit du den Tod willig annehmest, nicht fürchtest und überwindest? Er zeigt und gibt dir in Christus des Lebens, der Gnade, der Seligkeit Bild, damit du vor des Todes, der Sünde, der Hölle Bild dich nicht entsetzest. Er legt zudem deinen Tod, deine Sünde, deine Hölle auf seinen liebsten Sohn und überwindet sie dir, macht sie dir unschädlich. Er läßt zudem deine Anfechtung des Todes, der Sünde, der Hölle auch über seinen Sohn gehen und lehrt, dich darin zu halten, und macht sie unschädlich, zudem erträglich. Er gibt dir für das alles ein gewisses Wahrzeichen, damit du ja nicht daran zweifelst, nämlich die heiligen Sakramente. Er befiehlt seinen Engeln, allen Heiligen, allen Kreaturen, daß sie mit ihm auf dich sehen, deine Seele wahrnehmen und sie empfangen. Er gebietet, du sollst dies von ihm erbitten und der Erhörung gewiß sein ... Deshalb muß man zusehen, daß man ja mit großen Freuden des Herzens danke seinem göttlichen Willen ... und sich nicht so sehr vor dem Tod fürchten, sondern nur seine Gnade preisen und lieben. Denn die Liebe und das Lob erleichtern das Sterben gar sehr ... Dazu helfe uns Gott. Amen.*[107]

Um die Seele im Sterben nicht zu belasten, gilt es rechtzeitig sein Erbe so zu regeln, daß kein Streit darum entbrennen kann. In besonderer Weise gilt dies für zwischenmenschliche „unerledigte Geschäfte", die – so betont und beobachtet man es heute – einem Menschen das Sterben erschweren können. Der im Krankenhaus nicht selten zu hörende Satz „Warum kann dieser Mensch nicht sterben?" zeigt an, daß alle Anzeichen auf den Tod hinweisen, der Sterbende dennoch nicht sterben kann. Bei Luther geht es an dieser Stelle darum,

Hinterbleibenden zu vergeben, aber auch selbst Vergebung anzunehmen, „... damit die Seele nicht bleibe behaftet mit irgendeiner Angelegenheit auf erden".

Wir dürfen nicht vergessen, daß Luther diesen Sermon zur Vorbereitung nicht ausschließlich für die unmittelbare Sterbestunde schreibt. Diese Einübung ist auf alle Zeiten des Lebens angelegt. Die Verdichtung der Gottesbeziehung soll die mit dem Sterben einhergehende Angst gleichsam in Gott aufheben. Der Angst kann nur dadurch begegnet werden, daß die Vergegenwärtigung dessen, was nach dem Tode kommt, „Linderung" verschafft. Da das Leben schlechthin und in besonderer Weise alles, „was danach kommt", ohnehin in Gottes Hand liegt, ist das Vertrauen auf Gott – im Leben wie im Sterben – die einzige Möglichkeit, nicht von den Ängsten eingenommen zu werden.

Heute werden die Sakramente und mehr und mehr auch die Krankensalbung als Möglichkeit des Handelns im Angesicht des Todes wiederentdeckt. Letztere muß im evangelischen Bereich mühsam als Mittel der Kirche dargelegt werden. Wir können uns vergegenwärtigen, daß Luther neben dem Abendmahl und der Taufe auch die Beichte und die „letzte Ölung" im Zusammenhang des Sterbens als Sakramente ansah. Damals ging es ebensowenig wie heute darum, die Sakramente als billige Beruhigungs- oder Trostmittel einzusetzen.

Luther befürchtet vor allem anderen, daß dem seligen Sterben die Angst erzeugenden Bilder im Wege stehen. „Deren sind drei: die erste, das erschreckende Bild des Todes, die andere das grauenhafte, mannigfaltige Bild der Sünde, die dritte das unerträgliche und unausweichliche Bild der Hölle und ewigen Verdammnis." Er warnt davor, sich im Sterben dieser Themen immer wieder anzunehmen, sieht er doch darin des Teufels Werk, das nun, da es um die Seligkeit des Sterbenden geht, sich nicht durchsetzen dürfe. Das Nachdenken darüber trage nichts aus und beschwere unnötigerweise die Seele. „Die Kunst ist's ganz und gar, sie fallenzulassen und nichts mit ihnen zu schaffen zu haben. Wie geht das aber zu? Das geht so zu: Du mußt den Tod in dem Leben, die Sünde in der Gnade, die Hölle im Himmel ansehen und dich von dem Ansehen oder Blick nicht lassen wegtreiben, wenn dir's gleich alle Engel, alle Kreatur, ja, wenn dir's auch scheint, Gott selber vor Augen halten, was sie doch nicht tun, aber der böse Geist macht einen solchen Schein."

Das Gefühl des Alleinseins, die Angst vor Isolation scheint dem Sterben grundsätzlich beizuwohnen. Dies ist eine heute häufig genannte Sorge, dies wird die Sorge auch damals gewesen sein. Für Luther ist die Zusicherung der immerwährenden Gemeinschaft natürlich gebunden an den Glauben. Insofern ist der Glaube zu stärken und gegebenenfalls auf dem Sterbelager darzulegen, daß es im Glauben, in der Beziehung zu Gott, kein Moment des Alleingelassenseins gibt. Zweifel daran sollen gar nicht aufkommen, „sondern er soll gewiß sein, daß nach der Aussage des Sakraments auf ihn gar viele Augen sehen. Zum ersten Gottes selber und Christi, weil er seinem Worte glaubt und seinem Sakrament anhängt; danach die lieben Engel, die Heiligen und alle Christen. Denn da ist kein Zweifel, wie das Sakrament des Altars zeigt, daß die allesamt wie ein ganzer Körper zu seinem Glied hinzulaufen, helfen ihm den Tod, die Sünde, die Hölle zu überwinden und tragen alle mit ihm." Die Zusage der Gemeinschaft zielt hier – anders als im heutigen hospizlichen Engagement – in erster Linie auf eine unsichtbare Gemeinschaft.

Sterben hat sich im Laufe der Jahrhunderte gewandelt, und es wäre unangebracht, etwa Luthers Sermon heute „abarbeiten" zu wollen. Geistesgeschichtlich, medizinisch, gefühlsmäßig und glaubensmäßig sind große Entwicklungen und Veränderungen eingetreten, die nicht umkehrbar sind, und das ist auch gut so. Der Sermon ist keine Gebrauchsanweisung für heute mit Blick auf die Frage nach einem „guten Sterben". Gleichwohl ist nicht zu übersehen, daß die heutige Hospizbewegung viele Elemente von dem, was damals als hilfreich und wichtig für ein Sterben galt, versucht wieder ins Bewußtsein zu rücken. So ist Luthers Postulat, abschiedlich zu leben und mithin im Sterben das Loslassen einzuüben, genauso Gegenstand heutiger Argumentation wie seine Mahnung, sich der unausweichlichen Situation des Sterbens zu stellen, ohne sich ihr auszuliefern. Freilich enthält der Sermon daneben viele theologische Gedanken im Blick auf das Sterben, die auch heute das Denken und Fragen mancher Christen ausmachen.

Ist Luther gestorben, wie er es anbefohlen hat? Hanns Lilje schreibt: „Man hörte ihn noch beten – sein Begleiter Justus Jonas hat es aufgezeichnet:

O mein himmlischer Vater, Gott und Vater unseres Herrn Jesu Christi, du Gott alles Trostes, ich danke dir, daß du mir deinen lieben Sohn Jesum Christum offenbart hast, an den ich glaube, den ich gepredigt und bekannt habe, den ich geliebet und gelobet habe, welchen der leidige Papst und alle Gottlosen schänden, verfolgen und lästern. Ich bitte dich, mein Herr Jesu Christe, laß dir meine Seele befohlen sein. O himmlischer Vater, ob ich schon diesen Leib lassen und aus diesem Leben weggerissen werden muß, so weiß ich doch gewiß, daß ich bei dir ewig bleiben und aus deinen Händen mich niemand reißen kann.

Mehrfach betete er den Spruch aus dem Completorium: In deine Hände befehle ich meinen Geist, du treuer Gott.

Als er immer stiller wurde, riefen ihm seine beiden treuesten Schüler und Mitarbeiter zu: ‚Reverende Pater, wollet Ihr auf Christum und die Lehre, wie ihr sie gepredigt, beständig sterben?' Er antwortete noch mit klarer Stimme Ja und ist bald darauf ‚friedlich und sanft im Herrn entschlafen, wie Simeon singet'."[108]

Martin Moller, Manuale de praeparatione ad mortem [Handbuch über die Vorbereitung zum Tod], 1593[109]

Martin Moller (1547–1606), vielleicht nicht ganz so bekannt wie die zuvor Genannten, darf im Zusammenhang der Ars moriendi nicht unerwähnt bleiben. Denn seine Werke – und mithin die „heilsame und sehr nützliche Betrachtung, wie ein Mensch christlich leben und seliglich sterben soll", so der Untertitel des Manuale – haben großen Einfluß auf die lutherische Erbauungsliteratur und Predigt. Sein Anliegen war es, in einfacher Sprache evangelische Heilswahrheiten zu verkündigen, damit auch die „Einfältigen" zu Trost und Heilsgewißheit gelangen können. Das Fehlen geeigneter „einfacher" Literatur hat Moller bewogen, „ein solches Büchlein an Tag zu geben/darinnen der Einfältige/gemeine Laye kürtzlich/nit allein alle vornehme Lehren/Trost vnd Vermahnung/sondern auch gute/eynfältige Anleytung hette/wie er alles zum Christlichen Leben/vnd seligen Sterben/lieblich/anmutig vnd tröstlich gebrauchen könne"[110].

Das rechte Sterben ist unlöslich gebunden an das rechte Leben, wobei es hier wie da grundsätzlich um das ewige Leben geht. Vom Bedenken dessen, daß die Sterbestunde ungewiß ist, gilt es, immer vorbereitet zu sein auf das ewige Leben. Diese Vorbereitung kann nur das christliche Leben selbst sein. Insofern kann nur der recht sterben, der recht gelebt hat.

Krankheit und Sterben werden bei Moller zum einen unter dem Gesichtspunkt des Naturhaften und zum anderen unter einem theologischen Aspekt betrachtet. Dabei steht das Naturhafte für die Gedankenwelt und Lebensweise der Ungläubigen, das Theologische für die der Gläubigen. Das meint, daß der Gläubige Krankheit und Sterben als Gottes Strafe versteht, die uns wegen unserer Sünden zukommt. Die Gottlosen können einer solchen theologischen Deutung nicht folgen und fragen sich vielmehr, „wo sie irgendeinen ungesunden Bissen gessen, oder was Schädliches getruncken, oder ihnen sonst was wiederfahren sey daher die Kranckheit komme"[111]. Der Betrachtungsweise der Gottlosen widmet Moller zwei von neun Kapiteln seines Werkes. Es mag verwundern, daß Moller, der ja ein Büchlein für die Glaubenden schreiben will, so relativ breit den Gedanken der Gottlosen nachgeht. Doch er befürchtet, daß die Argumentationen der Ungläubigen eine Anfechtung für die Gläubigen werden können. So muß er das anscheinend begehrenswerte gottlose Leben und Sterben theologisch aufdecken und darlegen, daß der Gläubige sich auf das eigentliche Wesen, auf Grund und Ursprung seines Lebens besinnt.

Auch in der Sprache soll sich der Gläubige von dem Gottlosen unterscheiden. Der Beschreibung des Faktischen – Sterben, Grab, Verscharren, Verwesen –, die den Ungläubigen eigen ist, soll die Sprache der Gläubigen gegenüberstehen.

Sihe, der Herr hat durch seinen Tod dein Sterben in ein sanftes Einschlafen verwandelt und dir dein Grab zu einem säuberlichen Ruhe=Bettlein gemachet. Wenn du stirbest, heisset es einschlafen: Wenn du in das Grab geleget wirst, heisset es zu Bette gehen: Wenn man zuscharret, heisset es die Thür nach dir zuschließen: Wenn dein Leib verfaulet, heisset es ruhen und dich verbergen, bis der Zorn vorüber ist.[112]

Natürlich gibt es im Prozeß des Sterbens auch geistliche Anfechtungen. Moller nennt als die schwerste Anfechtung im Sterben die Sünde, und allein die Gewißheit der Vergebung kann die Todesangst überwinden. Wie auch bei Luther ist für einen Christen der schlimmste Gedanke der, unbußfertig und sündig zu sterben. Insofern ist es nur folgerichtig, daß, wer allezeit christlich lebt, sich diese Sorge nicht zu machen braucht. Wie auch immer vorbereitet, der eigentliche Trost im Sterben ist für Moller die Rechtfertigung.

(1) Ja mein HErr JEsu Christe! du bist für mich gestorben, du hast mir deinen Vater versöhnet, und hast meine Sünde gebüsset, du hast den Tod verschlungen, und mir das ewige Leben erworben. (2) Solches gläube ich von Hertzen, und halte mich an dich festiglich, darum habe ich in meinem Hertzen Friede und Freude, Trost und Wonne, und achte des Todes nicht. (3) Ja, HErr JEsu! durch dich habe ich Vergebung aller meiner Sünden, bin vor GOtt gerecht und rein, habe an ihm einen gnädigen lieben Vater, bin sein liebes Kind, und Erbe seines Himmelreichs. (4) Mein HErr JEsu! ich bin dein

*Eigenthum, du hast mich erkaufet mit deinem Blute, und erlöset aus
der Höllen: (5) Ja, du bist mein Bruder, und ich dein Mit=Erbe, denn
alles, was du hast, das ist auch mein: (6) Ja, ich bin deine hertzliebe
Braut, deine Lust und Freude, dein Schatz, den du gar theuer erworben hast. (7) Dazu bin ich auch ein Tempel und Wohnung deines
heiligen Geistes, durch welchen ich versiegelt und versichert bin im
Glauben. (8) Ja, derselbe hat mich mit dir, meinem HErrn, also verbunden, vereiniget, und so fest verknüpfet, daß ich bin Bein von deinem Bein, und Fleisch von deinem Fleisch, und müsten ehe alle
Creaturen zu Grunde gehen, ehe mich etwas von deiner Liebe scheiden solte, Rom. 8. (9) Was solte mir denn der Tod Thun? Warlich
nichts mehr, denn daß er mich näher zu dir, meinem HErrn JEsu,
bringe. (10) Derohalben achte ich des Todes gleich wie nichts, habe
das Leben im Hertzen, und rede von nichts als von dem Leben: Denn
Christus ist mein Leben, und Sterben ist mein Gewinn, Philipp. 1.
(11) Ja, ich singe und sage mit dem lieben Hiob, Cap. 19. Ich weiß,
daß mein Erlöser lebet, und er wird mich hernach aus der Erden auf-
erwecken, und werde darnach mit dieser meiner Haut umgeben werden, und werde in meinem Fleische GOtt sehen, denselben werde ich
mir sehen, und meine Augen werden ihn schauen, und kein Fremder.*[113]

Trost verschafft demnach die Verheißung des ewigen Lebens in
Gestalt der Auferstehung der Toten. Dabei ist von nicht zu unter-
schätzender Bedeutung die Vereinigung mit Christus. Dem Vereini-
gungsgedanken eigen ist, daß man in die Nähe Jesu kommen muß,
und das impliziert ein Sterbeverlangen. Sollen die Gedanken der
Rechtfertigung zunächst dazu dienen, den Tod nicht zu fürchten, so
wird mit dem Aspekt der Vereinigung die Furcht durch die Sehnsucht
nach dem Tod überboten.

*Was solte mir denn der Tod thun? Warlich nichts mehr, denn daß
er mich näher zu dir, meinem HErrn JEsu, bringe.*

Neben der Anfechtung der Sünde nennt Moller als weitere religiöse Anfechtungen die des möglichen Abfalls vom Glauben und des
Zweifels an der Erwählung. Die wiederholten Anweisungen dazu
schärfen ein, solchen Fragen nicht nachzugehen, sondern sich fest an
Gottes Zusage zu halten.

Gerade das zitierte Gebet kann den Eindruck erwecken, als würde
das hiesige Leben kaum von Bedeutung sein. Doch nicht zuletzt der
Titel des Buches widerspricht dem: Die Anweisung zum hiesigen
christlichen Leben zeigt an, daß ich nur so das Leben gewinnen kann.
Das heißt, das irdische Leben ist der Ort der Entscheidung für oder

gegen das Leben. Das Leben als Vorbereitung auf das selige Sterben muß die aufrichtige Buße bei sich haben. Nur dann ist der Mensch recht vorbereitet. Aufrichtige Buße vollzieht sich in der Reue, dem Glauben an die Vergebung und die Hinwendung zum neuen Leben. Trost im Sterben ist allein der Glaube, der im Leben durch Wort, Sakrament und Gebet immer wieder gestärkt wurde. Ist dies – und hier besonders die Sakramente – im Leben eingeübt und als Stärkung erfahren worden, kann es in gleicher Weise Trost im Sterben sein.

Aus tiefer Not schrei ich zu dir: Tod und Sterben im Kirchenlied[114]

Die Inhalte der Gesangbuchlieder spiegeln zwar das theologische Verständnis ihrer jeweiligen Zeit. Doch will ich keine Interpretationen oder Analysen der Lieder liefern, sondern will die Aussagen zunächst als solche nehmen, wie sie heute verstanden werden können, und sie in Beziehung setzen zu einem landläufigen Verständnis vom Sterben.

Das „Manuale de praeparatione ad mortem" Mollers ist für die Frage nach Tod und Sterben im Kirchenlied insofern von Bedeutung, als in seinem Büchlein erstmalig auch eine Sammlung von Liedern zu finden ist. So wird dem Kirchenlied ein Platz in der Ars moriendi zugewiesen. Im achten Kapitel des Manuale finden sich zehn Lieder mit dem Hinweis, sie als Gebete zu lernen und mit ihnen täglich um ein seliges Sterben zu bitten:

1. O Herre Gott, in meiner Noth
2. Hilff Helffer, hilff in angst und noth
3. Ach Herr, sey du mein zuversicht
4. Ich armer Sünder gar nichts bin
5. Herr Jesu Christ, du trewer Hort
6. Herr Jesu Christ, war Mensch und Gott
7. Herr Jesu Christ, in deine Hand
8. O Jesu, Gottes Lämmelein
9. Hie lige ich armes Würmelein
10. Ach Gott, wie manches Hertzeleid

Erfahrungen, die wir bis heute in der Sterbebegleitung machen können, sind dort vorgebildet. Manchen Sterbenden erreichen wir kaum noch mit Worten, wohl aber mit bekannten Liedern oder Gebeten, die zuweilen erinnert und mitgesprochen oder mitgesungen werden. Schon Moller verwies darauf, daß man solche Dinge rechtzeitig lernen solle:

Also erwehle dir auch etliche gewisse Sprüche, und lerne sie wol verstehen, auff das du an deinem Ende deine Seele hinein hüllen, und mit Troste verwaren kanst. Denn da wird offtmals der Verstandt geringe, Das Gedächtnis nimpt abe, Da kan man nicht auff lange Predigten hören, Man achtet auch nicht der verblümeten, Rethorischen gefiedderten Worte, sondern ein Trostspruch, ein Trostwort, das durch den Mundt Gottes gangen ist, Das erfrewet, labet, speyset, erquicket Hertz, Leib und Seele. Wenn mans aber auff seinem Todtbette erst lernen sol, da gehets schwer zu, und ist offt zu lange geharret.[115]

Ein Abschnitt innerhalb des achten Kapitels des „Manuale de praeparatione ad mortem" hat als Überschrift: „Manche Patienten hören auch gerne singen, Was für Gesenge mag man ihnen singen lassen?" Dazu wird ausgeführt:

Es gibts die erfahrunge, das man durch schöne Gesenge, wenn sie mit andacht gesungen werden, viel trawrigkeit und schwermuth aus dem Hertzen wegsingen, Dagegen auch viel schönes Trostes hinein singen kan, das die Hertzen dabey frölich und gutes muths werden, Erinnern sich dadurch der Himlischen Engel Musica, welche wir dorth werden halten helfen, und sampt jhnen Gott preysen, in ewigen Frewden. Man sol sich aber nach dem Patienten richten, und jhm singen, was er haben wil, Als da sind

1. *Wir gleuben alle an einen Gott*
2. *Vater unser im Himmelreich*
3. *Mit Fried und Frewd ich fahr dahin*
4. *Aus tiefer noth schrey ich zu dir*
5. *Nun bitten wir den heyligen Geist*
6. *Erbarm dich mein O Herre Gott*
7. *Gott der Vater, wohn uns bey*
8. *Mitten wir im Leben sind*
9. *Ach lieben Christen, seyd getrost*
10. *Nun last uns den Leib begraben*
11. *Ich ruff zu dir, Herr Jesu Christ*
12. *Allein zu dir, Herr Jesu Christ*
13. *Durch Adams fall ist gantz verderbt*
14. *Es ist das Heyl uns kommen her*
15. *Wenn mein stündlein verhanden ist.*

Diese oder andere gesenge, kan man nachsuchen im Gesangbüchlein. Auch kan man sich nach der Jahrzeit richten, und Weyhenacht, Ostern, oder Pfingstgesenge singen, nachdem des Krancken andacht begeret.[116]

121

Ähnlich, wie sich heute manche Lieder zu einem bestimmten Anlaß besonderer Beliebtheit erfreuen, werden wir davon ausgehen können, daß diese Lieder damals bekannt waren. Daß sie sich als rechte Erbauungslieder erwiesen haben, ist daran zu sehen, daß bis auf „Erbarm dich mein O Herre Gott", „Ach lieben Christen seyd getrost" und „Durch Adams fall ist gantz verderbt" alle Lieder auch im heutigen „Evangelischen Gesangbuch" zu finden sind. Daraus läßt sich der Trostwert der Lieder ablesen, den sie in der Zeit des Sterbens bis heute haben. Freilich erwächst der Trost für den Sterbenden aus der Stärke, die solche Lieder zu Lebzeiten hatten und nun im Sinne der Vergewisserung trösten. Im Grunde liefert Moller hierfür jene Begründungen, die später als neue psychologische Einsichten bekannt werden. So stellt er zunächst fest, daß das gereimte Lied sich besser einprägt und verinnerlicht werden kann. Damit bleibt es ein Stück Besitz und ist auch dann noch wirksam, wenn Verwirrtheit sich des Menschen bemächtigt hat. Musiktherapeuten werden Moller auch da recht geben, wo er feststellt, daß die Lieder ungeachtet sonstiger Vergeßlichkeit aus den Tiefen erinnert werden und dennoch in dem Sterbenden klingen, der sie einmal gelernt hat, selbst wenn er sie nicht ausdrücklich singt. Geradezu modern im Sinne patientenorientierter Seelsorge mutet die Anweisung Mollers an, sich nach dem Patienten zu richten und auf seine Wünsche einzugehen.

Im Evangelischen Gesangbuch kann man die Rubrik „Sterben und ewiges Leben, Bestattung" finden. Damit erhalten bestimmte, in dieser Gruppe zusammengefaßte Lieder ihren Ort in der Sterbestunde. Doch schon bei Moller ist zu beobachten, daß das Sterbelied nicht allein in einer bestimmten Gruppe zu suchen ist. Wie oben erwähnt, können es durchaus Lieder der Jahreszeit, Weihnachts-, Oster- oder Pfingstlieder sein.

Luther verweist in seinem „Sermon von der Bereitung zum Sterben" auf sein Pfingstlied „Nun bitten wir den Heiligen Geist", in dem es heißt: „Nun bitten wir den Heiligen Geist um den rechten Glauben allermeist, daß er uns behüte an unserm Ende, wenn wir heimfahrn aus diesem Elende. Kyrieleis." Überhaupt ist zu beobachten, daß viele Gesangbuchlieder aus den unterschiedlichsten Liedgruppen „Ars-moriendi-Strophen" enthalten. Nachfolgend eine kleine Auswahl. Ihnen wird auffallen, daß es bestimmte Formstücke gibt, die in den einzelnen Liedern immer wieder auftauchen. So wird häufig wie in der Ars-moriendi-Literatur darauf hingewiesen, seine Sterbestunde zu bedenken. Oder es wird gesagt, daß die Sterbestunde ungewiß ist und man von daher jederzeit auf den Tod vorbereitet zu sein habe. Der Hinweis auf die Sünde und die Bitte um Vergebung der Sünde, als ein weiteres wichtiges Formstück zum Sterbelied, läßt sich aus dem theologischen Verständnis im Umfeld des Sterbens erklären. Zum einen steht der Mensch als Sünder vor Gott, zum anderen kann er kraft der Rechtfertigung aus Glauben seiner Sünden ledig werden. Darum muß er allerdings bitten und besonders in der Sterbestunde, da es für das damalige Verständnis nichts Schlimmeres geben konnte, als unbußfertig vor Gott zu treten. Hier schließt sich der Kreis; in diesem Sinne vorbereitet zu sein heißt, jederzeit bereit zu sein. Analog der Ars-moriendi-Literatur findet sich in den Liedern auch der Hinweis auf das Kreuz, auf Sterben und Tod Jesu Christi als Trost für unser Sterben.

85 [179]: *9 Wenn ich einmal soll scheiden, so scheide nicht von mir, wenn ich den Tod soll leiden, so tritt du dann herfür; wenn mir am allerbängsten wird um das Herze sein, so reiß mich aus den Ängsten kraft deiner Angst und Pein.*

10 Erscheine mir zum Schilde, zum Trost in meinem Tod, und laß mich sehn dein Bilde in deiner Kreuzesnot. Da will ich nach dir blicken, da will ich glaubensvoll dich fest an mein Herz drücken. Wer so stirbt, der stirbt wohl.[117]

89: *5 Herr Jesu, deine Angst und Pein und dein betrübtes Leiden laß meine letzte Zuflucht sein, wenn ich von hier soll scheiden. Ach hilf, daß ich durch deinen Tod fein sanft beschließe meine Not und selig sterbe. Amen.*

128: *7 Führ uns durch die Lebenszeit, gib im Sterben dein Geleit, hol uns heim zur ewgen Freud.*

163: *Unsern Ausgang segne Gott, unsern Eingang gleichermaßen, segne unser täglich Brot, segne unser Tun und Lassen, segne uns mit sel'gem Sterben und mach uns zu Himmelserben.*

234: *5 Gnad hat dir zugesaget Gott, von wegen Christi Blut und Tod; zusagen hat er nicht gewollt, ob du bis morgen leben sollt; daß du mußt sterben, ist dir kund, verborgen ist des Todes Stund.*

6 Heut lebst du, heut bekehre dich! Eh morgen kommt, kann's ändern sich; wer heut ist frisch, gesund und rot, ist morgen krank, ja wohl gar tot. So du nun stirbest ohne Buß, dein Seel und Leib dort brennen muß.

7 Hilf, o Herr Jesu, hilf du mir, daß ich noch heute komm zu dir, und Buße tu den Augenblick, eh mich der schnelle Tod hinrückt, auf daß ich heut und jederzeit zu meiner Heimfahrt sei bereit.

363: *5 Dem G'lehrten hilft doch nicht sein Kunst, die weltlich*

Pracht ist gar umsonst, wir müssen alle sterben. Wer sich in Christus nicht bereit', solange währt die Gnadenzeit, ewig muß er verderben.

406: *4 Ja, Herr Jesu, bei dir bleib ich so in Freude wie in Leid; bei dir bleib ich, dir verschreib ich mich für Zeit und Ewigkeit. Deines Winks bin ich gewärtig, auch des Rufs aus dieser Welt; denn der ist zum Sterben fertig, der sich lebend zu dir hält.*

530: *1 Wer weiß, wie nahe mir mein Ende! Hin geht die Zeit, her kommt der Tod; ach wie geschwinde und behende kann kommen meine Todesnot. Mein Gott, mein Gott, ich bitt durch Christi Blut: mach's nur mit meinem Ende gut.*

2 Es kann vor Nacht leicht anders werden, als es am frühen Morgen war; solang ich leb auf dieser Erden, leb ich in steter Todsgefahr. Mein Gott, mein Gott, ich bitt durch Christi Blut: mach's nur mit meinem Ende gut.

3 Herr, lehr mich stets mein End bedenken und, wenn ich einstens sterben muß, die Seel in Jesu Wunden senken und ja nicht sparen meine Buß. Mein Gott, mein Gott, ich bitt durch Christi Blut: mach's nur mit meinem Ende gut.

4 Laß mich beizeit' mein Haus bestellen, daß ich bereit sei für und für und sage frisch in allen Fällen: Herr, wie du willst, so schick's mit mir! Mein Gott, mein Gott, ich bitt durch Christi Blut: mach's nur mit meinem Ende gut.

Bereits seit dem für die lutherische Gesangbuchgeschichte grundlegenden Wittenberger „Geistlichen Büchlein" von 1524, zu dem Luther die sogenannte „erste Gesangbuch-Vorrede" schrieb, finden sich unterschiedliche Liedgruppen, mithin jene, die mit Überschriften wie „Vom Tod und Sterben", „Von den letzten Dingen", „Vom jüngsten Tag und der Auferstehung" versehen sind. Die Rubriken wie auch die Anzahl der Sterbelieder im Verhältnis zu der Gesamtanzahl der Lieder weist darauf hin, daß das Gesangbuch mehr und mehr die Aufgabe übernommen hat, die der Ars-moriendi-Literatur eigen war.

Wenn wir uns mit diesen Liedern beschäftigen, vor dem Hintergrund, sie in der heutigen Sterbebegleitung dienstbar zu machen, dann haben wir sie für den eigenen Gebrauch neu zu entdecken. Dabei kann es nicht darum gehen, mit Verweis auf die heutige Gedankenwelt in Distanz zu ihnen zu gehen. Angesichts heutiger Sprachlosigkeit in der Sterbesituation können wir mit Hilfe der Lieder wieder zur Sprache finden. Wo ein sterbender Mensch in der Tradition des Kirchenliedguts aufgewachsen ist, wird er die Lieder von Sterben und Tod kennen und sogar nach ihnen fragen. Sie dann zu singen ist geboten. Auch da, wo ein Mensch sich nicht mehr äußern kann, wir aber aus seiner Biographie die Vertrautheit mit diesen Texten wissen. Doch wir haben das Liedgut oder besser uns selbst zu prüfen, um nicht vorschnell traditionelle Haltungen ohne eigenes Verstehen als gefühlsmäßig anrührend hinzunehmen. Es ist nötig, ein eigenes Verhältnis zu Sterben und Tod und Leben zu gewinnen. Dazu kann die Ars moriendi auch in Gestalt der Lieder hilfreich sein.

Engel, Schutzengel, Nothelfer, Heilige – von den „Helfern" im Sterben

Von guten Mächten treu und still umgeben,
behütet und getröstet wunderbar,
so will ich diese Tage mit euch leben
und mit euch gehen in ein neues Jahr.

Noch will das alte unsre Herzen quälen,
noch drückt uns böser Tage schwere Last,
ach, Herr, gib unsern aufgescheuchten Seelen
das Heil, für das Du uns bereitet hast.

Und reichst Du uns den schweren Kelch, den bittern
des Leids, gefüllt bis an den höchsten Rand,
so nehmen wir ihn dankbar ohne Zittern
aus Deiner guten und geliebten Hand.

Doch willst Du uns noch einmal Freude schenken
an dieser Welt und ihrer Sonne Glanz,
dann wolln wir des Vergangenen gedenken,
und dann gehört Dir unser Leben ganz.

Laß warm und still die Kerzen heute flammen,
die Du in unsre Dunkelheit gebracht,
führ, wenn es sein kann, wieder uns zusammen.
Wir wissen es, Dein Licht scheint in der Nacht.

Wenn sich die Stille nun tief um uns breitet,
so laß uns hören jenen vollen Klang
der Welt, die unsichtbar sich um uns weitet,
all Deiner Kinder hohen Lobgesang.

Von guten Mächten wunderbar geborgen,
erwarten wir getrost, was kommen mag.
Gott ist mit uns am Abend und am Morgen
und ganz gewiß an jedem neuen Tag.[118]

Engel[119]

Dietrich Bonhoeffer kann ganz unbefangen von „guten Mächten"
sprechen, obwohl er als evangelischer Theologe die Unmittelbarkeit
zu Christus betont. Ähnliche Unbefangenheit wünsche ich mir beim
Lesen dieses Kapitels. Wenn ich in diesem Buch über Engel schreibe,
dann nicht, um in die Diskussion einzusteigen, ob es sie gäbe, wie sie
aussehen und dergleichen. Hier soll das Phänomen behandelt werden, daß für nicht wenige Menschen gerade im Umfeld von Sterben,
Tod und Trauer Engel zum Thema werden. Ich setze bei der Beobachtung an, daß wir mehr von Engeln reden, als uns zuweilen bewußt ist. Und wer einmal über Friedhöfe geht, wird bald merken, daß
es eine Unzahl von Engelsdarstellungen gibt, die ja nicht grundlos
Eingang in die Sprache oder eben auf den Friedhof gefunden haben.
    In der Volksfömmigkeit, aber auch in der Bibel sind Engel eine
Realität, die in ihren unterschiedlichen Funktionen den Menschen
zugeordnet sind. Ich gehe aus der Vielzahl von Engelvorstellungen
und Engeltraditionen im Alten und Neuen Testament nur auf jene
ein, die bis heute bei aller Aufgeklärtheit der Menschen im Volks-
glauben und im Brauchtum vorhanden geblieben sind. Hinter dieser
Verwendung steckt wohl die Ahnung, daß das Geborgensein und das
Getragensein eben auch eine Kategorie der Transzendenz sind, die
sich bestimmter „guter Mächte" bedient.
    Engel werden als Wesen verstanden, die Gott dienen, zwischen
Menschen und Gott vermitteln und vorbildlich in der Anbetung und
dem Lobpreis Gottes sind. Die himmlischen Chöre in den Dar-
stellungen der Weihnachtsgeschichte machen dies deutlich. Zunächst
wird der Engel im Alten wie im Neuen Testament als Bote Gottes
verstanden:
    Ich werde einen Engel schicken, der dir vorausgeht (2. Mose
23,20).
    *Und der Engel kam zu ihr hinein und sprach: Sei gegrüßt, du
Begnadete! Der Herr ist mit dir!* (Lukas 1,28)
    Dabei kommt die Engelvorstellung im Alten Testament nur ver-
steut vor, so daß man nicht von einer Engeltradition sprechen kann.

Das Neue Testament setzt diese unsystematische Engellehre des zeitgenössischen Judentums voraus, ohne sie weiter zu reflektieren oder für sich zu systematisieren. Die Engel werden nicht um ihrer selbst willen erwähnt. Wo sie Erwähnung finden, ist die Aussage ganz auf die Botschaft konzentriert und nicht auf den Boten.

Bereits im Judentum gibt es Engelhierarchien, die sich bis heute in den Formulierungen von den Engeln und Erzengeln ausdrücken. Die Erzengel bilden in der Engelhierarchie die vorrangigen Wesen des himmlichen Hofstaates. Sieben (Erz-)Engel wiederum haben hier eine führende Rolle. „Und ich sah die sieben Engel, die vor Gott stehen, und ihnen wurden sieben Posaunen gegeben." (Offenbarung 8,2) Die Siebenzahl wie auch die Namen zweier Engel – Michael und Gabriel – sind bis heute bekannt. Bekannt sind auch bestimmte Engelklassifikationen, nämlich die Cherubim und die Serafim, daneben die Gewalten, Herrschaften, Mächte, Throne (siehe zum Beispiel Röm 8,38).

Allem voran steht der Großengel Michael, der unter anderem als oberster Engel oder Fürst der Welt benannt wird. Er steht für einen guten Tod. Da der Mensch Hilfe und Führung auf seinem Weg von dieser Welt benötigt, nimmt sich Michael des Menschen an, um ihn aus dem Leben in das Totenreich zu führen. Ein aus der Frühzeit der Liturgie stammender Text einer Totenmesse beschreibt, was auf diesem Weg zu erwarten ist:

Herr Jesus Christus, König der Herrlichkeit, befreie die Seelen aller verstorbenen Gläubigen von den Peinen der Unterwelt; bewahre sie vor dem tiefen Wasser und vor dem Rachen des Löwen, damit der Abgrund sie nicht verschlinge und sie nicht in Finsternis hinabstürzen. Vielmehr geleite sie der Bannerträger Michael in das heilige Licht.[120]

In der alten Kirche war man der Überzeugung, daß die Dämonen sich im Tode des Menschen bemächtigen würden, wenn nicht die Hilfe Michaels ihn davor bewahren würde. Diese Bewahrung wird nicht selten als Kampf zwischen dem Erzengel Michael und den Dämonen beschrieben, die genau am Übergang von diesem zu jenem Leben noch die Seelen erheischen wollen. Da er der Sieger bleibt, führt er die Seelen sicher in die ewige Heimat und steht somit für einen guten Tod. Michael ist der Schutzengel Israels und mithin auch der Schutzengel des neuen Israels. So ist es verständlich, daß er in herausragender Weise sicher in die ewige Heimat geleiten kann.

Der Erzengel Michael wiegt die Seelen und bittet, wenn sie zu leicht befunden werden, um Vergebung der Sünden. Diese Vorstellung wird früh geprägt, drückt sich in der bildenden Kunst aber erst vom 12. Jahrhundert an darin aus, daß Michael mit der Seelenwaage dargestellt wird. Um 1096 beschreibt Philippus Solitantius in seiner Schrift „Dioptra" das Treiben der Dämonen nach dem Tode:

Die ruhelosen Dämonen werden mit Getöse herbeistürzen, werden deine Schuldscheine und deine Sünden haufenweise herbeischleppen. Geduldig werden die Engel sie alle auf der Waage wägen, aber die Teufel werden dem schon Vorhandenen noch Schwereres an Anklagen und Taten zuladen.[121]

Eine der wichtigsten Aufgaben der Engel ist der des Schutzes und Geleites:

Ich werde einen Engel schicken, der dir vorausgeht. Er soll dich auf dem Weg schützen und dich an den Ort bringen, den ich bestimmt habe. Achte auf ihn und höre seine Stimme (2. Mose 23,20f.).

In Gottes Auftrag werden einzelne Menschen durch einen Engel, der ihr Schutzengel ist, beschützt und sicher auf einem Weg geleitet:

Denn er hat seinen Engeln befohlen, daß sie dich behüten auf allen deinen Wegen, daß sie dich auf den Händen tragen und du deinen Fuß nicht an einen Stein stoßest (Psalm 91,11).

Zur Schutzengelvorstellung gehört, daß jeder seinen Schutzengel hat. Um die Schutzfunktion ausüben zu können, verlassen die Engel ihren eigentlichen Ort, den Himmel. Die Vorstellung des Schutzengels in der Sterbesituation hat eine besondere biblische Anleihe:

Es begab sich aber, daß der Arme starb, und er wurde von den Engeln getragen in Abrahams Schoß (Lukas 16,22).

Mit der Reformation verändert sich das Verständnis von den Engeln. Spekulationen über sie oder ihr Wesen werden abgelehnt. Aber Engel als Geschöpfe Gottes, die von ihm entsandt werden, um seinen Willen zur Geltung zu bringen, sind nach wie vor in der Gedanken- und Erlebniswelt vorhanden. Auch Luther wies immer wieder auf die Engel als Beistand hin, der nicht verlorengeht. Sie geleiten die Seelen der Verstorbenen ins Paradies.

Heilige[122]

Ein Heiliger ist ein in religiöser und korrespondierend zu dieser Religion ethischer Hinsicht vollkommener Mensch. Er kann diese Eigenschaften erst im Laufe seines Lebens angenommen haben, so daß seine Biographie durchaus einen andersgearteten Beginn gehabt haben kann. Ein solcher Heiliger ist Heiliger als Mensch und nicht als

Priester oder Mönch oder irgendein anderer kirchlicher Würdenträger, der durch eine (Priester-)Weihe in ganz eigener Weise als religiös besonders herausgehoben erscheint. Ein Heiliger ist in erster Linie ein Vorbild im Glauben, das zur Nachfolge inspiriert und ermutigt.

Die Heiligenverehrung knüpft zunächst an die antike Totenverehrung an. So wird das Grab eines Heiligen ein Zentrum der Verehrung. Wallfahrtsstätten nehmen hier ihren Ausgang, nicht zuletzt weil man damit einen Ort hat, an dem man Hilfe in irdischen Nöten erbitten kann. Eine Grabstätte wird zum Wallfahrtsort, wenn, ausgehend von der Bitte an diesen Heiligen, an dieser Stätte die Bitte sich erfüllt hat. Die Bitte um Heilung von körperlichen Leiden nimmt breiten Raum ein. Bald sind bestimmte Heilige für bestimmte Krankheiten oder Notlagen zuständig. Für die verschiedenen Situationen des Sterbens kommen unterschiedliche Heilige in Betracht.

Die Heiligenverehrung ist nicht ein Produkt christlicher Frömmigkeit, sie ist den meisten Religionen eigen. So kannte die frühe Christenheit bereits verschiedene Formen der Heiligenverehrung, wobei sie aus der jüdischen Tradition und Theologie die Funktion des Heiligen als Fürbitter und Mittler zwischen Gott und den Menschen übernahm. Diese Mittler und Fürbitter waren die Hohepriester und die Engel. Später kamen Menschen hinzu, die durch ihren Glauben in besonderer Weise als bevollmächtigt angesehen wurden. Für den „einfachen Gläubigen" werden die Heiligen insofern wichtig, als sie ihm näher (nachvollziehbarer) sind als der ferne Gott, aber durch ihre „Heiligkeit" schon näher bei Gott sind als der Gläubige selbst. Eine Inschrift in der Triclia von San Sebastiano zu Rom aus dem Jahre 260 markiert einen wichtigen Wendepunkt vom Gebet für die Märtyrer zum Gebet zu den Märtyrern. Dort heißt es: „Paulus und Petrus, betet für Nativus in der Ewigkeit!"

Damit wird auch deutlich, daß die Heiligen zu Patronen werden. Und schon im frühen Mittelalter hatte jede Kirche und jede Gemeinde ihren Schutzheiligen. Das Bedürfnis nach Schutz und Fürsprache brachte es mit sich, daß den Kindern Namen von Heiligen gegeben wurden. Über die individuelle Zuordnung hinaus bildete sich im späten Mittelalter der Brauch, auch den Zünften und Gilden, den Ständen und Berufsgruppen oder gar den Widerfahrnissen des Alltags und Lebens (Krankheiten, Seuchen, Hungersnöte, Kriege, Brände) einen bestimmten Heiligen zuzuordnen. Daneben griff ein quantitatives Denken Platz. Dahinter verbirgt sich die Vorstellung, daß die Fürsprache eines Heiligen etwas vermochte, die Fürsprache vieler

Heiliger aber ungleich mehr. Die bis heute geläufigste Anhäufung von Heiligen in einer bestimmten Situation sind die Vierzehn Nothelfer.

Für die im Entstehen befindliche Kirche waren Heilige in erster Linie die Apostel. Daneben wurden diesen bald jene zugeordnet, die für ihren Glauben sterben mußten, die Märtyrer. Die Übertragung der „Heiligenfunktion" auch auf Menschen konnte in dem Rahmen Gestalt gewinnen, in dem sich die Überzeugung durchsetzte, daß die Gerechten nach dem Tode weiterleben würden.

In evangelischen Kreisen neigt man schnell dazu, die Heiligenverehrung mit dem Verweis auf die Gefahr einer falschen Anbetung abzutun. Auch wenn nicht zu übersehen ist, daß sich volkstümlich im Laufe der Heiligenverehrung ein Verständnis herausgebildet hat, bei dem die Heiligen als Helfer angerufen werden, gilt es festzuhalten, daß sie ursprünglich als Vorbilder des Glaubens für die eigene Nachfolge Christi gesehen wurden. Das zweite Konzil von Nicäa 787 macht unmißverständlich klar, daß wahre Anbetung allein Gott zusteht. Den Heiligen wird lediglich Verehrung zuteil. Ungeachtet dieser theologischen Feststellung, machte sich im Volk zuweilen freilich ein Bewußtsein breit, in dem die Heiligen als die Spender erbetener Wohltaten angesehen wurden und nicht mehr als Mittler. So nimmt es nicht wunder, daß reformatorische Kritik an der Heiligenverehrung genau hier ansetzte, weil hier der reformatorische Grundsatz „solus Christus" [Christus allein] und „sola fide" [durch Glauben allein] tangiert war. Luther nimmt zu dem Phänomen „Heilige" und „Heiligenverehrung" unterschiedlich Stellung. Konnte er sich in seiner Frühzeit noch positiv zu den Heiligen äußern, so ist er später davon überzeugt, daß die Heiligenverehrung nicht notwendig sei. Doch wie er 1535 schreibt, solle man an die Heiligen denken, da sie den Christusglauben veranschaulichen und zur Nachfolge Christi ermutigen können:

Nehest der heiligen schrifft ist ja kein nützlicher buch für die Christenheit denn der lieben heiligen Legenden, sonderlich welche rein und rechtschaffen sind, Als darinn man gar lieblich findet, wie sie Gottes wort von hertzen geglaubt und mit dem munde bekand, mit der that gepreiset und mit yhrem leiden und sterben geehret und bestettigt haben. Solchs alles aus der massen trostet und sterckt die schwach gleubigen, und noch viel mutiger und trotziger macht, die

Ars moriendi: Trost durch Abwendung vom Irdischen

130

zuvor starck sind. Denn wo man allein die schrifft on exempel und historien der heiligen leret, ob wol innwendig der geist das seine reichlich thut, so hilffts doch trefflich seer, wo man von auswendig auch die exempel der anderen sihet odder horet. Sonst denckt ymer ein schwach hertz also: sihe, du bist alleine, der also gleubet und solchs bekennet, thut und leidet etc. Darumb auch Gott, selbs inn der heiligen schrifft neben der lere beschreibet der lieben patriarchen und Propheten leben, glauben, bekenntnis und leyden, Und S. Petrus (2. Petr 3) die Christen auch mit aller heiligen exempel trostet und spricht: Wisset, daßelb leiden allen ewren brudern inn der Welt widerferet, Und der Psalter aller Christen, so betrübt sind im geist, ein trostlich exempel ist.[123]

1519 beschreibt Martin Luther in seinem „Sermon von der Berei- tung zum Sterben" den bereits zitierten Beistand durch Engel und Heilige:

Kein Christenmensch soll an seinem Ende daran zweifeln, daß er nicht allein sei in seinem Sterben. Sondern er soll gewiß sein, daß nach der Aussage des Sakraments auf ihn gar viele Augen sehen. Zum ersten Gottes selber und Christi, weil er seinem Wort glaubt und es einem Sakrament anhängt; danach die lieben Engel, die Heiligen und alle Christen. Denn da ist kein Zweifel, wie das Sakra- ment des Altars zeigt, daß die allesamt wie ein ganzer Körper zu seinem Glied hinzulaufen, helfen ihm den Tod, die Sünde, die Hölle überwinden und tragen alle mit ihm. Da ist das Werk der Liebe und die Gemeinschaft der Heiligen im ernst und gewaltig im Gange, und ein Christenmensch soll es sich vor Augen halten und keinen Zweifel daran haben; woraus er dann den Mut schöpft zu sterben.

Aber wer daran zweifelt, der glaubt nicht an das hochwürdige Sakrament des Leibes Christi, in dem gezeigt, zugesagt, versichert wird die Gemeinschaft, Hilfe, Liebe, Trost und Beistand aller Heili- gen in allen Nöten. Denn wenn du glaubst an die Zeichen und Worte Gottes, so hat Gott ein Auge auf dich, wie er sagt Ps 32, 8: „Firmabo und so weiter Ich will meine Augen stets auf dich haben, daß du nicht untergehest." Wenn aber Gott auf dich sihet, so sehen ihm nach alle Engel, alle Heiligen, alle Kreaturen; und wenn du in dem Glau- ben bleibst, so halten sie alle die Hände unter. Geht deine Seele aus, so sind sie da und empfangen sie, du kannst nicht untergehen. Das ist bezeugt von Elisa 2. Kön 6,16, der zu seinem Knecht sprach: „Fürchte dich nicht, ihrer sind mehr mit uns denn mit ihnen", wo doch die Feinde sie umringt hatten und sie niemand anderen sahen. Aber Gott tat dem Knecht die Augen auf, da war um sie ein großer

Haufe feuriger Pferde und Wagen. So ist es auch gewiß um einen je-
den, der Gott glaubt ... Dies sind alles große Dinge, wer kann's
glauben? Darum soll man wissen, daß das Gottes Werke sind, die
größer sind, als jemand denken kann, und die er doch wirkt in
solchem kleinen Zeichen der Sakramente, damit er uns lehre, ein wie
großes Ding sei ein rechter Glaube an Gott.[124]

Im Spätmittelalter ist im Angesicht des Todes die zunehmende
Hinwendung zu den Heiligen als den Schutzpatronen zu beobachten.
Dabei haben sich in der Volksfömmigkeit bestimmte Heilige als be-
sondere Patrone für die Sterbestunde herausgebildet.

Als *Nothelfer* werden die 14 Heiligen bezeichnet, die innerhalb der
Gruppe der Heiligen die erste Stelle als Fürbitter bei Gott einnehmen. Es sind: Achatius, Ägidius, Barbara, Blasius, Christophorus,
Cyriakus, Dionysius, Erasmus, Eustachius, Georg, Katharina, Marga-
retha, Pantaleon, Vitus. Da jedem Heiligen eine bestimmte Funktion
zukommt, werden sie einzeln – je nach Fürbitte – oder als Gruppe
verehrt. Sie können bei allen Nöten angerufen werden. Bekannt ist
die Wallfahrtskirche „Vierzehnheiligen" in Staffelstein/Oberfranken.
Dem Hirten Hermann Leicht erschien an diesem Orte 1446 das
Christuskind mit den 14 Heiligen in Kindergestalt. In seiner Vision
bezeichnete Christus diese Heiligen als die 14 Nothelfer und verlang-
te den Bau einer Kapelle für sie, was später zur Errichtung der Wallfahrtskirche führte.[125]

In der Annahme, daß die heilige *Barbara* die Seelen der Verstorbenen sicher zu Gott führe, wird ihr Beistand für die Sterbenden
erbeten. In besonderer Weise gilt sie als Fürbeterin gegen einen plötz-
lichen Tod ohne Beichte. Dies erklärt sich aus ihrer Legende, nach
der sie von ihrem Vater enthauptet wurde, woraufhin diesen ein Blitz
erschlug. Ein alter Hymnus spricht davon:

Barbara hast vollendt den Streit / Durch deines Vaters Grausam-
keit. / Hilf den Sündern in Todeskämpfen / Den verfluchten Satan
dämpfen! / alle, welche dich begrüsst, / Hab'n im Tod ihr Sünd
gebüsst.[126]

Auch der heilige *Christophorus* gilt als Patron gegen einen plötz-
lichen unbußfertigen Tod. Noch heute sind vor oder im Sichtbereich
von Kirchen Christophorusstatuen zu sehen. Sie wurden bereits im
Mittelalter und da besonders in Zeiten von Epidemien aufgestellt,
damit, wer früh beim Gang in die Kirche ein Christophorusbild
betrachtete, gegen den unbußfertigen Tod gefeit war.[127]

Für einen guten und bußfertigen Tod steht der heilige *Joseph* ebenso wie *Stephanus* und die heilige *Ursula*.[128]

Ein alter Hymnus weist uns auf die Funktion des heiligen *Achatius* hin, der gegen Todesfurcht angerufen wird:

Wider den Satan triuphirt / Hast du, Achati wohlgeziert. / Scharfe Dörner sind dir gewesen / Lauter Rosen auserlesen. / Wenn uns sticht der Sünden Dorn, / Bitt', abwende Gottes Zorn.[129]

Zur Abwendung der Todesfurcht können auch die Heiligen *Servatius* und *Saturninus* angerufen werden. *Saturninus* wird daneben um Beistand in der Todesstunde gebeten, eine Funktion, die sich aus seiner Legende herleitet. Danach sei Saturninus seine Todesstunde offenbart worden und daß ihm der Märtyrertod bevorstehe. Er nahm einige Geistliche als Beistand mit. Doch als die Situation für alle gefährlich wurde, verließen ihn die Geistlichen.

Ist jemand unter euch krank

Die Hospizidee in der Gemeinde

Gelebter Glaube: Begründung der Arbeit als Arbeit der Gemeinde

Von ihrem Selbstverständnis her ist die Ortsgemeinde der Ort gelebten Glaubens. Als solche ist sie allein schon aus der Hospital-Tradition der Kirche vom frühen Christentum an aufgefordert, die Haltung, die sich in der Hospizbewegung ausdrückt, im Rahmen ihrer Möglichkeiten zu fördern und nach Wegen zu suchen, sie in die Tat umzusetzen. Der Sterbende und seine Angehörigen bleiben in ihrer Not bisweilen ungehört. Sprüche 31,8 fordert uns auf, den Mund für die Stummen aufzutun. Jesus lebte es exemplarisch vor. So ist die Gemeinde im Sinne der Nachfolge Jesu angehalten, für Menschen in Leid, Sterben und Trauer das Wort zu ergreifen und sie nicht ihrer Not zu überlassen.

Es sind immer wieder einzelne Menschen, die sich der Sterbenden und der Angehörigen annehmen. Das ist gut so. Doch es ist ein ganz eigenes Zeichen der Lebendigkeit einer Gemeinde, wenn sie sich in der Sterbebegleitung engagiert. Wenn sie dadurch anzeigt, daß sie das in unzähligen Haushalten des Pfarrbezirks versteckte Leid der Schwerkranken und Sterbenden, die Last und Überforderung der Angehörigen und Freunde, aber auch die Bemühungen und Anstrengungen der professionellen Helfer in der ambulanten wie der stationären Versorgung sieht und darauf mit ihrem christlichen Selbstverständnis antworten will. Das kann schon dadurch geschehen, daß durch Artikel im Gemeindeblatt oder durch Gemeindeseminare diese alltägliche Not ins Bewußtsein der Öffentlichkeit gehoben wird.

Daneben ist es wichtig, den Sterbenden nicht allein zu lassen. Denn die in der Begegnung mit den Betroffenen sich vollziehende gemeinsame Suche nach Wegen durch das Leid stellt ganz konkrete Hilfe im Leid dar. Solche Begegnungen sind nötig und möglich. Man muß nicht gleich an einen großen Krankenbesuchsdienst denken. Vielleicht reicht es schon, Selbsthilfegruppen pflegender Angehöriger zu schaffen oder zu begleiten oder einfach nur Räume zur Verfügung zu stellen. Man kann Telefonketten einrichten, Schulungen anbieten und natürlich auch Besuchsdienste aufbauen, die in persönlicher Zuwendung und zuverlässigem Dasein dem Sterbenden etwas von der Liebe Christi weitergeben.

Der Auftrag Jesu, sich den Kranken zuzuwenden, wurde in der urchristlichen Gemeinde sehr ernst genommen. Zeugnis davon gibt Jakobus 5,14–16:

Ist jemand unter euch krank, der rufe zu sich die Ältesten der Gemeinde, daß sie über ihn beten und ihn salben mit Öl in dem Namen des Herrn. Und das Gebet des Glaubens wird dem Kranken helfen, und der Herr wird ihn aufrichten; und wenn er Sünden getan hat, wird ihm vergeben werden. Bekennt also einander eure Sünden und betet füreinander, daß ihr gesund werdet. Des Gerechten Gebet vermag viel, wenn es ernstlich ist.

Gemeindeälteste nahmen diesen Krankenbesuch vor. Gebet und Salbung werden als Bestandteile seelsorglichen Handelns am Kranken aufgezeigt. Dieser Besuch unterscheidet sich von jedem anderen Besuch dadurch, daß er „in dem Namen des Herrn" geschieht. Das heißt, der spirituellen Dimension kommt eine eigene Bedeutung zu. Nicht zuletzt dadurch, daß in Kenntnis der menschlich nur bedingt möglichen Hilfe – etwa in der Medikation – die Hilfe darin besteht, daß der Herr den Kranken aufrichten wird. Der Aspekt der Vergebung spielt in dieser Jakobusstelle eine wichtige Rolle und kann gerade mit Blick auf den sterbenden Menschen nur unterstrichen werden. Denn Sterbende ziehen nicht selten Bilanz und stoßen auf biographische Punkte, an denen die Bitte um Vergebung wächst. Oft verzögern sich entsprechende Gesprächssequenzen, bis die Sache losgelassen werden kann, bis Klärung, respektive Vergebung erfahren wurde und das belastende Moment als nun nicht mehr belastend getrost zur Seite gelegt werden kann. Vielleicht hört sich dann Luthers 5. Hauptstück im Kleinen Katechismus ganz anders an, wenn es dort heißt:

Wo Vergebung der Sünden ist, da ist auch Leben und Seligkeit.

Wer sterbende Gemeindeglieder besucht, tut dies im Sinne des mitgehenden und mitleidenden Gottes.

Ars moriendi: Die Todesstunde

*Was leistet Gemeindearbeit bereits im Sinne der Hospizidee,
zuweilen ohne es zu wissen?*

Dienst des Pfarrers[130]

Der Dienst des Pfarrers war im Laufe der Geschichte der Kirche
immer wieder bestimmten Wechseln unterzogen. Dabei fällt auf, daß
grundlegende Dienste nie aufgegeben wurden, gerade auch im Umgang mit Kranken und Sterbenden. Daß es hier allerdings unterschiedliche Ausprägungen gab, mal das eine, mal das andere deutlicher in den Vordergrund trat, soll ein kurzer Blick in die Geschichte
verdeutlichen. Ihnen wird auffallen, daß dabei die Phänomene der
Ars moriendi auftauchen.

Ende des 1. Jahrhunderts Die allgemein auf die Gläubigen bezo-
gene Anweisung der Krankenseelsorge aus Jakobus 5,14–16 gilt
zugleich als die älteste Anweisung für die Krankenseelsorge durch
den Priester. Aufgabe des Priesters war es, der Ars moriendi folgend,
den Kranken zum Beten des Vaterunsers und des Glaubensbekenntnisses zu ermutigen. Sodann sollte er angehalten werden, sich bewußt von den Angehörigen zu verabschieden und sein Leben Gott zu
übergeben. Zudem hatte der Priester die Sterbesakramente zu spenden.

836 Die Betreuung der Kranken und Sterbenden gehört neben
der Predigt, dem Gottesdienst, der Taufe, dem Beichthören und der
christlichen Bestattung der Toten zu den Grunddiensten eines Pfarrers. So schreibt es ein Beschluß der Aachener Synode von 836 fest.
Die Sorge um den Sterbenden ist dadurch gekennzeichnet, daß nach
dem Ritus der Krankenbuße der Kranke in einfühlsamer Weise zum
Empfang der Sakramente und zur Ordnung seiner Lebensverhältnisse vorbereitet werden soll.

9./10. Jahrhundert In dem Handbuch für kirchliche Visitationen
des Regino von Prüm (gestorben 915) sind grundlegende Anweisungen zur Krankenseelsorge enthalten, die auf der Synode von Nantes
(an der Wende vom 9. zum 10. Jahrhundert) verabschiedet wurden.
„Immer wenn der Priester hört, daß irgendeiner in seiner Gemeinde
krank geworden ist, soll er möglichst schnell zu ihm gehen ...“[131] Bei
einem solchen Besuch stellt der Priester Fragen und ermutigt zum
Erzählen und Beichten. Dies gilt als Vorbereitung auf den Empfang
der Sakramente und zur Ordnung der Lebensverhältnisse.

Burchard von Worms (gestorben 1025) übernimmt diese Anweisungen für die Gemeindeseelsorge und erweitert sie dergestalt, daß

der Priester nun ausdrücklich zur Katechese am Sterbebett angehalten wird.

12. Jahrhundert Anselm von Canterbury entwickelt eine Art Handreichung für den Dienst am Krankenbett, die dann in Form von Fragen ab dem 12. Jahrhundert im Gebrauch sind.

1215 Der Priester ist in der Begleitung kranker und sterbender Menschen eindeutig in die Pflicht genommen, wobei seine Profession die des Seelenarztes ist, also des Beichtvaters. Der Beichte kommt eine wichtige Bedeutung zu. Das 4. Laterankonzil von 1215 verpflichtet die Ärzte, den Patienten zur Beichte anzuhalten, was in der Konsequenz hieß, daß zuerst der Priester gerufen werden mußte, bevor der Arzt mit seiner Arbeit beginnen durfte. In Gersons „De arte moriendi" finden wir eine gängige Argumentation:

Weil aber häufig die Schwäche des Körpers herrührt vom Siechtum der Seele, hat der Papst durch ein ausdrückliches Dekret den Ärzten des Körpers strikte Anweisung gegeben, daß sie keinem Kranken Medizin für den Leib reichen, bevor nicht der geistliche Arzt und Beichtvater ihn ermahnt hat.[132]

1429 wird auf einer in Paris abgehaltenen Synode diese klare Vorgabe dahingehend verändert, daß die Ärzte ihre Patienten am zweiten Tag ihres Krankenbesuches zur Beichte anhalten sollen.

Der Vorrang der Priester vor den Ärzten hat nicht nur mit der bis dahin nur mäßigen medizinischen Kunst zu tun, sondern vielmehr damit, daß die Seele vor dem Leib einen eindeutigen Vorrang hatte. Daß sich das Verhältnis so sehr umgekehrt hat, hat unterschiedliche Gründe. Wichtig ist die Beobachtung, daß durch das vielfältige Sterben in den Zeiten großer Seuchen eine Begleitung aller Sterbenden durch den Priester nicht mehr möglich war. Nicht selten war auch die Angst vor der Ansteckung ein Hinderungsgrund, zu den Sterbenden zu gehen: „Wenngleich es auch Zeugnisse dafür gibt, daß der Klerus seinen Aufgaben gegenüber Sterbenden nachgekommen ist, haben sich doch die Berichte über sein Versagen stärker eingeprägt und ein entsprechendes Bewußtsein geschaffen."[133]

Der Pfarrer wird als einer verstanden, der in besonderer Weise Verwalter der Kirche oder des Glaubens ist. Ihm wie auch der Gemeindeleitung[134] ist explizit aufgetragen, die Schwerkranken und Sterbenden in ihrer Gemeinde zu besuchen. Doch dieser Sollbeschreibung steht ein anderes Bild gegenüber. Allenthalben wird – wie schon im Mittelalter – geklagt, daß der Pfarrer diesen Dienst gerade nicht versieht. Es ist müßig, darüber zu spekulieren, ob dem tatsächlich so ist und woran das liegt. Folge ist jedenfalls, daß inzwischen andere Dienstleister – zum Beispiel Bestattungsunternehmen – Angebote machen, die klassische kirchliche Seelsorgeangebote waren. Manches ist geschichtlich bedingt. Holte man früher bei einem sterbenden Mensch zunächst den Pfarrer, so ist es heute der Arzt. Das hat nicht nur mit dem fehlenden Bezug zum Pfarrer zu tun, sondern auch damit, daß die Fragen der Gesundheit eindeutig Fragen an den Arzt sind. Aber auch Verhaltensunsicherheit seitens der Pfarrer oder eigene Ängste vor dem Sterben haben dazu geführt, daß Geistliche heute kaum noch an den Betten Sterbender sitzen. Ein Pfarrer ist nicht schon durch das Studium qualifiziert, Sterbende und Trauernde zu begleiten.

Dank der Hospizbewegung hat sich in dieser Hinsicht wieder einiges getan. Nicht nur die Kirche als Institution, sondern auch Pfarrer wie Laien haben wieder entdeckt, daß der geistliche Beistand eine wichtige Hilfe im Prozeß des Sterbens sein kann.

Dienste der Laien, zum Beispiel Besuchsdienste

Im Angesicht des Todes[135]

wenn es soweit sein wird
mit mir
brauche ich den engel
in dir

bleibe still neben mir
in dem raum
jag den spuk der mich schreckt
aus dem traum

sing ein lied vor dich hin
das ich mag
und erzähle was war
manchen tag

zünd ein licht an das ängste
verscheucht
mach die trocknen lippen
mir feucht

wisch mir tränen und schweiß
vom gesicht
der geruch des verfalls
schreck dich nicht

halt ihn fest meinen leib
der sich bäumt
halte fest was der geist
sich erträumt

spür das klopfen das schwer
in mir dröhnt
nimm den lebenshauch wahr
der verstöhnt

wenn es soweit sein wird
mit mir
brauche ich den engel
in dir

Friedrich Karl Barth

Die ehrenamtlichen Mitarbeiter in den Besuchsdiensten der Gemeinde sind immer wieder mit den Nöten der besuchten Gemeindeglieder konfrontiert. Selbst und oftmals gerade bei einem Geburtstagsbesuch (der häufigste Besuchsdienst in den Gemeinden) wird offensichtlich, daß ein Mensch weiter besucht oder gar in seiner Not begleitet werden müßte. So sind es nicht zuletzt die Besuchsdienste, die wiederentdeckt haben, daß die Seelsorge an Schwerkranken und Sterbenden ureigenste Aufgabe der christlichen Gemeinde ist. Der Besuch des Kranken ist ein Dienst am Nächsten, der jedem Christen aufgetragen ist. Es ist christlicher Dienst, wenn wir im Nächsten das Bild Christi entdecken, der auf unsere Zuwendung wartet. Als solcher wird der Besuch ein Dienst der Gemeinde und nicht nur der Pfarrer oder anderer hauptamtlich in der Kirche tätigen Mitarbeiter, die dem Sterbenden ungeachtet der Profession Freund werden.

Im Zusammenhang der Sterbebegleitung bildet sich schon früh der Begriff der (wahren) Freundschaft und des (wahren) Freundes heraus. Ursächlich hat dies auch mit der Beobachtung zu tun, daß im Verlauf epidemischer Erkrankungen, insbesondere der Pest, Angehörige und Freunde ihrem Auftrag gegenüber dem Sterbenden nicht

mehr gerecht wurden. Thomas von Kempen (gestorben 1471) formuliert in seiner „Nachfolge Christi" harte, klare Worte, wenn er schreibt:
Setze dein Vertrauen nicht auf Freunde und Verwandte, noch verschreibe dein Heil auf die Zukunft, weil die Menschen deiner schneller vergessen werden, als du meinst.[136]

Schon lange vorher kommt Heinrich Seuse (1295–1366) zu einer ähnlichen Einschätzung und führt eine kritische Auseinandersetzung bezüglich des Krankenbesuches durch Angehörige und Verwandte. Er fragt nach dem *einen* Freund für die Zeit der Krankheit, wobei das Freundschaftsideal sich an der Treue gegenüber Gott orientiert. Auch Gerson benutzt in seinem „De arte moriendi" den Begriff des Freundes und charakterisiert damit den Dienst am sterbenskranken Menschen:
Wenn schon wahre und treue Freunde eines kranken Menschen achtsam um die Erhaltung von dessen leiblichem, gebrechlichem und hinfälligem Leben Sorge tragen, (dann) fordern von uns um so mehr Gott und die Liebe, um sein geistliches Heil besondere Sorge zu tragen ...[137]

Doch ähnlich wie Seuse und andere befürchtet er, daß Angehörige und Freunde zum Seelenheil des Sterbenden nur bedingt etwas beitragen. So will Gerson den wahren Freundschaftsdienst, der an zeitgenössischen (ritterlichen) Erwartungen an eine Freundschaft orientiert ist, neu ins Bewußtsein heben. Danach erweise sich die echte Freundschaft in der Sorge um das Heil des Sterbenden. Der Freund hält die Not des Sterbens mit aus. Freundschaftsdienste sind die Elemente des Sterbebeistandes: Ermahnungen, Fragen, Beten, Vorlesen von Bibeltexten, Psalmen und Heiligenlegenden, Aufforderung zum Empfang der Sterbesakramente, dem Sterbenskranken in der Abwehr der Anfechtungen beistehen, für sein geistliches Heil Sorge tragen. Bei Gerson finden sich auch Hinweise über die Eigenschaften, die der Freund haben sollte. Dabei spielt das Einfühlungsvermögen wie auch die Fähigkeit, die krankheitsbedingte Situation zu berücksichtigen, eine wichtige Rolle.

Die frühe Aufnahme des Freundschaftsgedankens in die Ars-moriendi-Literatur ist von unschätzbarem Wert für den heutigen Dienst der Ehrenamtlichen. Zum einen hat das Sterben eine menschliche Dimension erhalten. Der Sterbenskranke braucht durch die Verpflichtung zum Beistand in seiner Not nicht allein zu bleiben. Andererseits wird der Freund zur Vertrauensperson, die – wie bis heute zu beobachten ist – in manchen Dingen vielleicht gefragter ist als die unmittelbar betroffenen Angehörigen. Wichtig und wegweisend war die Einführung des Freundes in die Sterbe-begleitung, weil schon die frühe Kirche damit einen Dienst gebot, der nicht durch ein Amt oder eine Institution legitimiert war. Für die Begleitung Sterbender durch die Laien war damit die im Glauben begründete personale Beziehung die einzige Voraussetzung. Da der Freund nicht Priester zu sein brauchte, konnte sich eine religiöse Sterbekultur entwickeln, die jeden Christen dazu beruft, dem sterbenden Nächsten Wegbegleiter zu sein. Mit der Entfaltung dieser nichtsakramentalen Form der Sterbebegleitung konnte eine innere Haltung Raum gewinnen, die den Sterbenden auch dann gelassen im Glauben sterben ließ, wenn er die Sterbesakramente nicht erhalten hat.

Der Besuch des Ehrenamtlichen ist nicht zu unterschätzen – selbst wenn trotz seines Besuches der Ruf nach dem Pfarrerbesuch laut wird. Das ist pfarrerzentriertes Denken gerade bei älteren Menschen, das kaum zu korrigieren ist. Die Qualität und die Wohltat des Besuches durch den Ehrenamtlichen werden dadurch nicht gemindert. Nicht zuletzt dadurch, daß das Gemeindeglied, das, von seinem Auftrag und seiner Liebe getrieben, den kranken Menschen besucht, einen wichtigen Bonus mitbringt. Der Besucher ist einfach nur da, ohne schon durch eine Funktion gebunden zu sein. Was heißt das? Die Angehörigen sind zwar da, aber oftmals überlastet und überfordert, häufig durch eine längere Zeit der Betreuung bereits ausgebrannt. Daneben sind sie als unmittelbar Betroffene so sehr in das Sterben des Angehörigen verstrickt, daß ihnen zuweilen der Blick für die nötigen Worte und Handlungen fehlen kann. Die professionellen Bezugspersonen – in erster Linie Ärzte und Pflegekräfte – sind häufig überlastet, zuweilen sogar überfordert, um noch einen seelsorgerlichen Dienst versehen zu können. Die beruflich engagierten Dienste werden immer in ihrer Funktion gesehen. Sie werden wahrgenommen als solche, die etwas von dem Menschen wollen, den sie besuchen. Die Ärzte wollen Blutdruck messen, bestimmte Fragen stellen und so weiter. Die Pflegedienste, der Physiotherapeut, alle sind durch ihre Profession an den Kranken gewiesen und wollen dementsprechend handeln. In bestimmten Situationen kann ein professionell Tätiger zu hören bekommen: „Sie sind ja nur hier, weil Sie müssen." Dies bestimmt mehr oder weniger bewußt auch das Verhältnis. Der ehrenamtliche Besucher kommt um des Besuches willen. Hinter seiner stummen Geste oder seinem tröstenden Wort vermutet man nicht die Ausübung beruflicher Arbeit, sondern die Nähe eines Menschen, durch den nicht zuletzt Gott nahe sein möchte. Das gilt natürlich in gleicher Weise für die Menschen in Ausübung ihres Berufes, und man darf ihnen ihre Menschlichkeit nicht absprechen. Doch es läßt sich beobachten, daß es seitens Betroffener unbewußt zuweilen zu unterschiedlichen Einschätzungen kommt. Die Ehrenamtlichen stellen eine Brücke zur Außenwelt dar und repräsentieren damit ein wenig Alltag und Alltäglichkeit. Dazu sind die Betroffenen manchmal kaum in der Lage.

Aufgabe des Gemeindegliedes in der landläufig psychosoziale Begleitung genannten Betreuung kann es sein, den Sterbenden wie den Angehörigen im weitesten Sinne des Wortes Raum zu geben, etwa durch Offenheit für Gespräche und Fragen, die von anderen häufig verweigert wird – „rede doch nicht immer vom Sterben, laß uns über schönere Dinge reden". Gerade für einen Gemeindebesuchsdienst kann es Aufgabe sein, durch ein Glaubensgespräch oder Gebet zu stärken und den Sterbenden damit des Heilseins in Christus auch angesichts des Sterbens zu vergewissern. In diesem Sinne ist das Gemeindeglied „kompetent" genug zu begleiten und sollte nicht vorschnell auf den Pfarrer zurückgreifen. Der Begleiter ist in seinem Menschsein angefragt. Wenn ein Sterbender nach den Dingen nach dem Tod fragt, dann ist es keine Antwort, nach dem Pfarrer zu rufen. Der Sterbende will in diesem Moment vielleicht gerade nicht den Pfarrer, weil er vermutet, von ihm belehrt zu werden. Ihm mag eine persönliche Antwort von einem „einfachen Gläubigen" weit hilfreicher sein. Gleichwohl kann es geboten sein, den Pfarrer zu benachrichtigen. Meist dann, wenn nach dem Abendmahl gefragt wird, das trotz aller reformatorischer Einsicht in den meisten Fällen vom Pfarrer erbeten wird. Dem sollte entsprochen werden. Eine theologische Debatte an diesem Ort hat keinen Sinn. Hier in recht verstandener Demut zurückzutreten ist bereits ein Teil der Begleitung und der Beziehung, die im Laufe der Zeit gewachsen ist.

Was können wir als Christen konkret tun?

Zunächst und vor allem lassen wir den Sterbenden unsere Nähe spüren. Gerade vor dem Hintergrund, daß viele Sterbende erfahren müssen, wie Menschen sich eher zurückziehen, die Besucher fernbleiben, die Besuche in größeren Abständen stattfinden oder gar ganz ausbleiben, mag die Wichtigkeit der schlichten Präsenz einleuchten. Die vom sterbenden Menschen zuweilen tief empfundene Verlassenheit verstärkt die Nöte und Ängste. Lassen wir ihn unaufdringlich und behutsam unsere Nähe spüren, wird die Verlassenheit durchbrochen, und es kann möglich werden, daß der Sterbende seine Räume öffnet und herausläßt, was nach außen dringt und in der nun geschaffenen „Öffentlichkeit" Ausdruck finden kann. In der Nähe des Gegenübers wird die Seele heil. Es sind nicht notwendig Gespräche, ein paar Worte, gutes Zuhören, beredtes Schweigen, eine Geste der Gemeinschaft genügen. Die Szene in Gethsemane, als Jesus in seiner Trauer sich auf sein Sterben vorbereitete, verdeutlicht das Nahesein auf ganz eigene Weise. Jesus bat die Jünger, seine Einsamkeit in der Gemeinschaft der Wachenden und Betenden zu tragen. Selbst wenn die Jünger schlafend der Bitte nur mäßig nachkommen konnten – wir sollten nicht den Stab über sie brechen, auch sie waren Betroffene! –, so mögen wir doch an diese Geschichte denken, wenn wir in einer solchen Situation gefragt werden. Diese Geschichte ist zunächst eine Geschichte von gewünschter Nähe in der Agonie, und nicht eine Geschichte des Versagens.

Der Sterbende wird oftmals deshalb alleingelassen, weil er Themen anspricht, die die Unausweichlichkeit seines Sterbens verdeutlichen. Mit ausweichenden Worten wie „wird schon werden" signalisiert der andere, daß er nicht der Gesprächspartner für diese Fragen ist, wenn dieses Verhalten sich oft wiederholt. Der Sterbende zieht sich dann meist zurück, indem er in Gegenwart dieses Besuches kein forderndes Gespräch initiiert oder indem er schweigt. Wir stellen in besonderer Weise Nähe dadurch her, daß wir einem Gespräch über den Ernst der Lage nicht ausweichen.

Die Kirche hat ein großes Repertoire an Umgangsformen, die in der Begegnung mit dem sterbenden Menschen Sprachhilfe, Glaubenshilfe und Trost sein können. Es ist zu beobachten, daß die klassischen Elemente zur Vergewisserung des Aufgehoben- und Geborgenseins mehr und mehr verlorengehen. Wichtige Begriffe wie „Begleiten, Aushalten, Dasein" werden zwar häufig zitiert und einfühlsam umgesetzt. Aber es verwundert doch, daß wir als Christen uns kaum getrauen, von Christus, dem mitleidenden Herrn, oder dem Trost des Wortes Gottes zu sprechen. Wir sind mehr und mehr mit vielen Wassern psychologischer Herangehensweisen gewaschen, aber geistlich scheinen wir dem biblischen und kirchengeschichtlichen Zeugnis nicht zu trauen. Wenn es geistlich wird, dann verbleiben wir eher im allgemein Religiösen, als daß wir mit klaren Worten des Evangeliums Auskunft geben. Vielleicht fehlen uns die klaren Worte selbst, und so mag die Beschäftigung mit der Sterbebegleitung uns auch zur Beschäftigung mit den Inhalten und der Bedeutung des

Evangeliums für uns führen. Mißverstanden wäre ich, wenn es nun gilt, im dogmatischen Bekenntnis Seelsorge zu betreiben. Der geistliche Zugang ist nicht laut und aufdringlich, er ist einfühlsam, behutsam, vielleicht auch tastend. Evangelium als Angebot, nicht als Überzeugungshammer – aber Evangelium. Das Gebet, die Lesung von Psalmen oder anderen biblischen Texten, die Austeilung des Abendmahls, die Andacht am Krankenbett sind noch immer ausdrucksstarke, heilsame Elemente, die wiederzuentdecken geboten ist. Dies tut in doppelter Weise not. Einerseits ist es eine Vergewisserung für den Sterbenden, der in seiner Angewiesenheit wiedererkennbare Elemente der Seelenvergewisserung braucht. Andererseits erlebt sich ja auch der Begleiter in einer bewegten Situation. Die Angewiesenheit des Sterbenden ergreift auch ihn. Damit läuft er Gefahr, sprachlos im weitesten Sinne des Wortes zu werden. Der Geist, so heißt es in Römer 8, hilft unserer Schwachheit auf. Dieser Geist Gottes ist in den Mitteln des Glaubens, dem biblischen Wort, Liedstrophen, Gebeten und dergleichen immer wieder ausgedrückt worden. Wenn dem Begleiter selbst die Worte fehlen, dann mögen es die Lieder, Gebete oder die Bibel sein, die eine angemessene Sprachhilfe für den Sterbenden wie den Begleiter werden können. Doch muß vor Aktivismus gewarnt werden: Das Wort allein macht's nicht, die „Hilfsmittel" sollten nicht ohne Überlegung und Auswahl und immer auf die konkrete Person bezogen benutzt werden. Die Sensibilität für die Situation des Sterbenden, seine Bedürfnisse, bringen wir mit den genannten Elementen ins Gespräch. Das Heilsame in einer Begegnung ist, wenn der Begleiter wahrnimmt, was den Sterbenden bewegt, ihn erfreut oder bedrückt. Anders laufen wir Gefahr, an dem Sterbenden vorbei eine Handlung zu vollziehen, die die Beziehung zum Begleiter empfindlich stören kann, mehr noch, den Sterbenden unnötig einen Zwang auferlegt.

Das Zulassen scheinbar unchristlicher Regungen ist eine erste große Verstehenshilfe. Noch immer kann man hören, daß Zweifel, Klage oder das Gefühl der Gottverlassenheit keine Äußerungen eines Christen seien. Dies ist ein großes Mißverständnis. Altes und Neues Testament kennen diese Gefühle nur zu gut. Dabei ist nicht nur an die Klagepsalmen zu denken, die oft genug im Neuen Testament zitiert werden. Jesus schrie seine Klage mit Worten des 22. Psalms laut heraus:
Mein Gott, mein Gott, warum hast du mich verlassen.
In Gethsemane ist er betrübt bis zum Tode:

Da sprach Jesus zu ihnen: Meine Seele ist betrübt bis an den Tod; bleibe hier und wachet mit mir (Matthäus 26,38).

Im Hebräerbrief können wir lesen:

Er hat in den Tagen seines irdischen Lebens Bitten und Flehen mit lautem Schrein und Tränen dem dargebracht, der ihn vom Tode erretten konnte; und er ist auch erhört worden, weil er Gott in Ehren hielt (Hebräer 5,7).

Das Gefühl der Gottverlassenheit, der Hader, die Klage, die Fragen nach dem „Warum" und „Wie lange" und die Bitte nach einem Ende haben ihr Recht auf dem Sterbelager. Einem gläubigen Sterbenden unter Verweis auf entsprechende Regungen Jesu die Zulässigkeit dieser Äußerungen zu vermitteln kann ein wichtiger Schritt in der Begleitung sein. Denn zuweilen sind es die Sterbenden selbst, die die Vorstellung haben, nicht klagen zu dürfen. In gewisser Hinsicht ist die Klage nicht nur ein Recht des Sterbenden und seiner Angehörigen, sondern auch notwendig. Sie schreien sich aus ihrer Isolation und aus ihrer Lähmung heraus. Die Klage bewältigt das Leid nicht, aber sie ist ein Schritt, auch im Leiden nicht tatenlos zu sein. Ein Versuch, Last nicht in sich hineinzufressen, sondern sie zu veröffentlichen.

Zuweilen formulieren sich in den Klagen Fragen. Sie zu beantworten ist geboten, doch ist es wichtig, daß die Antworten die eigenen sind. Das kann auch heißen, daß es keine persönliche Antwort gibt. Dies einzugestehen ist hilfreicher als der Versuch, auf „gestelzte" Weise Erklärungen für schwierige Fragen zu finden. Es geht selten um eine Antwort „an sich", sondern um die „persönliche Antwort". Wer persönlich keine hat, sollte dies äußern, das wiederum ist eine Antwort. Wenn wir eine nichturteilende Haltung im Gespräch mit einem Sterbenden einnehmen, dann wird er uns seine Gefühle und Gedanken anvertrauen.

Darin vermittelt sich ein anderes wichtiges Element in der Sterbebegleitung: *Wir vergewissern dem Sterbenden unsere Nähe.* Das scheint kein besonderer Dienst, doch wenn wir uns vergegenwärtigen, daß das Leid eines Menschen Angehörige, Freunde, Bekannte, Verwandte auch abstoßen kann – „ich kann das nicht sehen, ich kann da nicht hin" –, dann mögen wir ermessen, was das schlichte Dasein für ein Gewinn sein kann. Zuweilen ist nicht nur der Sterbende, sondern auch seine ihn begleitenden Angehörigen aus diesem Grund isoliert, und das in einer Zeit, in der sie Hilfe, Beistand, Unterstützung oder mitfühlende Gesten besonders bräuchten. Ob es die eigenen Ängste, die Unsicherheit, ob es der Verlust hilfreicher, Handlungssicherheit gebender Traditionen und Bräuche im Umgang mit Sterbenden und deren Angehörigen sind („ich weiß gar nicht, was ich sagen soll", „kann ich etwas mitbringen?") oder andere Gründe, die die Besuche selten machen, das Gespräch nicht in Gang kommen lassen, es ändert nichts daran, daß im Sterbenden das Gefühl der Verlassenheit sehr gesteigert werden kann. Die Angst seitens eines Besuchers, etwas Falsches zu sagen, führt nicht selten zum Abbruch der Besuche oder zu sehr reduziertem Erscheinen. Dabei befinden sich alle Beteiligten in einem Dilemma. Denn auch die betroffene Familie isoliert sich zuweilen selbst. Der Rückzug der anderen kränkt (verständlicherweise), wobei die Unsicherheit der sich Zurückziehenden als Desinteresse interpretiert wird. Es ist ein Teufelskreis aus beidseitiger Sprach- und Hilflosigkeit, der häufig durch „Hilferufe" der Betroffenen durchbrochen wird. Dabei macht man immer wieder die Erfahrung, daß die Verunsicherten sich doch konkret zu Hilfe und Unterstützung bereit erklären. Wir sollten nicht den Stab über jene brechen, die (zur Zeit) nicht in der Lage sind, in die Nähe des Sterbenden zu kommen, und vielmehr versuchen, mit unserer Nähe Aufgehobensein und Geborgenheit zu vermitteln. Allenfalls läßt sich auf den eigenen Verlust für den Hinterbleibenden hinweisen, einen lieben Menschen ohne Abschied gehen zu lassen. Er selbst bringt sich um die Erfahrung des Loslassen-Könnens. Nicht die Häufigkeit von Besuchen schenkt das Gefühl der Gemeinschaft, sondern die Kontinuität. Sie allein vergewissert, daß der andere auch dann kommt, wenn es schlechter wird. Es geht nicht immer um tiefsinnige Gespräche oder schwere Fragen, es können wenige Worte oder Gesten sein, die Gemeinschaft ausdrücken und auch für die Zukunft das Dasein und -bleiben signalisieren.

Wenn ich nun explizit auf die klassischen „Angebote" der Kirchen zu sprechen komme, so gilt es zuvor Mißverständnisse und Unbehagen auszuräumen. Skeptiker äußern gerne, daß die Kirche die Notsituation eines Menschen zur Bekehrung ausnütze. Ob es Dahergerede, Sorge oder gar Erfahrung ist, soll dahingestellt bleiben. Die Kirche verhält sich in dieser Frage schon lange sensibler, als man es ihr zuspricht. So schreibt Hans Asmussen in seiner Seelsorgelehre Anfang der dreißiger Jahre dieses Jahrhunderts:

Unsere Seelsorge an Sterbenden geht zwar nicht davon aus, daß sie noch unter allen Umständen diese Seele vor dem Verderben retten möchte und darum auf der Seele des Sterbenden kniet, um noch „etwas zu erreichen". So gewiß Bekehrungen auf dem Sterbebette

vorkommen, so gewiß gehören sie zu den Seltenheiten. Ebenso ge-
wiß aber machen wir Pastoren solche Bekehrungen nicht. Darum
müssen uns alle Versuche verhaßt sein, welche nach einer Methode
zur Bekehrung Sterbender aussehen könnten. Vielmehr bedeutet
diese Erkenntnis für unser Handeln, daß wir uns des Ernstes der
Stunde ganz bewußt sein müssen und darum alles, was nicht unbe-
dingt hierher gehört, zu meiden haben. Jeder Erziehungsgedanke, der
uns sonst mit Recht in unserer Arbeit begleitet, muß hier ausgeschal-
tet werden.[138]

Das Gebet kann Empathie, kann Sprachhilfe in ohnmächtiger Situation sein, wenn es behutsam und einfühlend den sterbenden
Menschen wahrnimmt. Nicht daß ich schon ein Gebet oder eine
Bibelstelle hätte, die ich anbringen möchte, sondern aus der Wahr-
nehmung des Sterbenden erwächst das Gebet, assoziiere ich die
Bibelstelle. Dann wird Gebet Sprach- und Verstehenshilfe, wenn die
Worte mit dem Leben meines Gegenübers zu tun haben, wenn sie
seine Situation *jetzt* treffen. Damit es auch im Gebet zur Begegnung
kommt, ist es wichtig, zunächst den Sterbenden zu fragen, ob er ein
Gebet will oder mit ihm einverstanden ist. Die Begleitung sterbender
Menschen ist immer auch die Erfahrung von Ohnmacht und Sprachlosigkeit angesichts des bevorstehenden Todes. Das Gebet kann eine
Möglichkeit sein, der Situation und Empfindung Raum zu geben.
Wenn der Begleiter bekannte Gebete spricht, die dem Sterbenden in
Krisen immer schon Stärkungen waren, dann braucht es keine neu-
en Worte. Begibt sich der Begleiter im Gebet mit dem Sterbenden auf
dessen Weg, dann wird er ein wichtiger Helfer in dieser Zeit. Mitgehen heißt, auch die Auflehnung, auch den Zweifel, auch den Hader
als einen Ausdruck lebendigen Umgangs mit Gott laut werden zu
lassen. Ob der Sterbende selbst ein Gebet spricht oder der Begleiter
gebeten wird, für ihn zu beten, so sollte dennoch nach den Gebets-
inhalten gefragt werden. Alles kann vor Gott gebracht werden. Die
Bibel selbst – besonders die Psalmen – ist hier der Lehrmeister. Ohne
Schönfärberei bringt der Psalmbeter seine Gefühle und Wünsche,
seine Enttäuschungen und Hoffnungen, seine Nöte und Sorgen,
seinen Schmerz vor Gott.
  Das Gebet kann, mit einem Zeichen versehen, über das Gebet als
gesprochene Stärkung hinaus bewußt bleiben. Ein Kreuz auf die
Stirn oder in die Hand gezeichnet, erinnert zum Beispiel an den
Segen am Ende eines jeden Gottesdienstes oder an das Kreuz-
schlagen bei den Kasualien.

Nicht unerwähnt sei die Fürbitte. Sie ist für den Begleiter eine wichtige Verbindung nicht nur zu dem Sterbenden, sondern auch zu den Angehörigen und Freunden. Als Beter sollten wir uns aber klar sein, daß Gottes Handeln für uns unverfügbar ist. Wir können unsere Anliegen nur vor Gott bringen. Er bleibt der souverän Handelnde. Deshalb sollte in der Formulierung darauf geachtet werden, daß sie zwar die Situation des Sterbenden aufnimmt, sie aber Gottes Handeln nicht einschränkt. Die in Beziehung zu dem Sterbenden stehen, sollten nicht vergessen werden, denn um die macht sich der Sterbende oftmals mehr Sorgen als um sich. Das sind nicht nur Angehörige und Freunde, sondern auch die in der Pflege Tätigen.

Vertraute Gebete, die in der Familie etwa zum Morgen oder Abend gesprochen wurden, und nicht zuletzt das Vaterunser sollten ihren Ort am Sterbelager behalten. Das Vaterunser ist ein Gebet, das manchmal auch von denen gewünscht wird, die dem Glauben schon stark entfremdet sind.

Ganz praktisch gilt: Die Worte langsam und in Ruhe sprechen. Keine zu langen Sätze, vielleicht sogar nur Gedankensplitter aneinandergereiht.

Das *biblische Wort* kann mit seinen Bildern oder Gleichnissen einer Situation Ausdruck geben, die wir mit eigenen Worten nicht fassen können. Ein ins Stocken geratenes Gespräch oder ein Gespräch, das nicht in Gang kommen will, kann durch eine Assoziation mit biblischen Bildern flüssig werden. Auch als reine Zusagen, da wo sie nottun, sind sie unbedingt geboten.

Laß dich durch nichts erschrecken und verliere nie den Mut, denn ich der Herr bin mit dir, wohin du auch gehst (Josua 1,9).

So spricht der Herr: *Fürchte dich nicht, denn ich habe dich erlöst; ich habe dich bei deinem Namen gerufen, du bist mein.* (Jesaja 43,1)

Denn er hat seinen Engeln befohlen, daß sie dich behüten auf allen deinen Wegen, daß sie dich auf Händen tragen und du deinen Fuß nicht an einen Stein stoßest. (Psalm 91,11f.)

Jesus Christus spricht: *In der Welt habt ihr Angst, aber seid getrost, ich habe die Welt überwunden.* (Johannes 16,33)

Diese und andere Worte können dem Sterbenden zugesprochen werden. Für den Umgang mit solchen Worten gilt: als Durchhalteparole – nein, als Zuspruch – ja. Man möge gut darauf achten, ob man solche Worte sich selbst sagt oder dem Sterbenden. Dann, ob diese Worte auch in meinem eigenen Leben Bedeutung haben.

Der Schönklang mancher Worte reicht oft nicht aus. Es muß erkennbar sein, daß sie mit dem Sprechenden selbst grundlegend zu tun haben.

Nicht unerwähnt sollen *besondere Liedstrophen* aus dem Gesangbuch sein. Zwar schwindet das Wissen um das christliche Liedgut mehr und mehr, und damit die Ansprechbarkeit über diese Texte, aber dennoch sind sie für jene Menschen, die solche Verse ein Leben lang in sich getragen haben, ein wichtiges Gut, das oft bis in den Bereich hineinreicht, von dem wir vorschnell vermuten, daß dort der Sterbende nichts mehr wahrnimmt. „Befiehl du deine Wege ..." „Wenn ich einmal soll scheiden ..." „So nimm denn meine Hände ..." und dergleichen mehr sind Lieder, die bis heute gewußt und gewollt werden und von denen zu vermuten ist, daß sie auch da gehört werden, wo alles Hören verlorengegangen zu sein scheint.

Viele Gespräche mit Sterbenden bekommen im Angesicht des Todes den Charakter einer *Beichte*, ohne daß sie als solche angezeigt wurde. Das „Erledigen unerledigter Geschäfte", wie Elisabeth Kübler-Ross es für die Sterbesituation beschreibt, ist dieser Kategorie zuzuordnen. Evangelischerseits tut man sich mit dem Begriff der Beichte schwer, weil sie in der protestantischen Tradition verlorengegangen ist. Katholischerseits steht der Mißbrauch oder der Beichtzwang dem heilsamen Verständnis der Beichte im Wege. Wie dem auch sei, das Bedürfnis am Ende des Lebens noch etwas loszuwerden und ein lösendes Wort zu hören, ist vorhanden. Diesem Bedürfnis sollte nachgegangen werden.

Das kann in der Ermutigung liegen, das Beschwerende zu äußern. Über die Kompetenz der Lossprechung wird viel diskutiert. Man traut sich nicht zu, Worte der Vergebung zu sprechen, weil man es für anmaßend hält. Doch man spricht nicht eigentlich selbst die Vergebung zu, sondern erneuert erinnernd vielmehr die in Jesu Heilstat grundsätzlich zugesprochene Vergebung, und man spricht „in Vertretung". Mit dem auch sonst liturgisch üblichen Satz –
Auf Befehl unseres Herrn Jesu Christi spreche ich dich frei, ledig und los von allen deinen Sünden im Namen des Vaters und des Sohnes und des heiligen Geistes. Friede sei mit dir!
– bleibt die Vermittlerschaft erhalten. Der Handelnde bleibt Gott. Egal, wer die Beichte hört, das Beichtgeheimnis ist unverbrüchlich zu wahren. Auch da, wo der Begriff der Beichte nicht fällt, sollte lieber mehr geschwiegen denn geredet werden.

Je nach Konfession kann das *Abendmahl/die Eucharistie* eine wichtige Handlung in der Begleitung eines sterbenden Menschen werden. Das Abendmahl ist das Festmahl mit der besonderen Vergewisserung der Nähe Jesu. Deshalb dürfen gerade diejenigen nicht ausgeschlossen werden, die wegen ihres Alters oder wegen ihrer Krankheit nicht mehr am Gottesdienst der Gemeinde teilnehmen können. Als gemeinschaftsstiftendes Moment ist das Abendmahl gerade an dieser Stelle sinnfällig, indem in der Feier des Abendmahles der alte und kranke Mensch aus seinem Gebundensein an die Wohnung/ans Bett (Isolierung) herausgenommen wird. Damit kann die ungebrochene Gemeinschaft mit Christus und seiner Gemeinde ausgedrückt werden, besonders auch dann, wenn weitere Gemeindeglieder einem „Hausabendmahl" beiwohnen.

Ob im Sinne der Zusage des Daseins und der Gemeinschaft mit Jesus, ob im Verständnis der Vergebung der Sünden, für den Glaubenden kann das Abendmahl/die Eucharistie im Kontext des Sterbens noch einmal eine Sinndeutung und Bewältigung der Lebenssituation darstellen. Krisen zu Lebzeiten wie auch diese Krise des Sterbens machen oft nicht die Not der Situation aus, sondern der Umstand, in dieser Lage allein zu sein. Das Abendmahl/die Eucharistie als Angebot und als Zusage Gottes, daß er den sterbenden Menschen in dieser Situation nicht allein läßt, ist eine wichtige Hilfe auf dem Weg des Sterbens. Da sich im Abendmahl das Leben und Sterben Jesu vergegenwärtigt, sollte auch die Ambivalenz zwischen erlebter Not und Heilsvergewisserung bestehen bleiben. Ein häufig gelesener Text in solchen Situationen ist der 23. Psalm. Auch er verklärt nichts. „Und ob ich schon wanderte im finstern Tal" manifestiert das finstere Tal. Hier wird nichts weggeredet oder schöngefärbt, das finstere Tal bleibt finsteres Tal. Das Dunkel dieser Not wird nur dadurch ertragen, daß der Beter sich nicht allein fühlt: „fürchte ich kein Unglück, denn Du bist bei mir." Das dunkle Tal und die Nähe Gottes, ob in diesem Psalm oder im Leben und Sterben Jesu, die Vergegenwärtigung dieser Spannung kann dem Sterbenden, so paradox es klingt, die Spannung nehmen.

Gerade beim Abendmahl wird oft nach dem Pfarrer, der Pfarrerin gefragt. Man sollte dieser Bitte nachkommen, um der Ernsthaftigkeit des Begehrens zu entsprechen. Ob so das Priestertum aller Gläubigen nicht korrekt umgesetzt wird, soll hier nicht entschieden werden. Vielmehr ist es wichtig zu erfahren, ob etwa der Sterbende durch für sein theologisches Verständnis unbotmäßige Handlungen im Abendmahl/der Eucharistie irritiert wird.

Beim Abendmahl wird es darauf ankommen, nicht durch äußere Unsicherheiten den Vollzug zu gefährden. So sollte auf die Reihenfolge der Darreichung geachtet werden. Wenn die Sorge vor Ansteckung das Abendmahl stört, kann man dem Sterbenden zuerst das Brot reichen und zuletzt den Wein. Natürlich kann das Abendmahl nur eingenommen werden, wenn der Sterbende bei Bewußtsein ist. Auch wenn er regungslos ist, sollte an seinem Bett das Abendmahl gefeiert werden. Es bleibt dem Pfarrer unbenommen, im Vollzug des Abendmahls den Sterbenden zu segnen.

Einem Sterbenden, der zu schwach ist oder sich nicht aufrichten kann, kann der Wein mit einem Löffel gereicht werden. Im Zweifelsfalle muß der Kranke das Abendmahl nicht unbedingt in beiderlei Gestalt erhalten. Es verliert nichts von seinem Gehalt, wenn ihm nur eine gereicht wird. Ein winzigkleines Stück der Oblate reicht gegebenenfalls aus. Natürlich sollte der Abendmahlstisch im Blickfeld des Kranken gedeckt werden.

Die Krankensalbung. Sie ist im evangelischen Bereich kaum bekannt und wird doch als eine Möglichkeit der heilsamen Vergewisserung von der Nähe Gottes entdeckt. Die Überlegungen zur Krankensalbung – vor den Entscheidungen des Zweiten Vatikanischen Konzils (1962 – 1965) sprach man von der letzten Ölung, als Hinweis auf einen letzten Dienst am Kranken, der nun Sterbender war – gehen zurück auf Jakobus 5, 14f. An dieser Stelle geht es um Hilfe und Aufrichtung sowie Sündenvergebung durch Gott. Es ist unzweifelhaft, daß auf die leibliche Heilung abgezielt wird. Gleichwohl ist darin auch die Dimension der inneren Aufrichtung gemeint. Der ganze Mensch soll aufgerichtet werden. So steckt in dieser Aussage eben auch die Verheißung, daß der Herr, wenn nicht körperliche Gesundung möglich wird, dem Betroffenen Kraft und Stärke zum Umgang mit seiner Erkrankung schenken will. Bei der Handlung selbst wird dem Kranken mit Öl ein Kreuzeszeichen auf die Stirn und die inneren Handflächen gezeichnet.

Daß die Krankensalbung auch als Dienst in der evangelischen Kirche mehr und mehr entdeckt wird, hat vielleicht auch mit der Besinnung auf die Bedeutung des Öls in der Bibel zu tun. Sinnliche oder gar medizinische Aussagen finden sich in Psalm 23,5: „Du salbest mein Haupt mit Öl"; in Psalm 104,15: „... und sein Antlitz schön werde vom Öl"; in der Geschichte von der Sünderin, die Jesus die Füße salbte, Lukas 7,36–50; als Heilmittel in der Geschichte vom barmherzigen Samariter, Lukas 10,29–36: „... goß Öl und Wein auf seine Wunden."

Wichtig ist die Salbung von Königen als Zeichen der Inthronisation, etwa 1. Sam 9,16: „Morgen um diese Zeit will ich einen Mann zu dir senden aus dem Lande Benjamin, den sollst du zum Fürsten salben über mein Volk Israel ...“ Oder Psalm 89,21: „Ich habe gefunden meinen Knecht David, ich habe ihn gesalbt mit meinem heiligen Öl.“ Religiöse Bedeutung erhält die Salbung von Priestern, zum Beispiel 2. Mose 28,41: „... und sollst sie salben und ihre Hände füllen und sie weihen, daß sie meine Priester seien“; oder 3. Mose 8,12: „Und er goß von dem Salböl auf Aarons Haupt und salbte ihn, daß er geweiht würde ...“ Den Namen „Gesalbter“ (hebräisch: Messias, griechisch: Christos) erhält der erwartete König, von dem Rettung erhofft wird. In der Teilhabe an Christus, dem Gesalbten, sind auch die Christen Gesalbte. In der zeichenhaften Handlung der Salbung kann der Sterbende den Beistand Gottes erfahren.

Doch sollte mit dieser für die evangelische Kirche unüblichen Handlung vorsichtig umgegangen werden. Eigene Überzeugung darf nicht zum Keulenschlag für den Betroffenen werden. „Die Krankensalbung ist zu unterscheiden von magischer Gesundbeterei. Letztere verspricht und erwartet von einer Handlung mit dazu gesprochenen Worten eine automatische Wirkung. Bei der Krankensalbung richten Christen ihre Hoffnung auf Gott, der ihnen in der Handlung und in den dazu gesprochenen Worten begegnen will. Die grundlegende Wirkung des Sakramentes ist darum, daß Kranke in ihrer Hoffnung auf den Gott ihres Lebens gestärkt werden.“[139]

Ein sehr bewegender, intimer, zuweilen auch schwerer Moment für Sterbende wie den Nächsten ist die Zeit unmittelbar vor beziehungsweise kurz nach Eintritt des Todes. Für alle Beteiligten der endgültige Abschied, für die Angehörigen als Trennung empfunden. Ist man als Begleiter in der unmittelbaren Sterbephase dabei, so kann noch ein letzter Dienst für den Sterbenden wie für die Angehörigen getan werden. Worte im Sinne der reinen Kommunikation hatten ihre Zeit, jetzt sind sie nicht mehr angezeigt. Nun können im *Abschieds- oder Valetsegen* Worte gesprochen werden, die weit über ihren bloßen Gebrauch und Begriff hinausgehen. In gewisser Weise wird dem Sterbenden die Nähe Gottes jetzt und auf dem weiteren Weg vergewissert. Für die Angehörigen kann diese Vergewisserung tröstlich sein. Es gibt verschiedene Formen, als Beispiele:

Jesus Christus, der Herr, sei bei dir,
dich zu beschützen.

Er gehe vor dir her, dich sicher zu geleiten.
Er stehe hinter dir,
dich zu schirmen.
Er schaue dich gnädig an,
bewahre dich und segne dich.

Unser Herr Jesus Christus
sei bei dir, daß er dich beschütze;
in dir, daß er dich erquicke;
vor dir, daß er dich leite und führe zur ewigen Heimat;
um dich, daß er dich erhalte;
über dir, daß er dich segne mit ewigem Segen.

Es segne dich Gott der Vater,
der dich nach seinem Ebenbild geschaffen hat.
Es segne dich Gott der Sohn,
der dich durch sein Leiden und Sterben erlöst hat.
Es segne dich Gott der heilige Geist,
der dich zu seinem Tempel bereitet und geheiligt hat.
Der Dreieinige Gott sei dir gnädig im Gericht und bewahre dich zum
ewigen Leben.
Amen.

Da das unmittelbare Sterben in ganz eigener Weise verunsichern kann, sollte alles, was nun folgt, mit den Angehörigen besprochen werden. Dies kann die Art und Weise des Verweilens betreffen oder Art und Umfang einer „geistlichen" Handlung. Beim Valetsegen legen wir dem Sterbenden die Hand spürbar auf seine Stirn, sprechen den Segen und zeichnen während des letzten Satzes das Zeichen des Kreuzes auf die Stirn.

Orientierungslosigkeit, eine gewisse Aufgescheuchtheit und Irritation kennzeichnen oft den Zustand nach dem Versterben eines Menschen. Die Strukturierung der folgenden Zeit kann helfen, in einem luftleeren Raum gehalten zu sein. Eine kleine Andacht, in der wir den Verstorbenen und uns der *Barmherzigkeit Gottes anbefehlen*, ist ein angemessener Abschluß einer Begegnung und Begleitung, die vielleicht schon einige Zeit bestand. Zunächst werden dem Toten die Hände über der Brust gefaltet und die Augen zugedrückt. Eine Kerze sollte angezündet werden als Zeichen des Lichtes Jesus Christus, das auch in unsere Dunkelheit hineinleuchtet und mithin die christliche Hoffnung auf das Neuwerden in Christus symbolisiert.

Daneben kann sie auch ganz sinnbildlich als Ausdruck des verlöschenden Lebens wahrgenommen werden. Egal wie die Andacht aufgebaut wird, wichtig ist, daß der Schmerz, die Klage, das Weinen, die Erschütterung, die Ratlosigkeit, die Leere ihren Raum haben. Ob im Gebet, in einer eingeräumten Zeit, in der die Anwesenden das, was sie bewegt und sagen wollen, in der Stille sprechen, in einem ausgesuchten Psalm, ist unerheblich, die Gefühle sollten jedoch nicht unterdrückt werden. Der Verweis auf die klagenden Beter der Psalmen ermutigt dazu. Am Ende der Andacht befehlen wir den Verstorbenen und uns selbst in einem Gebet der Gnade Gottes an, in der der Tote geborgen sein möge und wir als Lebende gerade mit Blick auf die vor einem liegende Zeit der Trauer bewahrt werden.

Manch einer mag beim Lesen dieses Abschnitts vielleicht die Notwendigkeit einer solchen Begleitung auch durch Ehrenamtliche erkannt haben, aber im gleichen Moment zurückgeschreckt sein. Das muß nicht sein. Begleitung ist möglich! Doch sie fällt einem nicht zu. Bedingung für einen Dienst in der Sterbebegleitung ist allein die Bereitschaft, sich auf die Auseinandersetzung mit dem (eigenen) Sterben einzulassen. Denn nur der vermag den Anforderungen und Anfragen des Sterbens standzuhalten, der diese Auseinandersetzung geführt hat. Dies kann oder will nicht jeder, der im (Geburtstags-)Besuchsdienst tätig ist. Von daher ergibt sich die Notwendigkeit, eine eigene Gruppe für diesen Dienst aufzubauen, zumal sie eine Schule durchlaufen sollte, die sie auf diesen Dienst angemessen vorbereitet.

Memento mori: Von der Notwendigkeit einer eigenen Gruppe für diesen Dienst

Wir bitten Pfarrerinnen und Pfarrer, Diakoninnen und Diakone, Sterbende und ihre Angehörigen seelsorgerlich zu begleiten. Manche Gemeinden haben Besuchsdienstgruppen oder Begleitgruppen in Verbindung mit den Diakonie- und Sozialstationen ins Leben gerufen, die diesen Dienst gemeinsam mit den hauptamtlichen Mitarbeiterinnen und Mitarbeitern leisten. Wir bitten die Kirchenvorstände und Gemeinden, verstärkt solche Gruppen einzurichten und zu fördern; denn noch wissen zu viele Menschen in unseren Gemeinden zu wenig über die Bedürfnisse leidender Menschen. Es ist eine wichtige Aufgabe der christlichen Gemeinde, bestehende Ängste und Hemmungen im Umgang mit Sterben und Tod abzubauen, den

Menschen zu helfen, ihre eigene Einstellung zum Sterben zu klären,
und ihnen mit dem Wort Gottes, mit Gebet und Segen beizustehen.[140]

Mit diesen Worten forderte im März 1989 die Generalsynode und die Bischofskonferenz der Vereinigten Evangelisch-Lutherischen Kirche Deutschlands in einem Brief die Gemeinden im Bereich der VELKD auf, eigene Gruppen für den Dienst christlicher Sterbebegleitung aufzubauen.

Wer immer einen sterbenden Mensch begleitet, muß sich darüber im klaren sein, daß er mit jedem Besuch seinem eigenen Sterben ins Auge sieht. Daneben geht es auch um eine neue Form von „Gruppenarbeit" in der Gemeinde. Für Initiatoren oder Leiter einer solchen Gruppe gilt, daß sie sehr behutsam und sorgsam mit den Ehrenamtlichen umgehen müssen. Begleitung der Begleiter! Auch der Ehrenamtliche bedarf der Fürsorge – das muß gewährleistet sein. Der Ehrenamtliche selbst muß sich darauf einlassen können, sein eigenes Handeln zu hinterfragen und hinterfragen zu lassen. Er braucht Mut, über Dinge, die ihm vielleicht schwergefallen sind, zu reden. Ängste und Schwierigkeiten zur Sprache zu bringen will gelernt sein. Die Bereitschaft, in einer Gruppe und mit der Gruppe zu lernen, ist damit angesprochen.

Es sind unterschiedliche Motive, die Menschen in die Sterbebegleitung gehen lassen. Zwei, die auf einer grundsätzlich gleichen Erfahrung beruhen, werden häufig genannt: Menschen, die selbst einen Verlust unmittelbar oder im Verwandten- oder Freundeskreis erlebt haben und dabei „schlechte" Erfahrungen gemacht haben, fühlen sich aufgefordert, andere Sterbende und Angehörige vor einer ähnlichen Erfahrung zu bewahren. Jene, die „gute" Erfahrungen gemacht haben, wollen aus Dankbarkeit und in der Überzeugung, daß so etwas häufiger geschehen kann, mit ihrem Engagement ihren Beitrag dazu leisten.

Dazu kommen die Menschen, die einer sinnvollen Beschäftigung nachgehen wollen, aber auch jene, die sich selbst helfen wollen. Diese unterschiedlichen Motive müssen in einem Gespräch geklärt werden. Menschen, die selbst Hilfe brauchen, wollen ihr Problem lösen. Die ehrenamtlichen Mitarbeiter in einem Hospizdienst wollen anderen helfen. Diese unterschiedlichen „Ansätze" bewirken unterschiedliche Methoden, Vorgehensweisen und Umgangsformen, die nicht zusammenpassen. Erwartet der Hilfebedürftige Hilfen für sich, so erwarten die Begleiter Hilfen, Impulse und Austausch, um ihren Dienst an Dritten versehen zu können. So ist es für jeden

Hospizdienst notwendig, sich schulen zu lassen. Davon ist weiter unten zu lesen.

Was ist beim Aufbau einer eigenen Gruppe zu beachten?

Allem voran geht die Öffentlichkeitsarbeit, um die Hospizidee bekanntzumachen. Doch zugleich sollte im Innern der Boden bereitet sein. Die Erfahrungen zeigen, daß Projekte von Bewohnern oder gar Kollegen verhindert wurden, weil Angst vor dem Unbekannten oder dem offenen Umgang mit dem Tabuthema Tod Blockaden verursachten. Da eine Gruppe mit einem solchen Auftrag nicht für sich steht, mit dieser Arbeit gar ins Gemeindeleben eingegriffen wird, sollte das Projekt im Gemeindekirchenrat gut besprochen werden. Dazu ist es hilfreich, sich bei Gemeinden zu informieren, in denen ein solches Projekt schon läuft. Der Gemeindekirchenrat muß grundsätzlich klären, ob er eine solche Arbeit will und sie finanziell und ideell unterstützen will. Ist dem so, müssen klare Zielvorstellungen formuliert werden. Entscheidet sich eine Gemeinde für einen solchen Dienst, dann muß das Leitungsteam gefunden werden und andere, die Gemeinde und die zukünftige Arbeit betreffenden Dinge bedacht, geprüft, geplant und geregelt werden. Dazu gehören:
– Möglichst frühe Kontaktaufnahme und Gespräche mit den im Gemeindebereich arbeitenden Diakoniestationen, Pflegediensten, Hausärzten, dem Krankenhaus oder den Sozialdiensten im Krankenhaus. Denn sie werden die Überbringer Ihres Angebots an den Betroffenen sein und Ihnen Bescheid geben, ob eine Begleitung gewünscht wird.
– Menschen, die sich für den Aufbau einer Gruppe engagieren.
– Deren erste Überlegungen sollten sein, zu klären, was in ihrer örtlichen Situation der angemessene Weg ist, auf sich aufmerksam zu machen. Bewährt haben sich folgende Werbemethoden:
– Persönliche Besuche bei den ins Auge gefaßten Einsatzorten und bei den Menschen, die man als Mitarbeiter gewinnen möchte.
– Briefe verschicken, in denen das Anliegen beschrieben wird, mit der Bitte, es zu diskutieren, im Gemeindebrief zu veröffentlichen und so weiter.
– Einladung zu einer offenen Veranstaltung oder Veranstaltungsreihe zum Thema.
Wer den „richtigen" Zeitpunkt zur Information über eine solche Arbeit sucht, mag überlegen, ob es ihm eine „Starthilfe" ist, wenn er in der Nähe der klassischen „Todestage" – Karfreitag oder Ewigkeits-

sonntag – solche Themen anbietet. Aus dieser Tradition kommend, kann so in Aussicht gestellte Gemeindearbeit eine Brücke in das Gemeinwesen bauen.

Das Leitungsteam muß in der Aufbauphase auch folgende Fragen klären:
– Welche Räumlichkeiten stehen (wann) zur Verfügung?
– Habe ich schon ehrenamtliche Helfer? Wenn nicht, wie will ich sie gewinnen? Wer kann als Mitarbeiter für das Projekt angesprochen und gewonnen werden?
– Wie wollen wir bei der Mitarbeitergewinnung vorgehen (persönliche Ansprache, Presse etc.)? Was ist dann je zu beachten?
– Wer leitet die Gruppe, wer wählt die Hospizhelfer aus?
– Welches sind die Kriterien für die Aufnahme beziehungsweise Ablehnung der Ehrenamtlichen?
– Wer koordiniert die Einsätze der ehrenamtlichen Helfer?
– Wie geschieht die Praxisbegleitung (zum Beispiel Supervision)?
– Gibt es ein Telefon? Welche Sprechzeiten? Einen Anrufbeantworter? Wie ist das Telefon besetzt?
– Ist – zu einem etwas späteren Zeitpunkt, aber nicht zu spät! – ein Faltblatt entwickelt worden, mit dem sich der Hospizdienst vorstellt und die Möglichkeiten der Kontaktaufnahme darstellt?
– Wer hält den Kontakt zu Einrichtungen und Institutionen für Schwerkranke?
– Wer vertritt das Projekt nach außen?
– Wo finden sich die notwendigen Vorführgeräte (Dia- und Filmprojektor, Tonband- und Videogerät)? Müssen sie ausgeliehen werden – wo?
– Sind die Termine für die Schulung der Ehrenamtlichen in der Planung bedacht?

Die Ehrenamtlichen vollziehen ihren Dienst als Dienst der Gemeinde, die sich durch das Evangelium von Jesus Christus beauftragt sieht, seelsorgerlich zu handeln. Insofern muß es auch im Interesse des Leiters beziehungsweise der Gemeinde liegen, daß bestimmte Voraussetzungen seitens der Ehrenamtlichen mitgebracht werden. Diese Eignung ist gut in einem persönlichen (Auswahl-)Gespräch festzustellen.

Was sollte der Ehrenamtliche „mitbringen", worauf kommt es an?
– Die Bereitschaft, sich mit der eigenen Endlichkeit und dem „Sinn" des Lebens auseinanderzusetzen.
– Die Bereitschaft, diesen seelsorglich-diakonischen Dienst in christlicher Gesinnung zu tun.

– Die Bereitschaft, nach Abschluß der Vorbereitung Schwerkranke, Sterbende und ihre Angehörige regelmäßig zu besuchen und für diese Tätigkeit ein bestimmtes Maß an Zeit zu erübrigen.

– Die Bereitschaft, aktives Mitglied in einer Vorbereitungs- und Dienstgruppe zu werden und die sonstigen Bedingungen des Seelsorgeprojekts der Kirchengemeinde oder Hospizinitiative anzuerkennen.

– Die Bereitschaft, in einer Gruppe zu lernen.

– Die Bereitschaft zu Fortbildungen.

– Die Bereitschaft, eigene Gefühle zuzulassen und bei sich und den anderen zu achten.

– Die Bereitschaft zur Entwicklung der eigenen Persönlichkeit.

– Die Bereitschaft, andere Menschen auch in ihrer Andersartigkeit anzunehmen.

– Die Bereitschaft, sich mit den Grundprinzipien der Hospizarbeit auseinanderzusetzen und sie anzunehmen.

– Die Bereitschaft der Familie, das ehrenamtliche Engagement mitzutragen.

– Die Bereitschaft, die Schweigepflicht anzuerkennen.

– Die Fähigkeit, eigene Grenzen zu erkennen und sie zu akzeptieren.

– Die Fähigkeit, Hilfe anzunehmen.

– Die Fähigkeit, mit sich gut umgehen zu können.

Gerade die drei letztgenannten Aspekte sind für den Dienst in der Sterbebegleitung unerläßlich. In einem Brief Bernhards von Clairvaux (1090–1153) an Papst Eugen III., der früher sein Mönch war, ermahnt er dazu, gut mit sich umgehen zu können:

Wo soll ich anfangen? Am besten bei deinen zahlreichen Beschäftigungen, denn ihretwegen habe ich am meisten Mitleid mit Dir. Ich fürchte, daß Du, eingekeilt in Deine zahlreichen Beschäftigungen, keinen Ausweg mehr siehst und deshalb Deine Stirn verhärtest; daß Du Dich nach und nach des Gespürs für einen durchaus richtigen und heilsamen Schmerz entledigst. Es ist viel klüger, Du entziehst Dich von Zeit zu Zeit Deinen Beschäftigungen, als daß sie Dich ziehen und Dich nach und nach an einen Punkt führen, an dem Du nicht landen willst.

Du fragst, an welchen Punkt? An den Punkt, wo das Herz anfängt, hart zu werden. Frage nicht weiter, was damit gemeint sei; wenn Du jetzt nicht erschrickst, ist Dein Herz schon so weit.

Das harte Herz ist allein; es ist sich selbst nicht zuwider, weil es sich selbst nicht spürt. Was fragst Du mich? Keiner mit hartem

*Herzen hat jemals das Heil erlangt, es sei denn, Gott habe sich seiner
erbarmt und ihm, wie der Prophet sagt, sein Herz aus Stein weg-
genommen und ihm ein Herz aus Fleisch gegeben.*

*Wenn Du Dein ganzes Leben und Erleben völlig ins Tätigsein ver-
legst und keinen Raum mehr für die Besinnung vorsiehst, soll ich
Dich da loben? Darin lobe ich Dich nicht. Ich glaube, niemand wird
Dich loben, der das Wort Salomons kennt: „Wer seine Tätigkeit einschränkt, erlangt Weisheit" (Sir 28,25). Und bestimmt ist es der Tätigkeit selbst nicht förderlich, wenn ihr nicht die Besinnung vorausgeht.*

*Wenn Du ganz und gar für alle da sein willst, nach dem Beispiel
dessen, der allen alles geworden ist (1.Kor 9,22), lobe ich Deine
Menschlichkeit – aber nur, wenn sie voll und echt ist. Wie kannst Du
aber voll und echt sein, wenn Du Dich selbst verloren hast? Auch
Du bist ein Mensch. Damit Deine Menschlichkeit allumfassend und
vollkommen sein kann, mußt Du also nicht nur für alle anderen,
sondern auch für Dich selbst ein aufmerksames Herz haben.*

*Denn, was würde es Dir sonst nützen, wenn Du – nach dem Wort
des Herrn (Mt 16,26) – alle gewinnen, aber als einzigen Dich selbst
verlieren würdest? Wenn also alle Menschen ein Recht auf Dich
haben, dann sei auch Du selbst Mensch, der ein Recht auf sich selbst
hat. Warum solltest einzig Du selbst nicht von Dir alles haben? Wie
lange bist Du noch ein Geist, der auszieht und nie wieder heimkehrt
(Ps 78,39)? Wie lange noch schenkst Du allen anderen Deine Aufmerksamkeit, nur nicht Dir selber? Ja, wer mit sich schlecht umgeht,
kann der gut sein?*

*Denk also daran: Gönne Dich Dir selbst. Ich sage nicht: Tu das
immer, ich sage nicht: Tu das oft, aber ich sage: Tu es immer wieder
einmal. Sei wie für alle anderen auch für Dich selbst da, oder jedenfalls sei es nach allen anderen.*[141]

Es gilt, die genannten Voraussetzungen in einem Auswahlgespräch
herauszuhören. Dabei sollten die Aspekte nicht als Katalog abgefragt
werden. Es geht auch nicht darum, daß alle Voraussetzungen „erfüllt"
sein müssen. Doch es mag einleuchten, daß ein Bewerber, wenn er
mehr Elemente nicht „erfüllt" als „erfüllt", weniger geeignet ist als
einer, der mehr „erfüllt". Es ist auch gut möglich, einen weniger
geeigneten Bewerber in die Gruppe aufzunehmen. Entscheidend ist,
ob das Leitungsteam es sich vorstellen und verantworten kann, in
einer solchen Konstellation zu arbeiten. Einer innerhalb einer
Gruppe ist vielleicht „verkraftbar", mehrere können den Gruppen-
prozeß empfindlich stören.

Daneben dient ein solches Gespräch dazu, über den Hospizdienst zu informieren und die Erwartungen und Tätigkeiten auf beiden Seiten zu klären. Zu diesem Zeitpunkt sollte schon die Termingestaltung für den ganzen Kurs erläutert werden. Regelmäßige Teilnahme ist eine wichtige Voraussetzung! Von Fall zu Fall kann sich dadurch ein Ausschluß ergeben, weil schon vorab zu sehen ist, daß ein Bewerber zu viele Fehlzeiten hat. Ein erster Überblick über die Methodik, den Aufbau und die Inhalte des Kurses sollte hier gegeben werden, auch der Hinweis auf Erfahrungsaustausch und Supervision in der Gruppe im Anschluß an die Schulung. Das Gespräch muß offen und ehrlich geführt werden. Nur so ist es beiden Seiten möglich, eine Entscheidung für oder gegen eine Teilnahme zu treffen. Was am Anfang nicht klar ist, fällt einem später auf die Füße! Mittels Fragebögen können persönliche Daten, individuelle Fähigkeiten und Wünsche der Bewerber ermittelt werden. Haben die Leiter eine Gruppe zusammengestellt, gibt es vor dem eigentlichen Kurs eine Informationsveranstaltung. Spätestens hier werden die Termine festgelegt, der Verlauf und die Inhalte näher erläutert und auf Organisatoria hingewiesen. Dazu gehört unbedingt der Hinweis auf die Schweigepflicht. Die Gruppe sollte nicht größer als 12 bis 14 Teilnehmer sein.

Empfehlungen für die Schulung und Vorbereitung auf den Dienst der Sterbebegleitung

Es ist unablässig, daß Menschen, die ihren Dienst in der Sterbebegleitung anbieten, dazu vorbereitet werden. Dabei geht es nicht um eine Spezialisierung oder Professionalisierung der Ehrenamtlichen. Die Kurse bereiten vor, aber bilden nicht aus. Der Begriff „Vorbereitung" macht deutlich, daß nicht Wissensvermittlung, sondern eine prozeßhafte Befähigung zur Sterbebegleitung angestrebt wird. Dies kann nicht nur ein kurzes Kennenlernen bestimmter Phänomene sein, sondern muß in einem längeren Lern- und Auseinandersetzungsprozeß sich vollziehen. Dabei geht es stärker um Sensibilisierung als um Lernstoffvermittlung mit dem Ziel, Fähigkeiten zu entwickeln, die einen begegnungsfähig machen. Auch Elisabeth Kübler-Ross hält den Aspekt der Selbsterfahrung für wichtiger als die ausschließliche Wissensvermittlung. Das heißt, einfühlsam werden, den Sterbenden mit seiner Biographie und Persönlichkeit wahrnehmen zu können und zu achten. Somit soll auch der Gefahr begegnet werden, daß in der Begleitung ein Aktionismus Raum greift, der sich auf das bloße Tun bezieht. Die innere Einstellung diesem Tätigwerden, dieser Begegnung mit dem sterbenden Menschen gegenüber soll erkannt werden. Wir werden als Menschen gefragt, die nicht als „Profis" oder „Könner" die Situation meistern wollen, sondern als Menschen, die in ihrem Menschsein – das heißt auch in ihrer Betroffenheit oder ihrem Angefochtensein – dem Sterbenden nahe sein wollen. Es ist ungemein wichtig, die Schulungen, Sensibilisierungen und das „emotionale Lernen" in einer Gruppe zu tun. Im gemeinsamen Austausch auf dem Weg des „Lernens" können die eigenen Vorstellungen vom Umgang mit sterbenden Menschen überprüft werden. Die Gruppe ist der geschützte Raum, in dem man sich mit Sterben, Tod und Trauer auseinandersetzen kann und Zugang zu eigenen Grenzen und Schwächen bekommt. Handlungsmuster und Arbeitsabläufe können hier gemeinsam und angstfrei reflektiert und aus der Analyse für den weiteren Dienst fruchtbar gemacht werden. Das, was später gefordert wird, Wahrnehmen, Zuhören, einfühlsames Reden, kann hier eingeübt werden.

Neben den verschiedenen Bildungseinrichtungen, die Vorbereitungskurse zur Befähigung Ehrenamtlicher im Dienst der Sterbebegleitung anbieten,[142] gibt es ein hervorragendes Schulungsmodell, das in Zusammenarbeit mit dem Gemeindekolleg der VELKD und im Auftrag der VELKD von 1989 bis 1992 als Projekt „Sterbende begleiten – Seelsorge der Gemeinde" entwickelt wurde.

Ursprünglich als Gemeindeaufbauprojekt gedacht mit dem Ziel, Besuchsdienstgruppen in den Kirchengemeinden aufzubauen, hat es sich mehr und mehr zu einem über die Gemeinde hinausgehenden Ausbildungsmodell innerhalb der Hospizbewegung entwickelt. Grundgedanke war es, die Inhalte der Hospizarbeit für den Bereich der Gemeindearbeit fruchtbar zu machen. Im Vordergrund stand die Grundüberzeugung, daß das Begleiten von Sterbenden und deren Angehörigen eine originäre Aufgabe der Gemeinden ist. Dabei wird es nicht als eine Aufgabe in der Gemeinde, sondern als seelsorgerliche Aufgabe *der* Gemeinde verstanden. Somit mußte aber die seelsorgerliche Kompetenz der Ehrenamtlichen gefördert beziehungsweise stärker dazu ermutigt werden. 1989 ging das Modell in die Erprobungsphase und wird seitdem regelmäßig vom Gemeindekolleg der VELKD in Celle angeboten.

Der Schulungskurs gliedert sich in drei Phasen, dem Grundkurs, einer Praktikumsphase und dem Vertiefungskurs, und umfaßt ungefähr ein Jahr. Die Ehrenamtlichen werden durch ein Leitungsteam geschult, das unbedingt selbst zu einem Trainerlehrgang der VELKD gehen sollte. Dem Leitungsteam (immer zwei!) sollte eine hauptamtliche Fachkraft mit theologischen Grundkenntnissen angehören und ein engagiertes Gemeindeglied. Die entsprechenden Personen sollten über kommunikative Fähigkeiten verfügen. Daneben sollte ihnen klar sein, daß sie sich auf eine Zeit gemeinsamen Lernens und Lehrens einlassen, eine Zeit, in der auch persönliche Dinge aufbrechen und angesprochen werden können.

Das Gemeindekolleg in Celle bietet mehrmals im Jahr an verschiedenen Orten in Deutschland den Grund- wie den Vertiefungskurs jeweils in Form eines Kompaktkurses für das Leitungsteam an. In der Regel dauert dieser Kurs dann vier bis fünf Tage. Dabei lernen die Leitungsteams die Grundstruktur des Projektes kennen, und die ersten Schritte werden anhand des Handbuches durch Trainer nahegebracht. Dann erhalten die Leitungsteams die Möglichkeit, einen Schritt exemplarisch so vorzubereiten, als würden sie ihn in ihren Gemeinden halten.[143] Das als Handbuch aufgearbeitete Material verleitet dazu, ohne eigene Vorbereitung eine Gruppe anzufangen. Doch die Erfahrungen zeigen, daß die Schulung des Teams unerläßlich ist. Zum einen können die Inhalte bedacht und vertieft werden, zum anderen kann die eigene Leitungsfunktion und Leitungstätigkeit eingeübt und reflektiert werden. Dabei können die Erfahrungen der Trainer hilfreich sein, aber auch der Austausch mit den anderen Leitungsteams Impulse liefern. Grund- und Vertiefungskurs gliedern sich jeweils in acht Schritte, die sich an biblischen Texten orientieren und darin wichtige Erkenntnisse der Hospizarbeit aufnehmen.

Grundlage des *Grundkurses* ist die Emmausgeschichte (Lukas 24, 13–35). Nachfolgende „Leitbildmeditation" will Ihnen die Geschichte mit Blick auf die Sterbebegleitung und die Festlegung der Leitbegriffe nahebringen:

„Da blieben sie traurig stehen ... Ihre Augen wurden gehalten, daß sie ihn nicht erkannten."
Das ist eine treffende Beschreibung für die Situation der Menschen, die des Seelsorgers bedürfen: Ihre menschliche Entwicklung ist unterbrochen, sie bleiben traurig stehen auf ihrem Lebensweg, sie können ihre Umgebung, die Realität, nicht mehr richtig erkennen, sie sind gefangen und gehalten von großer Traurigkeit, Ratlosigkeit und Verzweiflung.
„Da nahte sich Jesus selbst und ging mit ihnen."
Der erste Schritt in einer seelsorglichen Beziehung sollte von großer Behutsamkeit bestimmt sein: sich nähern, den anderen in

seiner Not wahrnehmen, ein Stück weit mitgehen, aufmerksam zuhören.

Wichtig dabei ist, daß ich mir meiner selbst bewußt bin, wenn ich
mich dem anderen nähere, um mit ihm ein Stück weit mitzugehen.
Weder er noch ich sollen in Angst oder Verlegenheit geraten. Das
setzt Selbsterfahrung voraus und eine gewisse Gelassenheit.

„Er sprach aber zu ihnen: Was sind das für Reden, die ihr zwischen euch handelt unterwegs ... Und er sprach zu ihnen: Was
denn?"

Durch behutsames Fragen wird erreicht, daß der Seelsorge-Bedürf-
tige sich seine Probleme von der Seele reden kann. Sprache befreit
aus Unbegriffenem, bringt wieder in Fluß, was vorher gehemmt oder
verstopft war. Seelsorge ist vor allem Hilfe zum Gespräch.

„Und er legte ihnen in der ganzen Schrift aus, was darin von ihm
gesagt war."

Das Gespräch allein heilt den tiefen Schaden freilich nicht. Es
kommt darauf an, den Sinn in all dem Unbegriffenen und vermeint-
lichen Unsinn zu erkennen, also tiefer zu verstehen, was geschieht,
und bereit zu sein zur Annahme. Seelsorge ist auch Verstehenshilfe
und Sinndeutung.

Allerdings verfügt der Seelsorger nicht über den Sinn, er stiftet ihn
nicht, sondern er ist vorgegeben in der beide, Seelsorger und Ratsuchenden, umfassenden Wirklichkeit Gottes. Diesen Sinn gilt es, gemeinsam im Gespräch zu finden. Der Seelsorger kann dabei wie ein
Pfadfinder tastend vorangehen. Der Sinn wird sich erst auf dem Wege
gemeinsam erschließen.

„Und sie kamen nahe zu dem Orte, da sie hingingen. Und er stellte
sich, als wollte er weitergehen. Und sie nötigten ihn und sprachen:
Bleibe bei uns; denn es will Abend werden und der Tag hat sich
geneiget."

Seelsorge als Gespräch und Verstehenshilfe führt ganz in die Nähe
des angestrebten Ziels. Manchmal können die Menschen die weiteren Schritte dann allein gehen. In einem solchen Fall ist es wichtig,
daß der Seelsorger den Ratsuchenden losläßt und sich nicht weiter
aufdrängt. Es geht ja nicht um ihn und seine Bedürfnisse nach
Dauerkontakt oder einer perfekten Lösung. Es geht um Ermögli-
chung und Befähigung zu eigenen Schritten für den Ratsuchenden.
Deshalb ist es wichtig, zwischendurch probeweise loszulassen, um
zu sehen, wie weit der andere ist.

Genügt die bisherige Seelsorge durch Gespräch und Verstehenshilfe allerdings nicht, heißt es nun, die Herausforderung zu einer

helfenden Beziehung, zu einer Partnerschaft auf Zeit als Reifungs-
hilfe anzunehmen und dem Ratsuchenden eine Zeitlang als ganzer
Mensch nahe zu sein.

„Und er ging hinein, bei ihnen zu bleiben.“

Jesus gibt sich den beiden Jüngern ganz, allerdings symbolisch
vermittelt im Essen und Trinken, das an das letzte Mahl miteinander
erinnert. Das zeigt, wie wichtig es ist, die richtige Ebene zu finden,
um den anderen zu sättigen und ihm eine Nachreifung zu ermög-
lichen. Es gibt Formen der ganzheitlichen Hingabe, die eher auf
frühkindlichen, unreifen Ebenen fixieren, statt eine befreiende Ent-
wicklung zu initiieren. Die zeitweilig gewährte Regression muß
immer im Dienste der Progression stehen.

„Und er verschwand vor ihnen.“

Es ist sehr wichtig, über die angemessene Lösung der seelsorg-
lichen Beziehung nachzudenken. Beide Seiten müssen damit leben
können, daß ein wichtiges Stück gemeinsamen Weges nun zu Ende
gegangen ist. Gerade die Lösung einer zwischenmenschlichen Bezie-
hung bedarf der Aufhebung im religiösen Raum. Die gemeinsame
Bindung an Gott wird die Trennung erleichtern. Das verbindende
Dritte bewahrt die Lösung einer Beziehung vor dem Rückfall in Miß-
trauen und Zweifel.

„Und sie sprachen untereinander: Brannte nicht unser Herz in uns
… Und sie standen auf zu derselben Stunde … Und sie erzählten ih-
nen, was geschehen war.“

Das ist das Ziel der Seelsorge: ein lebendiges Herz; die Kraft, auf-
zustehen und hinzugehen ins Leben zu den Menschen; wahrneh-
mungsfähig und mitteilsam zu werden. Erst im Hingehen und Leben
wird deutlich, daß die ursprüngliche Hemmung, das Traurig-Stehen-
bleiben, überwunden ist.[144]

Die so gewonnenen Leitbegriffe für die Abende mit den entsprechenden Inhalten lauten:

Wahrnehmen: sich gegenseitig kennenlernen, Erfahrungen austau-
schen, Grundmuster der Wahnehmung erkennen; wahrnehmen,
wann ein Mensch ein „Sterbender“ ist.

Mitgehen: spüren, wie wohltuend Begleitung sein kann; die vor
uns liegende Wegstrecke betrachten; den Weg des Sterbenden verste-
hen, ihn begleiten auf seinem Weg.

Zuhören: aufeinander hören können, die Bedürfnisse Sterbender
beachten, aktives Zuhören lernen.

Verstehen: sich gegenseitig besser verstehen; verstehen können, was einer nicht sagt; die „Sprache" der Sterbenden verstehen; sich einfühlen können.

Weitergehen: Wie geht es in der Gruppe weiter? Wie geht es in der Sterbebegleitung weiter? Krisen wahrnehmen, eigene Kräfte realistisch einschätzen, etwas für sich selber tun.

Bleiben: einander nahe sein können, beim Sterbenden bleiben; pflegen, trösten, beistehen, da-sein.

Loslassen: voneinander Abschied nehmen und loslassen, Abschiede im Leben und im Sterben wahrnehmen und einüben, Abschied gestalten.

Aufstehen: aufstehen können, einen Weg weitergehen, auf Veränderungen achten; hoffen, trauern, verändern.[145]

Diese Begriffe sind die Leitthemen, unter denen jeweils der Abend gestaltet wird. Die Gruppentreffen selbst sind in drei Teile untergliedert. An jedem Abend sollen alle Teile vorkommen, doch kann der Akzent mal stärker auf dem einen oder anderen liegen. Der Abend beginnt mit einem *Blick in die Gruppe*, gefolgt von einer *Meditation*, der sich die *Information* anschließt.

Blick in die Gruppe   Dieser Beginn dient der Wahnehmung seiner selbst. Die Teilnehmer sollen sagen, wie sie gerade ankommen und da sind. Dabei ist es wichtig, daß der Teilnehmer „ich" sagt, so daß ihm und den anderen deutlich wird, daß er seine Befindlichkeit ausdrückt. Die Teilnehmer sagen, was sie gerade jetzt, hier und heute bewegt. Mit dieser Einfühlung und Achtsamkeit geht man in den Abend.

Meditation   Mit diesem Schritt soll das Leitthema zunächst auf einer assoziativen, intuitiven, emotionalen Ebene erfahren werden. Durch die Betrachtung eines Bildes, das Hören von Musik oder Gesprächssequenzen soll der Teilnehmer zunächst in sich hineinhören und spüren, was er wahrnimmt, beobachtet oder fühlt. Oftmals wird zunächst nicht gesprochen, um den Eindruck wirken zu lassen. Dann können in einem nächsten Schritt die Teilnehmer ihre Wahrnehmungen und Stimmungen äußern. Dabei ist es wichtig, in Ich-Form zu reden. Da es je um persönliche Empfindungen geht, stehen die Äußerungen zunächst ohne Wertung nebeneinander. Jeder hat das Recht auf eine eigene Sichtweise oder ein eigenes Gefühl, ohne daß die anderen dieses werten oder kommentieren.

Information   Jedem Leitthema lassen sich auch Lerninhalte, Sachfragen, Modelle zuordnen. Durch Literatur, Übungen oder Rollenspiele können bestimmte Fähigkeiten trainiert und eingeübt werden. Mit diesem Schritt wird die in der Meditation gewollte emotionale Betroffenheit durch Sachlichkeit erweitert. Dadurch kann immer wieder auch Distanz zur eigenen Gefühlslage wie zur Situation des Sterbenden gewonnen werden.

Das Praktikum   Zwischen den Grundkurs und den Vertiefungskurs wird ein Praktikum geschaltet, um erste Erfahrungen in der Begleitung zu sammeln. Die Teilnehmer der Gruppe besuchen im folgenden halben Jahr Schwerkranke oder Sterbende in Alten- und Pflegeheimen, in Krankenhäusern oder bereits zu Hause. Die Gruppentreffen werden in dieser Zeit fortgeführt, um in Fallbesprechungen oder durch Supervision die Erfahrungen zu reflektieren. Die Gruppenleiter sind während dieser Zeit jederzeit ansprechbar, um den Teilnehmern selbst Begleiter sein zu können. Die Zeit des Praktikums wird auch genutzt, um bestimmte Themen – die zuweilen aus den gemachten Erfahrungen während des Praktikums sich ergeben – tiefer zu bedenken. Dazu können Fachleute, zum Beispiel Schmerztherapeuten, eingeladen werden.

Der Vertiefungskurs   folgt der Struktur der Beichte, ausgehend von der Beobachtung, daß viele Sterbende am Ende ihres Lebens sie belastende Dinge noch einmal ansprechen und ablegen wollen. Daneben läßt sich die Geschichte von der Heilung des Gelähmten in Markus 2 darauf beziehen, denn Jesus vergibt hier Sünden, ohne dabei ausdrücklich nach der Beichte zu verlangen. Auch aus dieser Geschichte werden acht Leitbegriffe herausgelesen, die dann die Themen für die Fortbildungsabschnitte liefern. Um die Auswahl der Leitbegriffe für die Abende nachvollziehen zu können, auch hier die Leitbildmeditation zur Geschichte von der Heilung des Gelähmten, Markus 2,1–12:

„Und nach einigen Tagen ging er wieder nach Kapernaum; und es wurde bekannt, daß er im Hause war."
  Kapernaum – Kafar Nahum – heißt auf deutsch „Dorf des Trösters". Jesus ist dort zu Hause. Die Menschen kennen ihn und begreifen allmählich die heilende Wirkung, die von ihm ausgeht. Jesus heißt er – Jehoschua – „Gott rettet": voller Erbarmen rettet er uns (Psalm 130,8).
  „Und es versammelten sich viele, so daß sie nicht Raum hatten, auch nicht draußen vor der Tür; und er sagte ihnen das Wort."

*„Draußen vor der Tür" – verstehen wir noch, was das bedeutet,
keinen Raum zum Leben zu haben und als Fremder vertrieben zu
sein aus der eigenen Heimat? „Und sagte kein einziges Wort" – das
macht dann die Isolierung perfekt. Auch Kranke und Sterbende leiden
darunter, keinen Raum zu haben und kein Gespräch zu finden. Jesus
redet mit all denen, die der Sprache bedürfen. Die Tür zum Leben
geht wieder auf. Sie werden gerufen an die Tür des Lebens.*

*„Und es kamen einige zu ihm, die brachten einen Gelähmten, von
vieren getragen."*

*Gelähmt sein und den Weg zu dem, was heilsam ist, nicht selber
gehen können. Aber wissen, wo Trost und Heil zu finden ist, und
dann Freunde ansprechen, die mich tragen können in die Nähe des
Heilenden. Gefragt sein nach tragfähiger Gemeinschaft – nicht selber
heilen oder lösen müssen, sondern gemeinsam mit anderen tragen
in die Nähe des Heilsamen. Selber nicht retten und bewahren können,
aber mithelfen, daß einer den Raum des Trostes entdecken kann.*

*„Und da sie ihn nicht zu ihm bringen konnten wegen der Menge,
deckten sie das Dach auf, wo er war, machten ein Loch und ließen
das Seil herunter, auf dem der Gelähmte lag."*

*„Wegen der Menge" – was steht denn im Wege, um zu dem, was
heilsam ist, zu gelangen? Nur die anderen, die immer schon so nahe
sind und mit ihrer Vertrautheit den Zugang versperren? Gibt es nicht
auch eine Menge schlechter Erfahrungen, die mich zweifeln und
zögern lassen? An Gott kommt doch keiner heran! Gibt es ihn überhaupt? Und wenn es ihn wirklich geben sollte, so ist der Zugang
jedenfalls hoffnungslos verstellt durch allerlei falsche Vorstellungen.
Gott aufs Dach steigen und ihm vor die Füße fallen – was für ein
verwegener Auftritt! Ein Loch im schützenden Dach meiner Vorur-
teile und Behinderungen, ein Weg in die Tiefe meines Lebens.*

*„Als nun Jesus ihren Glauben sah, sprach er zu dem Gelähmten:
Mein Sohn, deine Sünden sind dir vergeben."*

*Wahrgenommener, nicht abgefragter Glaube! Da legen Menschen
ihr Credo ab, indem sie liebevoll und fürsorglich handeln. Wer so
liebt und wer so geliebt wird, dem kann auch viel vergeben werden.
Jesus deckt die verborgene Schuld des Gelähmten nicht auf, er be-
gnügt sich mit dem aufgedeckten Dach. Die dringende Bitte um Heil
und Vergebung, die Offenheit und Hingabe des Gelähmten sind ihm
genug, um das erlösende Wort von Gott her zu sagen.*

*„Es saßen da aber einige Schriftgelehrte und dachten in ihren
Herzen: Wie redet der so? Er lästert Gott! Wer kann Sünden vergeben als Gott allein?"*

Wie kann einer so reden? Auch wir haben Bedenken gegen die Vergebung der Sünden wie die Schriftgelehrten damals. Nur verteidigen wir nicht den rechten Glauben oder die rechte Zuständigkeit wie sie, sondern unsere berechtigten Zweifel und unsere innere Abwehr gegen so etwas wie Sünde und Schuld. Was braucht es da eine ausdrückliche Vergebung, und wer könnte sie schon gewähren? Unser Leben – bedacht im eigenen Herzen – führt uns freilich nur zu wortreichen Selbstrechtfertigungsversuchen oder zu abgrundtiefen Zweifeln am Sinn unserer Existenz. Aber wir können uns nicht am eigenen Schopf aus dem Sumpf ziehen. Wir brauchen zugesagte Liebe und Barmherzigkeit.

„Und Jesus erkannte sogleich in seinem Geist, daß sie so bei sich selbst dachten, und sprach zu ihnen: Was denkt ihr solches in euren Herzen? Was ist leichter, zu dem Gelähmten zu sagen: Dir sind deine Sünden vergeben; oder zu sagen: Steh auf, nimm dein Bett und geh umher? Damit ihr aber wißt, daß der Menschensohn Vollmacht hat, Sünden zu vergeben auf Erden – sprach er zu dem Gelähmten: Ich sage dir, steh auf, nimm dein Bett und geh heim!"

Jesus läßt sich nicht auf ein theologisches Streitgespräch ein, sondern hilft konkret dem hilfsbedürftigen Nächsten. Nicht Rechthaberei oder Kompetenzgerangel führen weiter, sondern das Tun des Gerechten und Notwendigen. Im Ansehen Gottes ist längst bekannt, was sich in unserem Herzen verbirgt: Zweifel und Selbstrechtfertigungsversuche, Sünde und Schuld, Lähmung und Hilflosigkeit. Wir werden darauf nicht festgelegt, sondern befreit zu neuem Leben. Wir dürfen zurücklassen, was uns lähmt – auch Neid und Mißgunst, die anderen nicht gönnen mag, was ihnen Gutes widerfährt.

„Er sprach zu dem Gelähmten: Ich sage dir, steh auf, hebe dein Bett auf und geh heim! Und er stand auf, nahm sein Bett und ging alsbald hinaus vor aller Augen, so daß sie sich alle entsetzten und Gott priesen und sprachen: Wir haben so etwas noch nie gesehen."

Gelöst aus lähmender Bindung, erfüllt mit aufhebender Kraft, gesegnet im eigenen Leben – so geht der Geheilte nach Haus. Es ist erstaunlich, was da alles durch ein liebevolles und verstehendes Wort in einem Menschenleben in Bewegung gebracht wird: aufstehen, aufheben und gehen – heimgehen. Vor aller Augen geschieht das – wir können ja wahrnehmen, welche Veränderungen die mitmenschliche Zuwendung bewirkt. Es ist erstaunlich, wieviel die Liebe vermag. Sie ist begabt mit erstaunlicher Vollmacht – eine Kraft Gottes, über die Jesus verfügt und die er uns anvertraut hat: „Wahrlich, wahrlich, ich sage euch: Wer an mich glaubt, der wird die Werke auch tun, die ich tue, und wird größere als diese tun, denn ich gehe zum Vater. Und was ihr bitten werdet in meinem Namen, das will ich tun, auf daß der Vater verherrlicht werde in dem Sohne. Was ihr mich bitten werdet in meinem Namen, das will ich tun." (Johannes 14, 12–14)[146]

Gerufen: als Helferin und Helfer gerufen in die Aufgabe, Schwerkranke und Sterbende zu begleiten; Abklären der eigenen Motivation; dreifache Zuständigkeit; ermächtigt zum Leben, erwählt zum Glauben, berufen zum seelsorglichen Dienst.

Gefragt: gefragt sein als Begleiterin und Begleiter in Gemeinschaft mit anderen; zugesprochene und angefragte Kompetenz; Fragen aushalten nach Wahrheit und Sinn, authentisch antworten können.

Bedacht: das eigene Leben bedenken; anderen beim Bedenken des eigenen Lebensweges nahe sein; beim Erledigen letzter Dinge behilflich sein.

Bekannt: schmerzliche und belastende Erinnerungen ins Gedächtnis rufen; sich einem anderen Menschen anvertrauen; Belastendes vor Gott aussprechen, eigene Schuld bekennen können, Zuflucht nehmen zu der grundlosen Barmherzigkeit Gottes.

Gelöst: gelöst sein, von Lasten befreit sein; verzeihen, vergeben, „Lösung" zusprechen.

Erfüllt: erfüllt sein von innerer Kraft, danken können; anderen helfen, auf das Wesentliche zu achten und dankbar zu sein für ein erfülltes Leben.

Gesegnet: gesegnet sein, anderen zum Segen werden, Frucht bringen; das Zeitliche segnen; einen Verstorbenen zum Abschied segnen; um Segen bitten.

Begabt: begabt sein: eine Gabe empfangen, bestärkt werden; miteinander feiern, das Abendmahl empfangen; eine Aufgabe erhalten, zuversichtlich ans Werk gehen.[147]

Auch diese Abende haben die für den Grundkurs bereits beschriebene Dreiteilung. Wie jeder Leitbegriff auf den vorangehenden aufbaut, so baut der Vertiefungskurs auf den Grundkurs auf, so daß es im Laufe der Zeit zur Verdichtung von Erfahrungen und Inhalten kommt.

Zu „Begleiten" als dem Schlüsselwort der Hospizarbeit in der Gemeinde schreibt Paul Sporken:

Begleiten und Begleitung gehören zu den Wörtern, die in den letzten zwanzig Jahren immer gebräuchlicher geworden sind. In

Veröffentlichungen und Gesprächen wird der Begriff „Begleitung" so selbstverständlich gebraucht, als ob seine Bedeutung für jeden klar sein und von jedem akzeptiert würde. Das ist aber keineswegs der Fall. Der Inhalt des Begriffs wird oft nur vage angedeutet, und das hat bestimmte Konsequenzen. In einem Buch über Sterbende, Begleitung und Begleiter ist es notwendig, deutlich auszusprechen, was unter Begleitung verstanden wird.

Das Wort begleiten ist abgeleitet von leiten. Leiten bedeutet: gehen oder kommen machen; mitnehmen (ein Kind oder einen Blinden); anführen (zum Beispiel einen Tanz); in eine bestimmte Richtung lenken. Das Auffallende ist, daß dabei der Hauptakzent auf den gelegt wird, der leitet. Er ist die wichtigste Person; er bestimmt das Ziel und den Weg dorthin.

Das ist in geringerem Maß der Fall bei dem davon abgeleiteten Wort geleiten. Das bedeutet: mit jemandem mitgehen zu einem bestimmten Ziel, und zwar als Ehrerweisung, aus Vorsorge oder aus Sicherheitsgründen. In diesem Sinn wird auch von freiem Geleit gesprochen. Jemanden auf seinen Lebensweg geleiten bedeutet: ihm mit Rat und Tat beistehen. Wahrigs „Deutsches Wörterbuch" nennt bei dem Wort „begleiten" mehrere Bedeutungen: mitgehen, hinführen, hinbringen; verbunden sein mit – und zu dem Wort „Begleiter": jemand, der einen anderen begleitet; Weggefährte, Weggenosse; Führer, Beschützer auf dem Weg. In der Musik bedeutet begleiten: einen Solisten mit einer zweiten Partie (auf einem anderen oder auf mehreren Instrumenten) harmonisch unterstützen.

Es scheint vernünftig, den Begriff Begleitung im Bereich der oben beschriebenen Bedeutung des Wortes zu suchen. Ein erster Gedanke, der sich dabei aufdrängt, ist, daß Begleiten eine Form von Hilfeleistung ist. Das ist richtig, aber beide Begriffe sind sicher nicht identisch.

Helfen bedeutet: die Arbeit oder die Aufgabe jemandes erleichtern, indem man sie mit ihm gemeinsam oder teilweise für ihn tut; etwas für jemanden tun, weil er es selbst nicht kann; oder, anders gesagt, die Last von den Schultern eines anderen nehmen und sie für ihn tragen.

Begleiten hat eine viel tiefere Bedeutung und bezieht sich auf das Wohl und Wehe des ganzen Menschen. Begleitung umfaßt alle Versuche, dem anderen als Menschen nahe zu sein, dessen eigene Möglichkeiten zu wecken und zu verstärken. Begleitung bedeutet nicht, die Probleme für den anderen zu lösen und seine Last für ihn zu tragen, sondern ihn so zu unterstützen, daß er sein eigenes Leben leben und seinen eigenen Tod sterben kann.

Zusammenfassend könnte man sagen: Begleiten heißt, den anderen ein Stück weit auf seinem Lebensweg begleiten, so daß er imstande ist, seinen eigenen Weg nach dem von ihm bestimmten Ziel selbst zu gehen.

Die beste Definition des Begriffs Begleitung drängte sich mir aber auf, als ich kürzlich auf einer Langspielplatte dem Flötisten Gheorghe Zamfir zuhörte. Er wird von einem Organisten begleitet. Der Organist folgt – manchmal zögernd und tastend – dem Flötisten und unterstützt dessen Melodie. Das ist richtig. Denn auf musikalischem Gebiet bedeutet Begleitung: einen Solisten so unterstützen, daß die eigentliche Melodie besser und schöner zur Geltung kommt. Derjenige, der begleitet, ist derjenige, der die zweite Partie spielt, die im Hintergrund bleibt und selbst keine oder nur eine untergeordnete Melodie bringt.

Jeder Vergleich hinkt. Ich will damit nicht sagen, daß der Begleiter nie einen eigenen Gedanken oder eine eigene Empfindung äußern darf. Der Vergleich bezieht sich vor allem auf die Grundhaltung des Begleiters und dessen Verständnis seiner Aufgabe. Es ist seine Aufgabe, die zweite Partie zu spielen. Man könnte meines Erachtens sogar sagen: Von dem Moment an, da ein Begleiter die erste Geige spielen will oder sich die Rolle des Solisten aneignet, hört er auf, ein echter Begleiter zu sein. Dabei sei nochmals betont, daß es immer ein echtes Zusammenspiel wird sein müssen. Ob das gelingt oder mißlingt, hängt von beiden ab.[148]

Die Schulung kann sich natürlich nicht in dem vorbereitenden Dienst erschöpfen, sondern muß die Praxis beständig begleiten. Die Anforderungen und Belastungen, die Eindrücke und Erlebnisse der Ehrenamtlichen müssen ins Gespräch gebracht werden, wenn es nicht zu Schwierigkeiten in der Begleitung kommen soll. Es ist sinnvoll, gemachte Erfahrungen oder Informationen, die man gewonnen hat, in der Gruppe auszutauschen. Meist ist es hilfreich, fast entlastend zu erfahren, daß andere in ähnlichen Situationen ähnliche Erfahrungen machen, ähnliche Schwierigkeiten oder Ängste haben. Das Gespräch kann helfen, sich selbst, aber auch die besondere Situation des Sterbenden besser verstehen zu lernen. Ganz konkret können die Treffen Themen und Fragen, die im Vollzug der Praxis erwachsen, durch gezielte Referate mit entsprechenden Referenten klären. Hilfreich ist es auch, wo möglich, eine externe Supervision in Anspruch zu nehmen. Man muß nicht sofort mit Verweis auf das fehlende Geld einen solchen Gedanken für abwegig halten. Nicht wenige Hospizgruppen haben Supervisoren, die diese Arbeit als ihren ehrenamtlichen Beitrag für die Hospizarbeit verstehen. Bei der Suche nach Ehrenamtlichen ist deshalb nicht nur an Mitarbeiter für den Besuchsdienst zu denken, alle möglichen Tätigkeiten können Tätigkeiten von Ehrenamtlichen in einem Hospizdienst werden. Wichtig sollte allerdings sein, daß die Ehrenamtlichen mit ihren Gaben sich anbieten und nicht eine Lücke mit einem Ehrenamtlichen gezwungenermaßen besetzt wird.

Vielleicht wendet sich durch Mund-zu-Mund-Propaganda ein Betroffener oder dessen Angehöriger direkt an Sie und fragt um Begleitung an, oder er ist durch ein Faltblatt von Ihnen auf Sie aufmerksam geworden.

Wie dem auch sei, es wird wichtig sein, die Erwartungen des Anrufers und die Möglichkeiten des Hospizdienstes zu klären. Es hat sich als sinnvoll erwiesen, ein „Erstgespräch" zu vereinbaren, indem man dem Sterbenden die Modalitäten und Möglichkeiten des Ehrenamtlichen erklärt. Eine wichtige Klärung ist die, ob überhaupt eine Begleitung erwünscht ist. Es kommt zuweilen vor, daß eine Schwester, ein Arzt oder Angehöriger das Gefühl hat, eine Begleitung sei für einen Patienten hilfreich, und ohne Absprache mit dem Betroffenen aktiv wird. Im Erstgespräch kann sich herausstellen, daß eine Begleitung nicht erwünscht ist. Wenn seitens eines Betreuenden das Gefühl besteht, daß der Betroffene eine Begleitung braucht, heißt das noch lange nicht, daß der Betroffene genauso empfindet! Aber vielleicht kann die Anfrage für den Sterbenden ein Hinweis darauf sein, daß der Angehörige ein Gespräch oder gar Begleitung braucht, die ihm nicht verwehrt werden sollte. Grundsätzlich gilt es, deutlich zu machen, daß die Begleitung keine pflegerischen Handlungen vollzieht, das ist Aufgabe der Pflegedienste. Die Sterbebegleitung durch Ehrenamtliche aus der Gemeinde kann nur die psycho-soziale sein.

Zuweilen kommt es nach solcher Vorklärung zu einer Begleitung, zuweilen stellt sich heraus, daß das Angebot vom Hospizdienst nicht erforderlich ist. Kommt es zu einer Begleitung, dann wird ein Ehrenamtlicher für diese Begleitung gesucht. Leitender Gedanke bei der Überlegung sollte der sein, ob die „Chemie" zwischen dem Betroffenen und dem Begleiter stimmt. Das kann zur Folge haben, daß nicht unbedingt derjenige die Begleitung übernimmt, der etwa in der Nähe wohnt. Doch die Überlegungen sollten sehr sorgsam vorgenommen werden und unterschiedliche Kriterien einbeziehen.

Leben „danach“?[149]

Es geschah, daß in einem Schoß Zwillingsbrüder empfangen wurden. Die Wochen vergingen, und die Knaben wuchsen heran. In dem Maß, in dem ihr Bewußtsein wuchs, stieg die Freude:

„Sag, ist es nicht großartig, daß wir empfangen wurden? Ist es nicht wunderbar, daß wir leben?!" Die Zwillinge begannen ihre Welt zu entdecken. Als sie aber die Schnur fanden, die sie mit ihrer Mutter verband und die ihnen die Nahrung gab, da sangen sie vor Freude: „Wie groß ist die Liebe unserer Mutter, daß sie ihr eigenes Leben mit uns teilt!"

Als aber die Wochen vergingen und schließlich zu Monaten wurden, merkten sie plötzlich, wie sehr sie sich verändert hatten. „Was soll das heißen?" fragte der eine. „Das heißt", antwortete der andere, „daß unser Aufenthalt in dieser Welt bald seinem Ende zugeht." – „Aber ich will gar nicht gehen", erwiderte der eine, „ich möchte für immer hier bleiben." – „Wir haben keine andere Wahl", entgegnete der andere, „aber vielleicht gibt es ein Leben nach der Geburt!" – „Wie könnte dies sein?" fragte zweifelnd der erste, „wir werden unsere Lebensschnur verlieren, und wie sollten wir ohne sie leben können? Und außerdem haben andere vor uns diesen Schoß hier verlassen, und niemand von ihnen ist zurückgekommen und hat uns gesagt, daß es ein Leben nach der Geburt gibt. Nein, die Geburt ist das Ende!"

So fiel der eine von ihnen in tiefen Kummer und sagte: „Wenn die Empfängnis mit der Geburt endet, welchen Sinn hat dann das Leben im Schoß? Es ist sinnlos. Womöglich gibt es gar keine Mutter hinter allem." – „Aber sie muß doch existieren", protestierte der andere, „wie sollten wir sonst hierhergekommen sein? Und wie können wir am Leben bleiben?"

„Hast du je unsere Mutter gesehen?" fragte der eine. „Womöglich lebt sie nur in unserer Vorstellung. Wir haben sie uns erdacht, weil wir nur dadurch unser Leben besser verstehen können." Und so waren die letzten Tage im Schoß der Mutter gefüllt mit vielen Fragen und großer Angst. Schließlich kam der Moment der Geburt. Als die Zwillinge ihre Welt verlassen hatten, öffneten sie ihre Augen. Sie schrien. Was sie sahen, übertraf ihre kühnsten Träume.

Aus Amerika

Anmerkungen

Das kostbare Betriebskapital Mensch

1 Albert Schweitzer, zitiert aus: „Verlaß mich nicht, wenn ich schwach werde". Handbuch zur Begleitung Schwerkranker und Sterbender im Rahmen des Projekts „Sterbende begleiten – Seelsorge der Gemeinde", hrsg. im Auftrag der Vereinigten Evangelisch-Lutherischen Kirche Deutschlands von Andreas Ebert und Peter Godzik, Rissen 1993, S. 204.

2 Daß wir in ganz eigener Weise durch multimediale Informationsflut täglich Sterbende und Tote sehen, steht auf einem anderen Blatt und wird auf Seite 15 kurz beleuchtet.

3 Die Vorbereitung auf den Dienst der Sterbebegleitung, in der dann auf den unterschiedlichen Ebenen „Lerninhalte" vermittelt werden, soll und kann hier nicht geleistet werden. Siehe dazu auch die Ausführungen auf Seite 162.

4 Aus: Hospizarbeit in den Einrichtungen des Diakonischen Werkes, in den Landeskirchen und in den Kirchengemeinden der EKD. Grundsätze – Konkretionen – Perspektiven. Diakonie Korrespondenz 8/97, S. 8.

Inseln der Humanität

5 Papst Johannes Paul II., Ansprache an die süddeutschen Bischöfe am 9.12.1992. Zitiert aus einem Informationsblatt des Christophorus-Hospiz-Vereins e.V., München 1993.

6 Vergleiche zu diesem Abschnitt: Sandol Stoddard, Die Hospiz-Bewegung, 2. Auflage Freiburg 1988, S. 11ff.

7 Edgar Erskine Hume, Medical Work of the Knights Hospitallers of St. John of Jerusalem, Baltimore 1940, zitiert aus: Stoddard, Hospiz-Bewegung (wie Anm. 6), S. 16f.

8 Siehe dazu die Ausführungen auf S. 83ff. dieses Buches.

9 Siehe dazu die Ausführungen auf S. 87ff. dieses Buches.

10 Vergleiche dazu: Franco Rest, Den Sterbenden beistehen. Ein Wegweiser für die Lebenden, 3. Auflage Heidelberg 1991.

11 Richard Lamerton, Sterbenden Freund sein. Helfen in der letzten Lebensphase, 2. Auflage Freiburg 1992, S. 22.

12 Ebd. S. 23

13 Zu den unterschiedlichen Begriffen für die Hospizarbeit siehe S. 66.

14 Siehe dazu die Ausführungen auf S. 58ff.

15 Vergleiche zu diesem Kapitel: Stoddard, Hospiz-Bewegung (wie Anm. 6), S. 32–46; Abdruck des Referates von Franco W. Volontieri, Die Hospizbewegung in

der Bundesrepublik Deutschland, Ms.; Cicely Saunders, Brücke in eine andere Welt, Freiburg 1999, S. 40ff.; Lamerton, Freund (wie Anm. 11), S. 21 ff.; Peter Godzik (Hg.), Die Hospizbewegung in der Bundesrepublik Deutschland. Eine Dokumentation (Texte aus der VELKD 47/1992), 3. Auflage Hannover 1992; Anne Fried, Wo man in Frieden sterben kann. Die Hospiz-Bewegung, Wuppertal 1988.

16 Zitiert aus: Lamerton, Freund (wie Anm. 11), S. 25.
17 Fried, In Frieden (wie Anm. 15), S. 44–46.
18 Vergleiche zu diesem Kapitel: Stoddard, Hospiz-Bewegung (wie Anm. 6); Volontieri (wie Anm. 15); Saunders, Brücke in eine andere Welt (wie Anm. 15); Lamerton, Freund (wie Anm. 11); Godzik, Texte (wie Anm. 15); Fried, In Frieden (wie Anm. 15).
19 Godzik, Texte (wie Anm. 15), S. 3.
20 Aart H. van Soest, zitiert aus: ebd. S. 7.
21 Siehe folgendes Kapitel.
22 Lamerton, Freund (wie Anm. 11), S. 8.
23 Johann-Christoph Student in: Helmuth Beutel/Daniela Tausch (Hg.), Sterben – eine Zeit des Lebens. Ein Handbuch der Hospizbewegung, 3. Auflage Stuttgart 1993, S. 201.
24 Dr. med. Petra-R. Muschaweck-Kürten, Das OMEGA-Konzept für die Begleitung Sterbender zu Hause oder im Hospiz, Hann. Münden 1991, S. 8.
25 Informationsbroschüre der IGSL Internationale Gesellschaft für Sterbebegleitung und Lebensbeistand e.V., Bingen, S. 3.
26 Deutsche Hospizhilfe e.V., Wer wir sind und was wir wollen.
27 Informationsschrift der Bundesarbeitsgemeinschaft Hospiz.
28 Informationsblatt der Deutschen Hospiz Stiftung.
29 Siehe zum Begriff „Hoffnung" die Ausführungen auf S. 74f.
30 Die Ausführungen des folgenden Abschnittes sind im wesentlichen entnommen aus: Godzik, Texte (wie Anm. 15).
31 Ebd. S. 12.
32 Ebd. S. 13.
33 Ebd.
34 Ebd. S. 14.
35 Ebd. S. 15.
36 Ebd.
37 Ebd. S. 16.
38 Johann-Christoph Student, Hospiz versus „Sterbeklinik", in: Wege zum Menschen 37 (1985), S. 260–269.
39 Zitiert aus: Godzik, Texte (wie Anm. 15), S. 17.
40 Ebd. S. 21.
41 Ebd. S. 22.
42 Ebd. S. 23.
43 Ebd.
44 Ebd.
45 Ebd. S. 27.

46 Interessant dazu ist der Artikel 12 der Bioethik-Konvention des Europarates (Wahrung der Privatsphäre und Zugang zu Informationen) Satz 2: „Jeder Mensch hat Anspruch auf Erhalt sämtlicher Informationen, die über seine Gesundheit gesammelt worden sind. Allerdings ist der Wunsch eines Patienten, diese Informationen nicht zu erfahren, zu respektieren." In: Diakonie Korrespondenz 1/95, S. 23ff.

47 Siehe folgendes Kapitel.

48 Vgl. Elisabeth Kübler-Ross, Interviews mit Sterbenden, 17. Auflage Gütersloh 1990.

49 Hermann Hesse, Gesammelte Werke in zwölf Bänden, Band 1, Frankfurt/M. 1970, S.119.

50 Siehe dazu die Ausführungen auf S. 162ff.

51 Siehe zum Begriff „Hoffnung" die Ausführungen auf S. 74f. dieses Buches.

52 Kübler-Ross, Interviews (wie Anm. 48), S. 77.

53 Ebd. S. 11.

54 Evangelisches Gesangbuch, Nr. 376.

55 Im Englischen heißt der Begriff „total pain". Das englische Wort pain (= Schmerz) und das deutsche Wort Pein haben die gleiche sprachliche Wurzel.

56 Wilhelm Busch, Balduin Bählamm, in: Wilhelm Busch, Dreißig ausgesuchte Bildgeschichten, Köln 1971, S. 304.

57 Sterbende fangen häufig an, in Andeutungen, Bildern, Symbolen, Träumen oder Metaphern zu sprechen, die mehrdeutig sein können. Im Zuge der Schulungen der Ehrenamtlichen und mit zunehmender Erfahrung in der Sterbebegleitung werden die Begleiter einen Zugang zu dieser Sprache finden.

58 Michael Ende, Momo, Stuttgart 1973, S. 17f.

59 Sheila Cassidy, Die Dunkelheit teilen. Spiritualität und Praxis der Sterbebegleitung, Freiburg 1995, S. 39.

60 Johann-Christoph Student (Hg.), Das Hospiz-Buch, 3. Auflage Freiburg 1994, S. 22ff.

61 Beutel/Tausch, Sterben (wie Anm. 23), S.155f.

62 Internationale Gesellschaft für Sterbebegleitung und Lebensbeistand e.V. (Hg.), Hospize – Raststätten auf dem Wege, S. 16.

63 Zitiert aus: „Verlaß mich nicht" (wie Anm. 1), S. 225.

64 Bei genauerer Zählung fällt auf, daß das Gleichnis nur sechs Werke hergibt. In der frühen Kirche kam die Bestattung der Verstorbenen dazu. Ohne besondere biblische Manifestation war es selbstverständliche seelsorgerische Aufgabe, die Trauernden zu trösten.

65 Aus dieser Zeit stammt die bis heute gängige Bezeichnung „Schwester" für die weibliche Krankenpflegekraft.

66 Vergleiche zu diesem Kapitel: Texte aus der VELKD 55/1993, Sterbenden Freund sein. Texte aus der Tradition der Kirche, zusammengestellt von Peter Godzik, 2. Auflage 1993; Peter Neher, Ars moriendi – Sterbebeistand durch Laien, St. Ottilien 1989; Reiner Rudolf, Ars moriendi, in: Theologische Realenzyklopädie IV; Christian Möller (Hg.), Geschichte der Seelsorge in Einzelporträts, Band I–III, Göttingen 1994; Harald Wagner (Hg.), Ars Moriendi. Erwägungen zur Kunst des Sterbens, Freiburg 1989.

67 Hans Christian Knuth, Einleitung, in: Karin Bornkamm/Gerhard Ebeling (Hg.), Martin Luther. Ausgewählte Schriften in sechs Bänden, Band 2, Frankfurt 1982, S. 225.

68 Ebd. S. 240.

69 Ebd. S. 30–32.

70 Zitiert aus: Neher, Ars moriendi (wie Anm. 66), S. 34f.

71 Siehe auch Seite 93ff.

72 Man benutzte Holzstöcke, die eigens für den Druck zugeschnitten wurden. Da man den Holzstock auch Block nannte, werden die so gedruckten „Bücher" in der Fachsprache Blockbücher genannt.

73 Siehe die Ausführungen auf S. 125ff.

74 Rudolf, Ars moriendi (wie Anm. 66), S. 148.

75 Ebd.

76 Siehe die Bilder auf S. 21, 35, 65, 91, 113.

77 Zitiert aus: Neher, Ars moriendi (wie Anm. 66), S. 113.

78 Zitiert aus: Ebd. S. 116.

79 Zitiert aus: Ebd. S. 116f.

80 Zitiert aus: Ebd. S. 125f.

81 Zitiert aus: Ebd. S. 128.

82 Zitiert aus: Texte aus der Tradition der Kirche (wie Anm. 66), S. 36.

83 Zitiert aus: Ebd. S. 37.

84 Zitiert aus: Neher, Ars moriendi (wie Anm. 66), S. 124f.

85 Die Übergabe der Sterbekerze ist auf dem letzten Bild der Bilderars auf S. 137 dieses Buches zu sehen.

86 Zitiert aus: Texte aus der Tradition der Kirche (wie Anm. 66), S. 46.

87 Vergleiche: Markus Wriedt, Johann von Staupitz, in: Möller, Seelsorge in Einzelporträts (wie Anm. 66), Band 2, S. 45ff.

88 Bornkamm/Ebeling, Luther (wie Anm. 67), Band 2, S. 16.

89 Ebd.

90 Ebd. S. 16f.

91 Ebd. S. 17.

92 Ebd.

93 Ebd. S. 18.

94 Ebd. S. 19.

95 Ebd. S. 20.

96 Ebd. S. 20f.
97 Ebd. S. 21.
98 Ebd. S. 22.
99 Ebd. S. 23.
100 Ebd. S. 24.
101 Ebd. S. 25f.
102 Ebd. S. 26f.
103 Ebd. S. 27ff.
104 Ebd. S. 29f.
105 Ebd. S. 30ff.
106 Ebd. S. 32f.
107 Ebd. S. 33f.
108 Hanns Lilje, Martin Luther in Selbstzeugnissen und Bilddokumenten. Rowohlts Monographien Band 98, Hamburg 1979, S. 118.
109 Vergleiche Elke Axmacher, Praxis Evangeliorum. Theologie und Frömmigkeit bei Martin Moller, Göttingen 1989, S. 199–211.
110 Zitiert aus: Ebd. S. 200.
111 Zitiert aus: Ebd. S. 203.
112 Zitiert aus: Ebd. S. 205.
113 Zitiert aus: Ebd. S. 206.
114 Vergleiche Hans-Christoph Piper, Ars moriendi und Kirchenlied, in: Jahrbuch für Liturgik und Hymnologie 19/1975, S. 105–122.
115 Zitiert aus: Ebd. S. 109.
116 Zitiert aus: Ebd. S. 110.
117 Die Zahlen geben die Liednummer und die Strophen im Evangelischen Gesangbuch an. Wo vorhanden, ist in eckigen Klammern die Nummer aus dem katholischen Gotteslob vermerkt.
118 Dietrich Bonhoeffer, Widerstand und Ergebung. Briefe und Aufzeichnungen aus der Haft, hrsg. von Eberhard Bethge, Neuausgabe, 2. Auflage München 1977, S. 435f.
119 Vergleiche Artikel „Engel" in der TRE IX (Ulrich Mann, Horst Seebaß, Karl Erich Grözinger, Otto Böcher, Georges Tavard, Horst Schwebel) und RGG II (Felix Scheidweiler, Herbert Paulus, Gerhard Gloege).
120 Zitiert aus: Texte aus der Tradition der Kirche (wie Anm. 66), S. 21.
121 Zitiert aus: Ebd. S. 22.
122 Vergleiche: Artikel „Heilige" in der TRE XIV (Günter Lanczkowski, Göran Larsson, Karl Hausberger, Christian Hannick) und RGG III (Günter Lanczkowski, Friedrich Horst, Heinz-Dietrich Wendland, Gerhard Gloege, Gustav Mensching, Renate Klauser).
123 Zitiert aus: TRE XIV, S. 665, Martin Luther, WA 38, 313, 10–314, 6.
124 Bornkamm/Ebeling, Luther (wie Anm. 67), Band 2, S. 30–32.
125 Vergleiche Dietrich Heinrich Kerler, Die Patronate der Heiligen, Hildesheim 1968, S. 217.
126 Ebd. S. 359.

127 Ebd. S. 360.
128 Ebd. S. 358f.
129 Ebd. S. 360.

Ist jemand unter euch krank

130 Siehe dazu: Neher, Ars moriendi (wie Anm. 66), S. 144ff.
131 Zitiert aus: Ebd. S. 144.
132 Zitiert aus: Ebd. S. 331.
133 Zitiert aus: Ebd. S. 151.
134 Siehe die Abschnitte in der Grundordnung, die die Rechte und Pflichten des Gemeindekirchenrates beschreiben.
135 Friedrich Karl Barth/Peter Horst, uns allen blüht der tod. ein fest für die lebenden, Frankfurt 1979, zitiert aus: „Verlaß mich nicht" (wie Anm. 1), S. 101.
136 Thomas von Kempen, Vier Bücher von der Nachfolge Christi, 3. Auflage Leipzig 1911, S. 50.
137 Neher, Ars moriendi (wie Anm. 66), S. 314.
138 Hans Asmussen, Die Seelsorge. Ein praktisches Handbuch über Seelsorge und Seelenführung, 4. Auflage München 1937, S. 203.
139 Dieter Emeis, Ist einer von euch krank, in: Leben bis zuletzt, Sterben als Teil des Lebens. Impulse für Praxis und Gottesdienst. Woche für das Leben 4. bis 10. Mai 1996. Hg. Sekretariat der Deutschen Bischofskonferenz, Bonn; Kirchenamt der Evangelischen Kirche in Deutschland, Hannover, S. 44.
140 Brief der Generalsynode und der Bischofskonferenz der Vereinigten Evangelisch-Lutherischen Kirche Deutschlands an die Gemeinden im Bereich der VELKD, Hannover/Schleswig, im März 1989.
141 Von einem ausgehändigten Materialblatt ohne Quellenangabe.
142 Siehe Hinweise auf S. 183f. dieses Buches.
143 Die Termine kann man beim Gemeindecolleg der VELKD, Berlinstraße 4–6, 29223 Celle, Tel.: 05141/53014 erfahren.
144 „Verlaß mich nicht" (wie Anm. 1), Kursleitungs-Handbuch S. 19–21.
145 Ebd. S. 22.
146 Ebd. S. 76–78.
147 Ebd. S. 89.
148 Ebd. S. 33.
149 Von einem ausgehändigten Materialblatt ohne Quellenangabe.

Wichtige Adressen

Das 1993 gegründete Hospizreferat des Diakonischen Werkes der EKD koordiniert, vernetzt und informiert über die Hospizarbeit in Deutschland. Hier können Adressenlisten von Hospizdiensten, Hinweise auf regionale Stellen mit Vermittlung von Ansprechpartnern, Literaturlisten, Auskünfte über Fort- und Weiterbildungsmaßnahmen, Fachtagungen und dergleichen eingeholt werden:

Diakonisches Werk der Evangelischen Kirche in Deutschland (EKD)
Referat Hospiz
Wagenburgstraße 28
70184 Stuttgart
Tel.: 0711/2159-484
Fax.: 0711/2159-512

Im Bereich der katholischen Kirche:
Deutscher Caritasverband
Referat Ambulante Gesundheitshilfe-Hospiz
Karlstraße 40
79104 Freiburg
Tel.: 0761/200-381
Fax.: 0761/200-609

Für die Schulung der Leitungsteams:
Gemeindekolleg der Vereinigten Evangelisch-Lutherischen Kirche
Deutschlands (VELKD)
Berlinstraße 4–6
29223 Celle
Tel.: 05141/53014

Daneben gibt es andere Hospizvereine, die Vorbereitungskurse für Ehrenamtliche anbieten:
Dr. Mildred Scheel Akademie
in Kooperation mit Alpha-Rheinland
Josef-Stelzmann-Straße 9
50931 Köln
Tel.: 0221/478-3376

Hospizbildungswerk der IGSL
Im Rheinblick 16
55411 Bingen
Tel.: 06721/10318

Malteser Hospizbildungsstätte „Maria Regina"
Priegerpromenade 7
55543 Bad Kreuznach
Tel.: 0671/2425

Weitere wichtige Adressen:
OMEGA
Postfach 1407
34346 Hannoversch Münden
Tel.: 05541/5356

Internationale Gesellschaft für
Sterbebegleitung und Lebensbeistand
Im Rheinblick 16
55411 Bingen
Tel.: 06721/10328

Deutsche Hospizhilfe e.V.
Reit 25
21244 Buchholz
Tel.: 04181/38855

Bundesarbeitsgemeinschaft Hospiz (BAG)
Renkerstraße 45
52355 Düren
Tel.: 02421/599472

Deutsche Hospiz Stiftung
Hohle Eiche 29
44229 Dortmund
Tel.: 0231/738073-0

Literaturhinweise

Eine sehr umfassende, systematisch gegliederte und gut strukturierte Litera-
turliste findet sich in: Hospizarbeit in den Einrichtungen des Diakonischen
Werkes, in den Landeskirchen und in den Kirchengemeinden der EKD.
Grundsätze – Konkretionen – Perspektiven, Diakonie Korrespondenz 8/97.
Hier nur eine kleine Auswahl:

Allgemein über Hospize, deren Geschichte und Grundgedanken

Beutel, Helmuth / Tausch, Daniela (Hg.), Sterben – eine Zeit des Lebens. Ein
Handbuch der Hospizbewegung, 3. Auflage Stuttgart 1993
Boulay, Shirley du / Cicely Saunders, Ein Leben für Sterbende, Innsbruck
1987
Buckingham, Robert W., Hospiz – Sterbende menschlich begleiten, Freiburg
1993
Cassidy, Sheila, Die Dunkelheit teilen. Spiritualität und Praxis der Sterbe-
begleitung, Freiburg 1995
Fried, Anne, Wo man in Frieden sterben kann. Die Hospiz-Bewegung,
Wuppertal 1988
Gill, Derek / Elisabeth Kübler-Ross, Wie sie wurde wer sie ist, 9. Auflage
Stuttgart 1996
Godzik, Peter (Hg.), Die Hospizbewegung in der Bundesrepublik Deutsch-
land. Eine Dokumentation (Texte aus der VELKD 47/1992), 3. Auflage
Hannover 1992
Peter Godzik / Petra-R. Muschaweck (Hg.), Laßt mich doch zu Hause sterben!
Gütersloh 1989
Kübler-Ross, Elisabeth, Leben bis wir Abschied nehmen, Stuttgart 1979
Kübler-Ross, Elisabeth, Interviews mit Sterbenden, 17. Auflage Gütersloh
1990
Lamerton, Richard, Sterbenden Freund sein. Helfen in der letzten Lebens-
phase, 2. Auflage Freiburg 1992
Saunders, Cicely, Hospiz und Begleitung im Schmerz. Wie wir sinnlose
Apparatemedizin und einsames Sterben vermeiden können, Freiburg
1993
Saunders, Cicely / Baines, Mary, Leben mit dem Sterben. Betreuung und
medizinische Behandlung todkranker Menschen, Bern 1991
Schaup, Susanne / Elisabeth Kübler-Ross. Ein Leben für ein gutes Sterben,
Stuttgart 1996
Stoddard, Sandol, Die Hospiz-Bewegung, 2. Auflage Freiburg 1988
Student, Johann-Christoph, Hospiz versus „Sterbeklinik", in: Wege zum
Menschen 37 (1985), S. 260–269
Student, Johann-Christoph (Hg.), Das Hospiz-Buch, 3. Auflage Freiburg 1994

Sterbebegleitung

Buckman, Robert, Was wir für Sterbende tun können. Praktische Ratschläge für Angehörige und Freunde, Stuttgart 1990

Goddenthow, Diether Wolf von (Hg.), Mit dem Tod leben. Sterbebegleitung und praktischer Rat, Freiburg 1989

Mittag, Oskar, Sterbende begleiten. Ratschläge und praktische Hilfen, Stuttgart 1994

Pera, Heinrich, Sterbende verstehen. Ein praktischer Leitfaden zur Sterbebegleitung, Freiburg 1995

Rest, Franco, Den Sterbenden beistehen. Ein Wegweiser für die Lebenden, 3. Auflage Heidelberg 1991

Sporken, Paul (Hg.), Was Sterbende brauchen, 4. Auflage Freiburg 1987

Sporken, Paul, Hast du denn bejaht, daß ich sterben muß? Eine Handreichung für den Umgang mit Sterbenden, 4. Auflage Düsseldorf 1992

Tausch-Flammer, Daniela, Sterbenden nahe sein. Was können wir noch tun? Freiburg 1993

Trauer

Canacakis, Jorgos, Ich begleite dich durch deine Trauer, Stuttgart 1990

Canacakis, Jorgos, Ich sehe deine Tränen. Trauern, klagen, leben können, 2. Auflage Stuttgart 1988

Jerneizig, Ralf / Langenmayr, Arnold / Schubert, Ulrich, Leitfaden zur Trauertherapie und Trauerberatung, Göttingen 1991

Kahl-Passoth, Susanne / Dille, Sabine / von Walther, Agnes, Nimmt das denn nie ein Ende? Mit Trauer leben lernen, Gütersloh 1992

Kast, Verena, Trauern. Phasen und Chancen des psychischen Prozesses, 11. Auflage Stuttgart 1990

Pisarski, Waldemar, Anders trauern – anders leben, München 1982

Schibilsky, Michael, Trauerwege, 2. Auflage Düsseldorf 1991

Spiegel, Yorick, Der Prozeß des Trauerns, München 1973

Worden, William J., Beratung und Therapie in Trauerfällen, Bern 1987

Bildnachweis

Umschlagbild: creativ collection Farbbild-service
S. 21, 27, 35, 45, 65, 77, 91, 101, 113, 131, 137: Blockbuch, entnommen aus: Arthur E. Imhof, Geschichte sehen, München 1990, S. 64f., 70f., 74f., 78ff.

Textregister

(in Auswahl)

Abschiedssegen   154f.
Anselmische Fragen/Admonitio Anselmi   93f.
Asmussen, Hans: Seelsorgelehre   148f.
Barrett, Howart: St. Luke's   16f.
Barth, Friedrich Karl: Im Angesicht des Todes   140f.
Bernhard von Clairvaux: Brief an Papst Eugen III.   160f.
Bibeltexte (nach Luther 1984): Jakobus 5,14–16   136
    –: Johannes 13,1–20   80f.
    –: Matthäus 25,31–46   79f.
    –: 5. Mose 10,18–20   81f.
    –: Psalm 90   78
Bonhoeffer, Dietrich: Von guten Mächten   125f.
Bundesarbeitsgemeinschaft Hospiz: Selbstdarstellung   28
Busch, Wilhelm: Balduin Bählamm   58f.
Cassidy, Sheila: Die Dunkelheit teilen   62f.
Commendatio animae: Gebete   97–102
Deutsche Bischofskonferenz/EKD: Gott ist ein Freund
    des Lebens   38
Deutsche Hospizhilfe: Selbstdarstellung   26f.
Deutsche Hospizstiftung: Selbstdarstellung   29
EKD siehe Deutsche Bischofskonferenz
Ende, Michael: Momo   60f.
Europäisches Bischofssymposion, VII., 1989   37f.
Evangelisches Gesangbuch: 85 Wenn ich einmal soll scheiden   123
    –: 89 Herr Jesu, deine Angst und Pein   123
    –: 128 Führ uns durch die Lebenszeit   123
    –: 163 Unsern Ausgang segne Gott   123
    –: 234 Gnad hat dir zugesaget Gott   123
    –: 363 Dem G'lehrten hilft doch nicht sein Kunst   123f.
    –: 376 So nimm denn meine Hände   53f.
    –: 406 Ja, Herr Jesu, bei dir bleib ich   124
    –: 530 Wer weiß, wie nahe mir mein Ende   124
Fried, Anne: Hospizbewegung Finnland   19f.
Gebete siehe auch Commendatio animae

Gerson, Johannes: Opusculum tripartitum   88f.
Helbig, Wolfgang: Sterbekliniken   33
Hesse, Hermann: Stufen   46
IGSL (Internationale Gesellschaft für Sterbebegleitung und Lebensbeistand): Selbstdarstellung   26
–: Raststätten   67f.
Johannes Paul II.: An die süddeutschen Bischöfe   12
Kübler-Ross, Elisabeth: Interviews   52f.
Leben „danach"?   175
Lehr, Ursula: Hospiz-Bewegung   38
Luther, Martin: Heiligenverehrung   130f.
–: Krankenbesuch   85
–: Sermon von der Bereitung zum Sterben   85f., 107–114, 132f.
–: Sterbegebet   116f.
Moller, Martin: Manuale   118f., 121
OMEGA: Selbstdarstellung   25
Schweitzer, Albert: Nebenamt   9
Soest, Aart H. van: Tübinger Paul-Lechler-Krankenhaus   22f.
Sporken, Paul: Begleiten   171–173
Student, Johann-Christoph: Zu Hause sterben   24
–: Hospiz versus Sterbeklinik   34
–: Das Hospiz-Buch   63–66
Tausch, Daniela: Sterben   67
Türks, Paul: Anfänge der Hospizbewegung in Deutschland   23f.
VELKD: Arbeitsgruppe Hospiz 1988   36f.
–: Brief an die Gemeinde 1989   156f.
–: Grundkurs   164–167
–: Vertiefungskurs   168–171
Verlaß mich nicht: Meditation zu Psalm 90   70f.
Zielinski, Helmut R.: „Noch 16 Tage ..."   32

Über das Abschiednehmen

Rainer Hauke
Ratgeber Trauerfall
Informationen aus
christlicher Sicht
108 S., 19 sw Abb., kt. DM 18,-
ISBN 3-88981-103-5

Der „Ratgeber Trauerfall" greift
die häufigsten Fragen von
Angehörigen soeben
Verstorbener auf und formuliert knappe und verständliche
Hilfen. Die Informationen
reichen von den praktischen
Dingen, die im Trauerfall erle-
digt werden müssen (z.B. Ver-
sicherung benachrichtigen), bis
zu Fragen nach der christlichen
Hoffnung über den Tod hinaus.
Bestattungsformen, Beerdi-
gungsriten und Grabformen
werden ebenso beschrieben
wie das Trauergespräch und
die Todesanzeige.

Wichern

Über das Abschiednehmen

Detlev v. Uslar
Rainer Schmidt
Ludwig Wächter
Bernd Hildebrandt
Hans-Ludwig Schreiber

Den eigenen Tod sterben

Erkenntnis und Glaube
Schriften der
Evangelischen Forschungsakademie

Detlev v. Uslar
Rainer Schmidt
Ludwig Wächter
Bernd Hildebrandt
Hans-Ludwig Schreiber
Den eigenen Tod sterben
104 S., kt. DM 24,-
ISBN 3-88981-089-6

Erst das Nachdenken über den eigenen Tod setzt das persönliche Leben in ein Verhältnis zu seiner Begrenztheit.
Aus psychologischer, medizinischer, juristischer und theologischer Sicht machen die Autoren deutlich, wie eng das Gelingen eines erfüllten Lebens mit der Wahrnehmung des Todes verbunden ist.

Wichern